Inhalt

W0063760

Vorwort

Zum Umgang mit dem Buch

Lernen – jeder Mensch hat in seinem Leben diese Erfahrung gemacht. Gemeint ist natürlich nicht nur das Lernen in der Schule. Überall kann „gelernt" werden. Dazu einzelne Beispiele: Wenn ein Kind von einem Hund gebissen wird, so kann es Furcht vor Hunden „erlernen". Wer sich an einer heißen Herdplatte verbrannt hat, dürfte „gelernt" haben, sich in Zukunft vorsichtiger zu verhalten. Wer viel fernsieht, kann sich so manches abschauen. Er lernt vielleicht sogar ganz nebenbei. Manchmal vergehen nur ein paar Jahre und das, was früher nur unter großen Mühen zu lernen war, wird auf einmal fast wie im Schlafe gekonnt. Wie wirken sich Entwicklungsprozesse hier auf das Lernen aus? Wird ein Schüler für seine Arbeit gelobt, kann dies dazu führen, dass er in Zukunft lieber lernt. Lernen wird bei ihm vielleicht sogar zu etwas ganz Positivem. Gegenteiliges ist natürlich auch bekannt: Da verliert jemand ganz die Freude am Lernen, es wird ihm zur Qual. Beides ist möglich. Wie kommt es jeweils dazu?

Das Buch „Lernen und Entwicklung" aus der Reihe „Kursthemen Erziehungswissenschaft" will Sie Wege und Möglichkeiten entdecken lassen, wie Sie Lern- und Entwicklungsvorgänge bei sich und anderen besser verstehen können und wie Sie selbst effektiv und mit Freude „das Lernen erlernen" können. Es steht mit dieser Zielvorstellung im Einklang mit den Lehrplänen für den Pädagogikunterricht in Nordrhein-Westfalen und Brandenburg.

Inhaltlich ergibt sich dementsprechend für das Kursthema „Lernen und Entwicklung" der Jahrgangsstufe 11/2 folgende thematische Abfolge: Beobachtung, Beschreibung und Analyse von Lernvorgängen, Entwicklungsprozesse und Lernvorgänge, Beeinflussung von Lernprozessen und Selbststeuerung des Lernens.

Die bereitgestellten Materialien sind so organisiert, dass eine Fülle von frei arrangierbaren Kombinationsmöglichkeiten für die konkrete Kursplanung, zugleich aber auch strukturierende Hilfen durch die sachlogische Abfolge von Texten, Graphiken, Bildern sowie Möglichkeiten aufbauenden Lernens durch klare Arbeitsvorschläge angeboten werden.

Methodisch werden auf verschiedenen Ebenen Akzente gesetzt. Im Buch werden vier methodische Bereiche ausgewiesen. Diese sind:

- Methoden/Techniken der Beschaffung, Erfassung und Produktion pädagogisch relevanter Informationen,
- Arbeit mit wissenschaftlichen Texten und Theorien,
- Grundtechniken des wissenschaftlichen Arbeitens,
- Kooperatives Arbeiten.

Methodisches und inhaltliches Lernen sind nicht voneinander zu trennen. Sie stehen immer in Verschränkung miteinander. Daher sind die jeweiligen Materialien zu den methodischen Bereichen auch in die inhaltliche Abfolge der Materialien eingearbeitet. Wo diese Bereiche angesprochen sind, werden sie entsprechend den vier methodischen Kategorien farblich abgehoben.

Die so gestaltete Materialsammlung ermöglicht über weite Teile selbstständiges Lernen von Schülerinnen und Schülern. Handlungsorientierung gewinnt dabei an Bedeutung. Spezifische Hinweise, Arbeits- und Projektanregungen unter den Materialien und der Lexikonteil am Ende des Buches bereichern so die Palette an unterrichtlichen und außerunterrichtlichen Handlungsmöglichkeiten.

Um die Möglichkeiten fachübergreifenden und fächerverbindenden Arbeitens zu stärken, wurden bei der Auswahl der Materialien vor allem auch solche berücksichtigt, die dem Anspruch von interdisziplinärem Lernen besonders gerecht werden können. Genannt seien nur in Auswahl:

- literarische Texte (Deutsch)
- Bilder der Kunst (Kunst)
- Statistiken (Mathematik)
- Experimente (Sozialwissenschaften) usw.

Die einzelnen Kapitel wurden strukturiert nach „Hinführung", „Grundlagen", „Pädagogische Konkretionen", „Methodenlernen", „Zusammenfassender Überblick/Ausblick". Dem Buch insgesamt wurde ein „pädagogisches Leitmotiv" vorangestellt, das quasi als „roter Faden" den Duktus des Kurses „Lernen und Entwicklung" begleitet und an den verschiedensten Stellen immer wieder aufgegriffen wird.

Überblick über methodische Schwerpunkte

Nick Boskovich, Heart Shattered, 1986, Oil on paper, 12,7 x 17,8 cm (5 x 7 in). Private Collection
(Aus: Edward Lucie-Smith, Art in the Eighties, Phaidon Press Limited Oxford 1990, S.110)

„… was die Qualität des ‚richtigen' Lernens ausmacht –

Lernfreude

so könnte man diese Qualität bezeichnen:
Die Fähigkeit, enttäuschende Erlebnisse und
Lernschwierigkeiten,
die im Laufe des Lernvorganges nicht ausbleiben,
zu akzeptieren, ohne sich aufzuregen oder die Sache
vorschnell hinzuschmeißen …
Wer als Lernender nicht
über die nötige Lernfreude verfügt,
wird sich nur so lange mit dem Lernen leicht tun,
wie er auf keine größeren Probleme stößt,
wird aber sehr schnell über Aufgaben stolpern,
sobald sie etwas schwieriger werden …
Als Folge werden diese Lernenden
nur ein begrenztes Repertoire an Lernfähigkeit entwickeln …"

(Aus: Guy Claxton, Der Takt des Denkens. Über die Vorteile der Langsamkeit,
Aus dem Englischen von Regina Schneider, Ullstein Verlag Berlin 1998, S. 376–378)

Pablo Picasso, Stillleben mit dem Gipskopf (Das Atelier), Öl auf Leinwand, 98 x 131 cm, 1925.
Sammlung Sean Sweeny, New York. © VG Bild-Kunst, Bonn, 1991

Lernfähigkeit

Leicht zu lernen
was ich schon weiß
Schwer zu lernen
was ich noch nicht weiß

Eine Lust zu lernen
was ich nicht wissen soll
Eine Qual zu lernen
was ich nicht wissen will

Was ich nicht wissen will
kann ich alles wieder vergessen
nur eines nicht:
dass ich es vergessen wollte

Erich Fried

(Aus: Erich Fried: Am Rand unserer Lebenszeit. Gedichte. Verlag Klaus Wagenbach: Berlin 1987, S. 21)

1. Beobachtung, Beschreibung und Analyse von Lernvorgängen

1.1 Hinführung: Von der Last und Lust des Lernens: Aus einer Abiturzeitung – Ein Schulabgänger blickt zurück

Fast neun Jahre war ich nun auf dieser Schule, doch ich erinnere mich eigentlich nur an einige Bilder, Gesichter und Situationen; an das, was Sinn und Zweck der Schule ist, nämlich den Un-
5 terrichtsstoff, erinnere ich mich nicht. Natürlich beherrsche ich die Bruchrechnung inzwischen, bin ich auch fähig lateinische Verben zu konjugieren (darauf wetten würde ich jedoch nicht), und weiß, dass ein Magnet zwei Pole besitzt. Aber
10 wann und wie ich das alles gelernt habe, weiß ich nicht mehr. Das heißt, dass wohl vieles an mir vorbeigegangen sein muss. All die Dinge, die ich nicht weiß, habe ich sie irgendwann einmal gelernt? Hatte ich zumindest die Möglichkeit ge-
15 habt, sie zu lernen? Keine Ahnung, ich weiß es nicht. Ich weiß nur, dass meine Schulzeit jetzt für mich zu Ende geht und ich in Zukunft mit dem Wissen leben muss, das mir hier vermittelt wurde. Dabei habe ich kein gutes Gefühl.
20 Viel zu oft bestand meine Leistung eher darin, möglichst wenig zu tun. Die geschickte Organisation des Nichtstuns wurde zum obersten Lerninhalt. Das allabendliche Abchecken des Stundenplans (wie und wann kann ich die
25 Hausaufgaben am besten abschreiben oder vergessen?), die geordnete Unordnung in meinem (Un-)Ordner, die Parties am Vorabend von Leistungsklausuren – all das hat mir nie spürbare Schmerzen bereitet. Man wurschtelt sich halt so
30 durch [...] Aber fernab von all dem Wissen um Algebra, Vokabeln, Deklinationen und arteriovenösen O2-Differenzen habe ich einiges mehr mitbekommen. Ich habe Menschen kennen gelernt, Jugendliche und „Erwachsene", mit denen
35 ich mich arrangieren musste oder auch nicht; die ich gemocht habe oder auch nicht; die mir etwas für mein Leben mitgeben konnten oder auch nicht. Ich habe gelernt mit Menschen umzugehen, mit ihnen zu lachen oder zu weinen, mich
40 in sie hineinzuversetzen, die Welt aus ihren Augen zu sehen. Ich habe gelernt, dass es ein sehr schönes Gefühl ist, verstanden zu sein und Hilfe und Zuwendung von jemandem zu bekommen. Ich habe aber auch gelernt, dass es noch viel schöner ist, selbst jemandem etwas zu geben. Ich
45 bin ein sozialer Mensch geworden, ohne meine Individualität dabei einzubüßen.

Vielleicht sind es diese Erfahrungen, die mich überwältigt haben und mich an Sinn und Zweck von Schule haben zweifeln lassen. Ganz egal,
50 was die Wurzel aus 47 ist, unerheblich, was „Nachnahmelieferung" auf Französisch heißt, nebensächlich, wie viel Kraft man benötigt, um einen Flaschenzug auf dem Mond zu bedienen – eine wichtige Sache habe ich in der Schule nicht
55 gelernt: ein angepasster, pflichtbewusster, gehorsamer, tüchtiger Mensch zu werden.

(Aus: Abiturzeitung. Städtisches Gymnasium Olpe 1996, S. 107; Autor: Sebastian Quast)

1 Wie wirken die Äußerungen aus der Abiturzeitung auf Sie? Können Sie verallgemeinert werden?

2 Schreiben Sie einen eigenen Rückblick auf Lernerfahrungen, die Sie in der Schule bislang gemacht haben! Vergleichen Sie Ihren eigenen Beitrag mit dem aus der Abiturzeitung.

1.2 Was bedeutet „Lernen"? – Der Begriff in der Alltagssprache und in der Wissenschaft

Im vorhergehenden Abschnitt wurde von „Lernen" noch umgangssprachlich geredet. Wenn Erziehungswissenschaftler von „Lernen" sprechen, meinen sie oft etwas Anderes ... Begriffe wie „Interaktion", „Erfahrung", „Innensteuerung", „Außensteuerung", „Disposition" kommen ins Spiel. Dabei unterscheiden sich einzelne Forscher zuweilen erheblich von ihren Kollegen. Die im Folgenden entwickelte Lerndefinition wird daher auch nicht von allen Erziehungswissenschaftlern geteilt. Sie findet aber bei so vielen Zustimmung, dass man sie in diesem Buch ohne Bedenken zur Grundlage des Nachdenkens über das Phänomen „Lernen" machen kann.

1.2.1 Pädagogische Interaktion oder unmittelbare Erfahrung?

In der Umgangssprache wird der Begriff des Lernens besonders im Zusammenhang mit der Schule gebraucht. Dort lernt man Schreiben, Lesen, Rechnen, erwirbt erdkundliches und ge-
5 schichtliches Wissen usw. Auch der Erwerb bestimmter sozialer Umgangsformen wird in diesem Verständnis gelernt. Im Mittelpunkt dieser Auffassung von Lernen steht die pädagogische Situation. Prototypen sind der vom Lehrer
10 organisierte Unterricht und die erziehenden Eltern.
Der psychologische Lernbegriff ist wesentlich weiter gefasst. Hier sprechen wir auch vom Lernen von Angst und Sicherheit, vom Erwerb von
15 Vorlieben und Abneigungen, der Ausbildung von Gewohnheiten, der Befähigung zu planvollem Handeln und problemlösendem Denken. Ein solches Lernen findet im Alltag außerordentlich häufig statt.
20 Gemeinsames Merkmal aller Lernprozesse ist die (unmittelbare oder sozial vermittelte) Erfahrungsbildung. Von Lernprozessen abzuheben sind die weitgehend durch Vererbung festgelegten und im Verlauf der Reifung auftretenden
25 Verhaltensmöglichkeiten (z. B. die motorische Entwicklung im ersten Lebensjahr, u. a. das fälschlicherweise sog. Gehen lernen).

(Aus: Walter Edelmann: Lernpsychologie. 5., völlig überarbeitete Auflage. Beltz/Psychologie Verlagsunion: Weinheim 1996, S. 4/5)

1 Untersuchen Sie die folgenden Beispiele auf dem Hintergrund der Überlegungen von Walter Edelmann. Wo handelt es sich um Erfahrungsbildung, wo um Reifung?

(1) Kurz nach der Geburt wurde mit zwei Zwillingspaaren ein Experiment durchgeführt, bei dem die Kontrolle der Blasenfunktion geübt werden sollte. Dabei wurde jeweils nur ein Zwilling
5 jeden Paares trainiert, während der andere keinerlei Übung erhielt. Das Training blieb wirkungslos, bis die Kinder ein gewisses Alter erreicht hatten. Zu diesem Zeitpunkt aber zeigten auch die anderen beiden Babys, die nie trainiert worden
10 waren, sehr rasch das gewünschte Verhalten. Zwar konnten die beiden Zwillingspaare mit einigen Monaten Unterschied ihre Blasenfunktion kontrollieren, jedoch ließ sich beim trainierten und beim untrainierten Zwilling jedes Paares
15 dieses Verhalten zur gleichen Zeit beobachten.

(Aus: G. L. Huber: Lernen. Bayerischer Schulbuchverlag: München 1975, S. 13)

(2) Beim Neugeborenen zeigen sich interessanterweise mehrere Reflexe, deren Zweck unmittelbar nicht zu erkennen ist und die sich mit der Zeit auch wieder verlieren. Man vermutet, dass
5 diese Reflexe in der Stammesgeschichte des Menschen einmal zweckdienliche Verhaltensweisen waren […] Berührt man die Innenfläche der Hand eines Säuglings, dann schließt sie sich sofort und zwar oft mit einer solchen Stärke, dass
10 Kinder, die man mit diesem Griff an einer Stange frei hängen ließ, ihr eigenes Gewicht mehrere Minuten lang zu tragen vermochten.

(Aus: Kurt Müller: Psychologie I. Telekolleg für Erzieher. TR-Verlagsunion: München [4]1976, S. 127)

(3) Ein fünfjähriges Mädchen bekommt von seiner Großmutter ein Fahrrad geschenkt. Als die

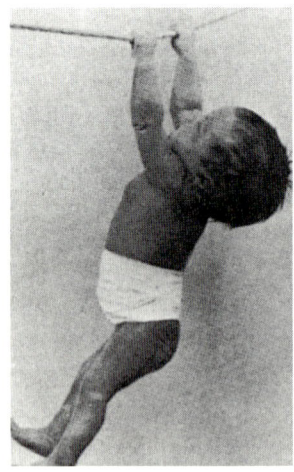

Drahtseilakt des Neugeborenen

Großmutter nach einiger Zeit zu Besuch kommt, fährt das Mädchen ihr im Garten auf dem Fahr-
5 rad entgegen und ruft: „Schau, ich kann schon Rad fahren." „Wirklich", staunt die Oma, „du hast Rad fahren gelernt."

(4) Im Physikunterricht hat die Klasse sich mit der Wärmeausdehnung fester Körper befasst.
10 Beim Abendessen holt Ute eine Tube Senf aus dem Kühlschrank. Der Verschluss lässt sich nicht abschrauben. Anstatt sich wie früher abzupla-gen, lässt sie warmes Wasser aus dem Hahn fließen und hält den Verschluss darunter. Nun
15 lässt er sich öffnen. Ute hat offenbar ein Natur-gesetz verstehen gelernt.

(Aus: G. L. Huber: Lernen. Bayerischer Schulbuchverlag: München 1975, S. 12)

1.2.2 Außensteuerung oder Innensteuerung?

Menschliche Aktivität kann als abhängig von Faktoren in der Person und in der Umwelt ange-sehen werden. […]
Hierbei ist zu betonen, dass der Zusammenhang
5 […] Interaktion oder Wechselwirkung aufgefasst werden kann. Das Gewicht der beiden Faktoren Person und Umwelt kann im Einzelfall sehr un-terschiedlich sein. Menschliche Aktivität kann sich entweder mehr auf Anpassung an die Um-
10 welt oder mehr auf aktive Gestaltung der Um-welt beziehen.
Im ersten Fall wird das Verhalten in starkem Maße durch Umweltreize kontrolliert. Wir spre-chen in diesem Zusammenhang von der Außen-
15 steuerung des Verhaltens. Im zweiten Fall geht die Aktivität schwerpunktmäßig von der Person aus. Beim planvollen Handeln sprechen wir des-halb von Innensteuerung.
Foppa […] beschreibt den Gegenstand der Lern-
20 psychologie folgendermaßen: „Letzten Endes geht es jedoch immer um die Frage, auf welche Weise sich der Organismus den mannigfachen Anforderungen seiner Umwelt anpasst". Dieser Aussage ist nur zuzustimmen, wenn man den
25 Begriff der Anpassung weit fasst und darunter auch eine aktive Form der Beeinflussung der Um-welt, z. B. durch Handeln, versteht. Aus diesem Grund erscheint es vorteilhafter, im Zusammen-hang mit Lernen nicht mehr von Anpassung,

sondern von Auseinandersetzung mit der Um- 30 welt zu sprechen.
Im Zuge dieser mehr außen- oder mehr innenge-steuerten Auseinandersetzung mit der Umwelt kommt es zur Bildung von Erfahrungen, die in der Zukunft neue Aktivitäten beeinflussen. Dies 35 ist das wesentlichste Merkmal des Lernens.

(Aus: Walter Edelmann: Lernpsychologie. 5., völlig über-arbeitete Auflage, Beltz/Psychologie Verlagsunion: Wein-heim 1996, S. 5/6)

1 Ordnen Sie die Beispiele nach den Kriterien des Textes von Edelmann:

(1) Der Probealarm von Luftschutzsirenen löst bei manchen Menschen Angst aus.
(2) Ein Student gliedert ein Thema für ein Refe-rat in eine Reihe von sinnvollen Gesichtspunk-ten.
(3) Falsches Parken wird dann unterlassen, wenn regelmäßig kontrolliert wird und eine empfindliche Strafe droht.
(4) Jemand plant eine Urlaubsreise und besucht frühromanische Kirchen.

2 Wie sieht Walter Edelmann Lernprozesse: eher außengesteuert oder innengesteuert?

1.2.3 Lernen als Änderung von Verhalten oder von Dispositionen?

Der Prozess des Lernens führt zu dem Produkt des Neuerwerbs oder Veränderung psychischer Dispositionen, d. h. zur Bereitschaft und Fähig-keit, bestimmte seelische oder körperliche Leis-tungen zu erbringen. Manchmal spricht man in 5 diesem Zusammenhang auch von Erwerb eines „Verhaltenspotentials". Lernen ist durch relativ überdauernde Veränderung im Organismus ge-kennzeichnet, während die Leistung (Perfor-manz) von momentanen Bedingungen (z. B. Mo- 10 tivation, Ermüdung usw.) abhängt. Das eigentliche Lernen besteht also im Erwerb von Dispositionen, d. h. von Verhaltens- und Hand-lungsmöglichkeiten.
Der psychologische Begriff des Lernens schließt 15 nicht nur das durch Unterricht absichtlich und planvoll organisierte Lernen ein. Lernen ist auf

keinen Entwicklungsabschnitt beschränkt. Sowohl der Säugling als auch der alte Mensch verändern laufend ihren Erfahrungsschatz. Lernen
meint nicht nur den Erwerb einzelner, isolierter
Dispositionen, sondern auch Aufbau einer komplexen Persönlichkeit durch Aneignung der
menschlichen Kultur in einem individuellen Le-
bensweg.

(Aus: Walter Edelmann: Lernpsychologie. 5., völlig überarbeitete Auflage. Beltz/Psychologie Verlagsunion: Weinheim 1996, S. 6)

1 Erläutern Sie anhand der folgenden Beispiele,
inwiefern Lernen dispositionell zu verstehen ist.

(1) Walter hatte als Hausaufgabe ein Gedicht zu
lernen. In der Deutschstunde soll er es vortragen. Er
beginnt stockend, bleibt nach wenigen Worten
stecken; der Lehrer hilft, aber Walter bleibt stumm.
Er hat anscheinend das Gedicht nicht gelernt.

(2) Frau L. beklagt sich über ihren Mann, der zeitweilig aggressives Verhalten gegenüber ihr und
den beiden Kindern zeigt. Es stellt sich heraus, dass
Herr L. dieses Verhalten ausschließlich nach Alko-
holgenuss zeigt, im Übrigen aber ein verständnis-
voller Ehemann und treu sorgender Vater für seine
Kinder ist.

2 Warum ist es wichtig, zwischen „Verhaltensänderungen" und der „Änderung von Ver-
haltens- und Handlungsdispositionen" zu
unterscheiden?
3 Bringen Sie die Überlegungen zum Lernen
nach Walter Edelmann in eine griffige Lerndefinition, die Sie sich einprägen können.

1.2.4 Was ist eine Definition? – Wie man zu einer angemessenen Lerndefinition gelangt …

Ein erster Schritt besteht darin, sich darüber klar
zu werden, was grundsätzlich eine Definition
ausmacht. In einem philosophischen Wörterbuch findet man dazu folgende Überlegungen.

Definition *(Begriffsbestimmung)* ist der
sprachliche Ausdruck, der kurz, aber vollstän-

dig dartut, was unter einem Wort oder unter
einer Sache zu verstehen ist. Aufgabe der
Nominaldefinition (Worterklärung) ist es, die
genaue Bedeutung eines Sprachzeichens zu
umgrenzen, Aufgabe der *Realdefinition (Sa-
cherklärung),* das artliche ↗ Wesen einer Sache
anzugeben. Die Definition soll kurz sein, d. h.
alle überflüssigen Bestimmungen vermeiden;
sie soll vollständig sein, d. h. alle Merkmale
nennen, die notwendig sind, um das Wort
oder die Sache nicht bloß von andern zu unterscheiden, sondern auch die inneren Unterschiede u. die wesendliche Gliederung des
Sinnes hervortreten zu lassen. […] – Die eigentliche *Wesensbestimmung* geschieht durch
Angabe der nächsten Gattung und des artbil-
denden Unterschiedes (B: Mensch = vernünf-
tiges Lebewesen ↗ Art) oder durch Nennung
der Wesensbestandteile (B: Mensch = Wesen,
das aus einem Leib u. einer Vernunftseele besteht). Oft ist bloß eine *beschreibende (deskriptive)* Definition möglich, indem man zu einer
allgemeinen Gattungsbestimmung so viele
Merkmale hinzufügt, bis der Gegenstand von
jedem andersartigen genügend unterschieden ist. […]
Die Definition findet man, indem man entweder eine höhere Gattung so lange teilt und
unterteilt, bis man zu der gesuchten Art gelangt, oder indem man an den Gegenständen, die den Namen des gesuchten Begriffs
tragen, jenes Gemeinsame sucht, das allen so
bezeichneten Gegenständen, und nur ihnen,
zukommt.

(Aus: Walter Brugger: Philosophisches Wörterbuch,
16. Auflage. Herder Verlag: Freiburg/Br. 1981, S. 56/57)

1 Um welche Art von Definition handelt es
sich jeweils bei den folgenden Definitions-
beispielen von „Lernen" (Nominal-, Realdefinition …)?

(1) Lernen ist der Sammelname für Vorgänge, Prozesse oder nicht unmittelbar beobachtbare Veränderungen im Organismus, die
durch „Erfahrungen" entstehen und zu Veränderungen des Verhaltens führen.

(Aus: R. Bergius: Psychologie des Lernens. Verlag Kohl-
hammer: Stuttgart 1971, S. 9 f.)

(2) Unter Lernen versteht man jede relativ überdauernde Veränderung des Verhaltenspotentials (Möglichkeit des Verhaltens), die durch Übung oder Beobachtung zustande kommt; allerdings darf diese Veränderung nicht durch angeborene Reaktionstendenzen, Reifung oder temporäre Zustände entstanden sein.

(Aus: Karin und Jürgen Bredenkamp: Was ist Lernen? In: F. E. Weinert u. a. [Hrsg.]: Funkkolleg Pädagogische Psychologie. Studienbegleitbrief 8. Beltz Verlag: Weinheim und Basel 1973, S. 12)

(3) Mit dem psychologischen Begriff „Lernen" wird jede Verhaltensänderung bezeichnet, die nicht durch Reifung, sondern Erfahrung bewirkt wird und länger andauert.

(Aus: Ch. Michel/F. Novak: Kleines psychologisches Wörterbuch. Herder Verlag: Freiburg 1975, S. 200)

(4) Wir können Lernen als einen Prozess definieren, der zu relativ stabilen Veränderungen im Verhalten oder im Verhaltenspotenzial führt und auf Erfahrung aufbaut. Lernen ist nicht direkt zu beobachten. Es muss aus den Veränderungen des beobachtbaren Verhaltens erschlossen werden.

(Aus: Philip G. Zimbardo: Psychologie. Deutsche Bearbeitung von Siegfried Hoppe-Graff, Barbara Keller und Irma Engel. Hrsg. der deutschen Ausgabe: Siegfried Hoppe-Graff und Barbara Keller, 6., neu bearbeitete und erweitere Auflage. Springer Verlag: Berlin-Heidelberg 1995, S. 263)

2 Welche Definitionen stimmen mit der Beschreibung von „Lernen" nach Walter Edelmann überein, welche nicht?

3 Nutzen Sie Teilelemente der vorliegenden Definitionen, wenn Sie eine eigene Definition zusammenstellen. Gegebenenfalls sind eigene Ergänzungen nötig.

1.3 Die Lerntheorie des klassischen Konditionierens – Oder: Wie Gefühle entstehen können ...

Es gibt häufig mehrere Möglichkeiten ein Phänomen, etwa Angstzustände, zu deuten. Die plausibelste Deutung setzt sich in der Regel durch. Für die Entstehung von Gefühlen hat sich das Modell der klassischen Konditionierung über lange Zeit hinweg als tragfähige Theorie erwiesen, auch wenn es bereits ein Jahrhundert lang vertreten wird. Allerdings wird weiter geforscht, wird die ursprüngliche Theorie verfeinert und erweitert ... Dennoch: Es lohnt sich, sich mit den Anfängen der Erforschung des Lernens zu beschäftigen.

1.3.1 Grundlagen

1.3.1.1 Hinführung: Hermann Hesse, Unterm Rad Ⓡ

Im Textauszug beschreibt der Dichter Hermann Hesse (1877–1962) die Ängste und Nöte, denen Hans Giebenrath in seiner schulischen und familiären Umwelt ausgesetzt ist. Im Folgenden geht es um die seelische Verfassung von Hans am Tage vor der Prüfung zur Aufnahme ins Seminar.

Er ging allein mit der Tante, da der Papa in der Stadt Besuche machte. Schon auf der Treppe ging das Elend los. Man begegnete im ersten Stockwerk einer dicken, hoffärtig aussehenden Dame, vor welcher die Tante einen Knicks machte, und die sofort mit großer Eloquenz zu plaudern begann. Der Halt dauerte mehr als eine Viertelstunde. Hans stand daneben, an das Treppengeländer gepreßt, wurde vom Hündlein der Dame berochen und angerollt und begriff undeutlich, daß man auch über ihn spreche, denn die fremde Dicke blickte ihn wiederholt durch den Zwicker von oben bis unten an. Kaum war man dann auf der Straße, so trat die Tante in einen Laden, und es dauerte eine gute Weile, bis sie wiederkam. Inzwischen stand Hans schüchtern auf der Straße, wurde von Vorübergehenden beiseite geschoben und von Gassenbuben verhöhnt. Als die Tante aus dem Laden zurück kam, überreichte sie ihm eine Tafel Schokolade, und er bedankte sich höflich, obwohl er Schokolade nicht mochte. An der nächsten Ecke bestieg man die Pferdebahn, und nun ging es unter beständigem Geklingel im überfüllten Wagen durch Straßen und wieder Straßen, bis man endlich eine große Allee und Gartenanlage erreichte. Dort lief ein Springbrunnen, blühten umzäunte Zier-

Oskar Schlemmer: Unterricht (1928) Öl und Tempera, 120 x 90 cm,
Galerie der Stadt Stuttgart, Depositum

beete und schwammen Goldfische in einem kleinen künstlichen Weiher. Man wandelte auf und
30 ab, hin und her und im Kreise, zwischen einem
Schwarm von anderen Spaziergängern und sah
eine Menge von Gesichtern, eleganten und anderen Kleidern, Fahrrädern, Krankenfahrstühlen
und Kinderwagen, hörte ein Gewirre von Stim-
35 men und atmete eine warme, staubige Luft. Zum
Schluß nahm man auf einer Bank neben anderen Leuten Platz. Die Tante hatte fast die ganze Zeit drauflos gesprochen, nun seufzte sie,
lächelte den Knaben liebevoll an und forderte
40 ihn auf, jetzt seine Schokolade zu essen. Er wollte nicht.
„Lieber Gott, du wirst dich doch nicht genieren?
Nein, iß nur, iß!"
Da zog er sein Täfelchen heraus, zerrte eine Wei-
45 le am Silberpapier und biß schließlich ein ganz
kleines Stückchen ab. Schokolade mochte er nun
einmal nicht, aber er wagte es der Tante nicht zu
sagen. Während er noch an dem Bissen sog und
würgte, hatte die Tante einen Bekannten unter
50 der Menge entdeckt und stürmte davon.
„Bleib nur hier sitzen, ich bin gleich wieder da."
Hans benützte aufatmend die Gelegenheit und
schleuderte seine Schokolade weit weg in den Rasen. Dann schlenkerte er die Beine im Takt, starr-
55 te die vielen Leute an und kam sich unglücklich
vor. Am Ende begann er wieder einmal die Un-
regelmäßigkeiten herzusagen, aber zu seinem
tödlichen Schrecken wußte er fast nichts mehr.
Alles rein vergessen! Und morgen war Land-
60 examen!
Die Tante kam zurück und hatte inzwischen in
Erfahrung gebracht, es gebe dies Jahr einhun-
dertachtzehn Kandidaten zum Landexamen. Bestehen konnten aber nur sechsunddreißig. Da
65 fiel dem Knaben das Herz vollends in die Hosen,
und er sprach auf dem ganzen Heimweg kein
Wort mehr. Zu Haus bekam er Kopfweh, wollte
wieder nichts essen und war so desperat, daß der
Vater ihn tüchtig ausschalt und daß ihn sogar die
70 Tante unausstehlich fand. In der Nacht schlief er
schwer und tief, von scheußlichen Traumszenen
verfolgt. Er sah sich mit den einhundertundsieb-
zehn Kameraden im Examen sitzen, der Prüfen-
de sah bald dem Stadtpfarrer zu Haus, bald der
75 Tante ähnlich und häufte vor ihm Berge von
Schokolade auf, die er essen sollte. Und während

er unter Tränen aß, sah er die übrigen einen um
den anderen aufstehen und durch eine kleine
Türe verschwinden. Alle hatten ihren Berg gegessen, seiner aber wurde unter seinen Augen 80
größer und größer, quoll über Tisch und Bank
und schien ihn ersticken zu wollen.

(Aus: Hermann Hesse: Die Romane und großen Erzählun-
gen. Bd. 1. Frankfurt/M.: Suhrkamp 1982, S. 174 f.)

1 Beschreiben Sie die Lern-Erfahrungen von
Hans Giebenrath nach der Schilderung von
Hermann Hesse.
2 Überlegen Sie, wie die dargestellten Ängste
entstanden sein könnten.
3 Diskutieren Sie Möglichkeiten, mit Ängsten –
wie den geschilderten – besser fertig zu werden.

1.3.1.2 Ein Lernexperiment von Bousfield

Das folgende Experiment soll verdeutlichen, wie ein
einfacher Lernprozess ablaufen kann. Die Ergebnisse können auch auf die Frage angewendet werden,
wie Furchtreaktionen machmal entstehen (siehe:
1.3.1.8).
Falls Sie das Experiment in Ihrem Kurs in die Praxis
umsetzen wollen, ist darauf hinzuweisen, dass der
Versuch nur dann gelingen kann, wenn der Versuchsablauf ganz genau eingehalten wird.

Die Utensilien, die der Versuchsleiter zur Durchführung des Experimentes benötigt, sind:
1. ein Golfball (oder ein anderer Gegenstand,
   der bei Herunterfallen auf die Hand der Versuchsperson zwar einen leichten Schmerz, 5
   aber keine Verletzung der Hand herbeiführen kann),
2. eine Trillerpfeife oder ein Instrument, mit
   dem man ein deutlich hörbares Klick-
   geräusch hervorrufen kann (man kann 10
   auch mit einem Gegenstand auf eine Tisch-
   platte schlagen),
3. ein etwa 40 x 50 cm großer leichter Karton,
   der als Schirm verwendet werden kann. Die
   Instruktion an die Versuchsperson lautet, sie 15
   möge ihre Hand bei ausgestrecktem Arm mit
   der Handrückseite nach oben auf den Tisch
   legen.

17

Der Versuchsablauf

20

1. Phase:

Die Versuchsperson soll ihre Hand gerade auf dem Tisch mit ausgestrecktem Arm halten. Der Versuchsleiter lässt nun den Golfball von oben

25 (ca. 50 cm Höhe) auf die Hand fallen.

Die Versuchsperson soll sich nicht bemühen besonders tapfer zu sein und die Hand nicht wegzuziehen.

Der Ball wird zunächst mehrere Male für die Ver-

30 suchsperson gut sichtbar fallen gelassen – die Versuchsperson zieht ihre Hand, bevor der Ball die Hand erreicht, vom Tisch.

Nach einigen Wiederholungen (5–6-mal) wird nun die obere Fallstrecke des Balles mit dem

35 Pappschirm abgedeckt, aber so, dass die Versuchsperson die Hand noch rechtzeitig zurückziehen kann, sobald sie den fallenden Ball bemerkt. Der Schirm sollte also recht hoch angebracht bzw. von einem Helfer gehalten wer-

40 den (ca. 100 cm Höhe).

2. Phase:

Der Versuchsleiter legt den Ball auf den Tisch, für die Versuchsperson gut sichtbar, und erzeugt

45 nun in einigem zeitlichen Abstand nacheinander mehrere deutliche Klicks, während die Hand der Versuchsperson ausgestreckt auf dem Tisch liegt.

Da der Ball nicht fällt und ein Schmerz also nicht

50 zu erwarten ist, zieht die Versuchsperson ihre Hand auch nicht zurück.

3. Phase:

Nach einigen Klickgeräuschen nimmt der Ver-

55 suchsleiter nun den Golfball wieder auf, hält ihn hinter dem Pappschirm über der Hand der Versuchsperson, erzeugt einen Klick und lässt kurz darauf den Golfball fallen. Die Versuchsperson wird die Hand, sobald der Golfball unter

60 dem Schirmrand erscheint, vom Tisch wegziehen.

Dieser Vorgang muss etwa 10–12-mal wiederholt werden. Klicker und Ball werden für die Versuchsperson unsichtbar hinter dem Schirm ge-

65 halten.

4. Phase:

Nach 10–12-maliger Wiederholung der Phase 3 erzeugt der Versuchsleiter zwar einen Klick, lässt aber den Ball nicht fallen.

Es stellt sich heraus, dass die Versuchsperson 70 auch dann die Hand zurückzieht.

Auch dieser Vorgang wiederholt sich einige Male.

Wird der Ball mehrmals nicht fallen gelassen, so wird auch die Hand nicht mehr zurückgezogen. 75 Die Reaktion kann jedoch wieder sofort für mehrere Male hervorgerufen werden, wenn der Versuchsleiter zwischendurch den Ball wieder einmal fallen lässt. […]

(Aus W. A. Bousfield: A simple demonstration of the conditioned response. In: Science, New Ser. 90, 1939. Entnommen aus: Egon Barres: Vorurteile. UTB 704. Leske Verlag & Budrich: Opladen 1978, S. 85–86)

1 Wie erklären Sie sich, dass in der 4. Phase schon beim Klicken, ohne dass der Golfball herunterfällt, die Hand weggezogen wird?

2 Überlegen Sie, ob Sie aus Ihrem Erfahrungsbereich von ähnlichen Beobachtungen, wie sie im Versuch von Bousfield geschildert werden, berichten können.

1.3.1.3 Was ist ein Experiment? Und: Welchen Erkenntnisfortschritt bringen Experimente?

Alle Einzelheiten eines Experiments sollen hier noch nicht ausführlich erörtert werden. Dies soll im Zusammenhang der Lernart des Imitationslernens exemplarisch erfolgen. Weitere vertiefende Informationen finden Sie dort (s. 1.5.1.3). – Auch wenn nicht alle Elemente eines Experiments hier bereits angesprochen werden, ein erster informativer Blick in ein Lexikon lohnt sich. Horst Schaub und Karl G. Zenke schreiben zum „Experiment" im „Wörterbuch Pädagogik":

Experiment (lat. *experimentum* Versuch, Probe, Erfahrungsnachweis; engl. experiment). Beobachtet werden soll im Experiment der Einfluss eines Faktors (unabhängige *Variable*) auf ein bestimmtes Phänomen (abhängige Variable), wobei alle anderen Bedingungen kontrolliert werden, um den Ursache-Wirkungs-Zusammenhang zwischen der unabhängigen und der abhängigen Variablen möglichst exakt darstellen zu können. Dieses Forschungsverfahren ist typisch für naturwissenschaftliches Arbeiten, findet aber auch in den Sozialwissenschaften vereinzelt Verwendung. Innerhalb pädagogischer Forschung sind dem Experiment angesichts der Tatsache, dass sich Erziehung zwischen zwei Subjekten abspielt, die in der erzieherischen Interaktion zueinander Stellung beziehen, also keineswegs bloß reagieren, enge Grenzen gesetzt. Doch bestimmt die Anordnung des Experiment idealtypisch jede hypothesenprüfende *Empirie*.

(Aus: Horst Schaub und Karl G. Zenke: Wörterbuch Pädagogik. 2. Auflage. dtv: München 1997, S. 133)

1 Übertragen Sie die folgenden Fragen in ihr Arbeitsheft. Fixieren Sie dort in einer Spalte neben den Fragen Ihre Antwort.

1. Was soll in dem Experiment von Bousfield überhaupt untersucht werden?
2. Wie müsste die zugrunde gelegte Hypothese formuliert sein?
   (Eine Hypothese ist immer eine Aussage, meistens in Form eines Wenn-Dann-Satzes oder eines Je-Desto-Satzes.
   Beispiel: Wenn das Benzin teurer wird, fährt man weniger Auto.)
3. Was ist die unabhängige Variable?
   (Im Beispiel: der Benzinpreis)
4. Was ist die abhängige Variable?
   (Im Beispiel: das Fahrverhalten)
5. Sind die Ergebnisse des Experiments auch andernorts, z. B. bei einer Kontrollgruppe, anzutreffen?
6. Darf das Experiment verallgemeinert werden?

2 Vielleicht hat das Experiment bei Ihnen im Klassenraum nicht geklappt. Überlegen Sie, woran das liegen könnte?

1.3.1.4 Der Pawlowsche Hund – aus der Geschichte der Erforschung des Lernens

Einer der Ersten, der sich mit der wissenschaftlichen Erklärung von Lernprozessen beschäftigt hat, war der russische Physiologe Ivan Pawlow (1849–1936). Wie nach seinen Beobachtungen eine Reaktion auf ein Signal hin gelernt wird, erläutert der folgende Textauszug von Helmut Skowronek.

Pawlow, ein russischer Physiologe, sieht die Anpassungsfähigkeit des Organismus in einem […] grundlegenden Vorgang begründet. In Untersuchungen zur Verdauungsphysiologie, die ursprünglich sein zentrales Arbeitsgebiet waren, stieß er auf so etwas wie „Erwartungsverhalten" seiner Versuchstiere: Seine Hunde sonderten nicht nur Speichel ab, wenn sie Futter erhielten, sondern schon kurz vorher, offenbar in Reaktion auf die Vorbereitung zum Füttern. Dieses Phänomen war sicher schon von anderen Forschern beobachtet, aber in seiner Tragweite nicht erkannt worden. Pawlow begann sich dafür zu interessieren, von welchen Momenten die Entstehung eines solchen Erwartungsverhaltens abhängig ist. 15

5

10

Ausgangssituation

1. Summton   keine Reaktion

2. Futter   Speichelabsonderung

Lernprozess

3. Summton + Futter   Speichelabsonderung

4. Mehrmalige Wiederholung der Koppelung von Summton und Futter

Lernergebnis

5. Summton   Speichelabsonderung

Das Schema verdeutlicht noch einmal den Ablauf des Experimentes

Speichelsekretion ist, so muss man wissen, die (angeborene) reflektorische Antwort auf den Reiz einer fremden Substanz in der Mundhöhle – also ein ungelerntes Verhalten. Offenbar ließ

20 sich diese ungelernte Reaktion auch von einem anderen als dem ungelernten Reiz (Futter im Maul) auslösen. Die zahlreichen Experimente von Pawlow und seinen Schülern folgten daher diesem Schema: dem ungelernten oder – in der

25 Terminologie von Pawlow – *unbedingten* Reiz wird ein ursprünglich neutraler Reiz vorausgeschickt. Am Beispiel der Speichelsekretion: Ein Summer tönt (neutraler Reiz), und nach einiger Dauer dieses Summtons wird dem Hund eine

30 kleine Futtergabe verabreicht. Diese Abfolge Summton-Futter (allgemein: neutraler Reiz – unbedingter Reiz) wurde wieder und wieder exerziert, mit dem Ergebnis, dass der Speichelfluss sich allmählich immer mehr und immer stärker

35 auf den Beginn des Summtons verschob. Aus dem ursprünglich neutralen Reiz ist ein so genannter „bedingter Reiz" geworden und das Tier hat eine Reiz-Reaktions-Verbindung erworben, die wir „bedingter Reflex" oder „bedingte Reakti-

40 on" nennen.

(Aus: Helmut Skowronek: Lernen und Lernfähigkeit. Juventa Verlag: München ⁵1974, S. 22 f.)

Übertragen Sie das abgebildete Schema von Seite 19 in Ihr Arbeitsheft, bevor Sie die folgenden Aufgaben in Angriff nehmen:

1 Tragen Sie mithilfe des Textes die jeweiligen Fachbegriffe in das Schema ein (neutraler Reiz, neutrale Reaktion, unbedingter Reiz, unbedingter Reflex, bedingter Reiz, bedingte Reaktion).
2 Erklären Sie, warum der Hund beim Ertönen des Summtons zunächst keine Reaktion zeigte, später aber die Speichelabsonderung erfolgte.

1.3.1.5 Signalblinzeln

Die von Pawlow entdeckte Lernart des klassischen Konditionierens lässt sich nicht nur bei Tieren anwenden, sondern kann auch beim Menschen häufig beobachtet werden. Grundvoraussetzung dafür ist allerdings, dass unkonditionierte Reflexe vorliegen, die mit einem Signal gekoppelt werden können. Ein anschauliches Beispiel für einen solchen Vorgang beim Menschen hat der amerikanische Psychologe Robert M. Gagné beschrieben.

Wird ein kleiner Luftstoß auf die Hornhaut eines menschlichen Auges abgegeben, dann blinzelt es rasch. Diese Verknüpfung nannte Pawlow den *unbedingten Reflex*. Er meinte damit, dass hiermit die Aktivität beginnt und dieser Reflex nicht von 5 vorausgehendem Lernen abhängig ist. Wenn nun ein Klicken ertönt, etwa eine halbe Sekunde, bevor der Luftstoß die Hornhaut erreicht, dann ist eine der wesentlichen Bedingungen für die Herstellung einer erlernten Verbindung gege- 10

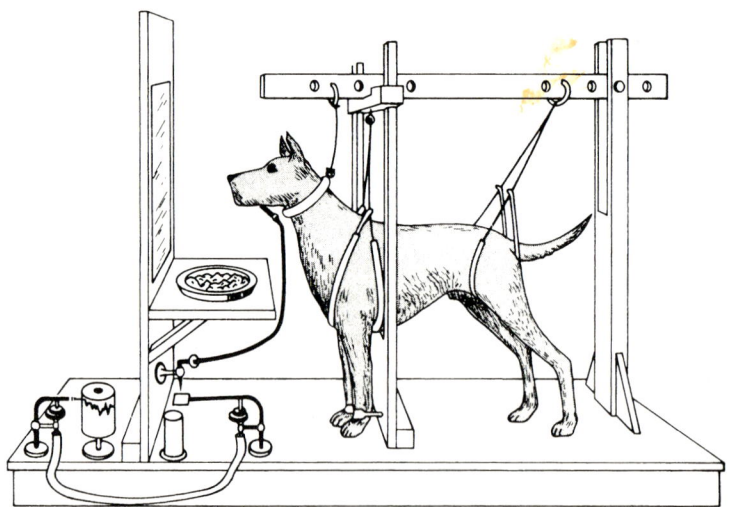

Der Pawlowsche Hund

(Nach: R. M. Yerkes & S. Morgulis: The method of Pavlov in animal behavior. Psychological Bulletin, 1909, 6 [8], 257–273)

ben. [...] Wiederholt man diese Ereignisfolge Klicken – Luftstoß einige Male, so kann man für gewöhnlich nachweisen, dass eine neu erlernte Verknüpfung vorliegt; [...]

15 Diesen Nachweis führt man, indem man das Klicken ohne den nachfolgenden Luftstoß darbietet und feststellt, dass die Blinzelreaktion eintritt.

Experimentelle Untersuchungen haben gezeigt,
20 dass das bedingte Blinzeln nicht dasselbe ist wie ein unbedingtes Blinzeln [...]. Das unbedingte Blinzeln ist eine schnellere Reaktion; es geschieht innerhalb von 0,05 bis 0,10 Sekunden; dagegen braucht das Signalblinzeln zwischen
25 0,25 und 0,50 Sekunden. Mit geeigneten Messmethoden sind die beiden Reaktionen deutlich unterscheidbar. So ergibt sich, dass man das Lernergebnis als ein *vorwegnehmendes Blinzeln auf ein Signal hin* bezeichnen kann. So ein Blin-
30 zeln vermeidet nicht den Luftstoß, [...] Das erlernte Blinzeln nimmt aber den Luftstoß vorweg und signalisiert ihn.

Wie häufig muss die Paarung eines Signals mit einem unbedingten Reiz wiederholt werden, bis
35 eine bedingte Reaktion aufgebaut ist? Wenn es auch nicht die Antwort auf diese Frage gibt zeigen doch die Forschungsergebnisse, zumindest für die Blinzelreaktion, dass eine Reihe von Wiederholungen nötig ist, um eine stabile Reaktion
40 zu sichern. [...]

Es werden aber auch Fälle von Signallernen berichtet, die wesentlich schneller ablaufen, was insbesondere von der Stärke des unbedingten Reizes abzuhängen scheint. Signal-Reaktions-
45 Verbindungen kommen erwiesenermaßen in einem einzigen Versuch zustande, wenn das Signal mit einem starke Emotionen erregenden Reiz gekoppelt wird.

(Aus: Robert M. Gagné: Die Bedingungen des menschlichen Lernens. Übersetzt von Barbara Meyer und Helmut Skowronek. Hermann Schroedel Verlag: Hannover ⁵1980, S. 81 f.)

1 Stellen Sie den von Gagné geschilderten Lernvorgang schematisch dar.
2 Erläutern Sie, warum im Rahmen des „Signalblinzelns" von einem „vorwegnehmenden Blinzeln" gesprochen werden kann.
3 Welche Bedingungen können den Lernvorgang verzögern oder beschleunigen?

1.3.1.6 Was ist ein wissenschaftliches Modell? – Die klassische Konditionierung als idealtypisches Modell

Was ein einfaches technisches Modell ist, weiß jeder. Aber es gibt auch anspruchsvollere Modelle, Vorstellungen, Konstrukte, in denen das Typische in der Wahrnehmung von Wirklichkeit erfasst werden soll. Kinder machen sich etwa ein „Modell" davon, was ein „echter Junge" oder ein „echtes Mädchen" ist. Im Bereich der Sozialwissenschaften wird häufig mit Modellen gearbeitet, die allerdings viel stärker differenziert sind als die erwähnten Alltagskonstrukte von Kindern.

„Bei der Suche nach [...] Möglichkeiten systematischer Darstellung stößt man auf die Modellkonstruktion im Sinne der Bildung von Idealtypen, über die sich Max Weber ausführlich verbreitet hat.

Idealtypus ist bei ihm gedankliche Steigerung ausgewählter Elemente der Wirklichkeit zu einem einheitlichen Gedankengebilde mit typischem Charakter. Um immer wiederholten Missverständnissen vorzubeugen: Es handelt sich nicht um ein Ideal im populären Verständnis, das anzustreben wäre, sondern um die „Idee" eines Sachverhalts, der geklärt werden soll!

Die „Idee" – das Gedankengebilde – ist an der Wirklichkeit zu messen. Dieser Prozess ist es, der Erkenntnisse bringt.

Das Gedankengebilde ist einem System vergleichbar, bei dem allerdings nicht der Versuch gemacht wird, Wirklichkeit im Ganzen der Theorie zu erfassen, sondern in überspitzten Aussagen von vermuteter Wirklichkeit, die unter Vernachlässigung mancher Details zu einem „einheitlichen Gedankengebilde" geformt werden. Komplexität wird reduziert, das, was bleibt, noch auf die Spitze des Typischen getrieben.

Die Probleme, die bei der Bildung solcher Konstrukte auftreten, sind relativ leicht zu überwinden. Die besonderen Schwierigkeiten treten bei der Art und Weise auf, wie sie aufgenommen werden: leider oft als wahre Aussagen über Wirklichkeit im theoretischen Gewande.

Tatsächlich handelt es sich aber um Aussagen, an denen Wirklichkeit gemessen werden soll, nicht im Sinne von Verifikation oder Falsifikation – wie wir es bei der Überprüfung von Hypothesen versuchen – sondern im Sinne von „Konfrontation". Das, was bei diesem „Zusammenstoß" herauskommt, bringt, wenn der Idealtypus erfolgreich konstruiert worden ist, Erkenntnis.

Es scheint offensichtlich schwer zu sein, Idealtypus und Wirklichkeit auseinander zu halten. Schon Max Weber macht darauf aufmerksam.

(Aus: Heinrich Ebel: Alfons Cramer, Rolf Eickelpasch, Eckehard Kühne: Familie in der Gesellschaft. Hrsg. von der Bundeszentrale für politische Bildung: Bonn 1978, S. 105 ff.)

1 Erörtern Sie, inwiefern es sich bei der klassischen Konditionierung um ein idealtypisches Modell handelt.

2 Welchen Wert hat es zu wissen, dass es sich bei einer Theorie wie der klassischen Konditionierung um ein idealtypisches Konstrukt von Wirklichkeit handelt und nicht um die Wirklichkeit selbst?

3 Was hat die folgende Karikatur mit Modelldenken zu tun?

Pawlows Gedankengänge wurden in Amerika bald von den Behavioristen um Watson aufgegriffen. Beiden Richtungen gemeinsam war die Auffassung, dass bei der klassischen Konditionierung Bewusstseinsprozesse den Psychologen nicht zu interessieren haben. Ausschließlich die Berührung der Reize (Kontiguität) sowie der Erwerb des Signalcharakters stellen das Erklärungsprinzip für die von außen beobachtbare gelernte Reaktion dar.

Eine Erweiterung des ursprünglichen physiologischen oder streng behavioristischen Ansatzes ist besonders in folgenden Punkten zu sehen:

• Unter Reizen werden nicht mehr nur physikalisch-chemische Außenweltereignisse verstanden. Reize können auch in der *Vorstellung* gegeben sein.

• Der Begriff der Reaktion schließt zwei Arten vonAntwortverhalten ein: *Verhalten* im engeren Sinne und *Erleben*.

Beispiele:

• Nicht nur das tatsächliche Eingeschlossensein in einem defekten Aufzug, sondern bereits die Vorstellung eines solchen Ereignisses kann Angst auslösen.

• Diese Angst zeigt neben äußerlich beobachtbaren Verhaltenskomponenten (z. B. Erhöhung des Pulsschlags, Schweißabsonderung, motorische Unruhe) auch eine bestimmte Erlebnisqualität.

Vorstellungen und Gefühle sind spezifische Bewusstseinszustände. Die Erklärung gelernter emotional-motivationaler Reaktionen (z. B. Angst vor engen Räumen) nach dem Modell des klassischen Bedingens stellt demnach eine Erweiterung des ursprünglichen Konzeptes dar.

Diese Erweiterung des klassischen Modells auf das Lernen von emotionalen Reaktionen in alltäglichen Situationen ist von großer Bedeutung, da im Gegensatz zu kontrollierten Laborexperimenten (z. B. den Untersuchungen von Pawlow) die […] Signalfunktion einen anderen Stellenwert erhält.

(Aus: Walter Edelmann: Lernpsychologie. 5. Auflage. Beltz/Psychologie Verlagsunion: Weinheim 1996, S. 61)

1 Erläutern Sie, inwieweit es sich bei Edelmann um eine echte Erweiterung des Modells der klassischen Konditionierung handelt.
2 Suchen Sie Beispiele, die die Ausführungen von Edelmann stützen können.

1.3.1.8 Furcht wird „gelernt": Der kleine Albert – ein Experiment von Watson und Rayner

Mithilfe des klassischen Konditionierens wird vor allem erklärt, wie Gefühle gelernt werden können. Die Psychologen Jacobi und Bastine beschreiben im Folgenden einen viel zitierten Versuch zum Lernen von Angstgefühlen.

An einem berühmt-berüchtigten Experiment, das 1920 von Watson und Rayner durchgeführt wurde, soll dargestellt werden, wie durch klassische Konditionierung bei einem elf Monate al-
5 ten Kind ängstliches Verhalten systematisch erzeugt werden konnte:
Der 11 Monate alte Albert war ein gesundes, stabiles und angstfreies Kind. Er reagierte neugierig auf alle fremden Situationen und Dinge – so auch
10 auf Gegenstände und Tiere, die ihm der Versuchsleiter zeigte: es waren eine weiße Ratte, ein Hase, ein Pelzmantel, ein Ball aus Baumwolle und einige Masken. Allerdings schreckte Albert zusammen und fing an zu schreien und zu wei-
15 nen, wenn plötzlich dicht hinter ihm Lärm erzeugt wurde. Als ihm einmal eine Ratte gezeigt wurde und er seine Hand danach ausstreckte, ertönte fürchterlicher Lärm. Nachdem Albert diese Erfahrung mehrmals gemacht hatte, zeigt er
20 große Angstreaktionen. Etwa eine Woche später wurde ihm die Ratte erneut gezeigt – jedoch ohne den fürchterlichen Lärm. Albert traute sich nicht das Tier anzufassen, fing an zu weinen, drehte sich um, fiel hin und krabbelte davon.
25 Nach einigen Tagen stellte sich heraus, dass sich Alberts Furchtreaktionen auch auf den Hasen übertragen hatten. Er fing sogar beim Betrachten des Pelzmantels an zu weinen, schreckte vor dem Baumwollball zurück und zeigte ebenfalls Angst
30 vor der Maske. Keine Angst hatte er vor Bauklötzen oder Dingen, die keine Ähnlichkeit mit Pelzen hatten.

Es ist nicht bekannt, was aus Albert geworden ist. Watson und Rayner berichten, dass „Albert un-
35 glücklicherweise noch an dem Tag, an dem man die beschriebenen Tests durchgeführt hatte, aus dem Krankenhaus entlassen wurde. Daher hatten wir leider nicht die Möglichkeit, eine Methode zur Löschung der konditionierten emotiona-
40 len Reaktion zu entwickeln" [...].
Mit diesem lapidaren Kommentar der Autoren schließt ihr Bericht. Dieses Experiment wird häufig deshalb zitiert, weil die Ergebnisse es nahe legen, dass zufällig gemeinsam auftreten-
45 de Reize Angstreaktionen hervorrufen können [...].

(Aus: Judith R. Jacobi/Reiner Bastine: Sozio-psychologische Erklärungsmodelle. In: Funkkolleg Beratung in der Erziehung. Bd. 2. Hrsg. von Walter Hornstein u. a., Fischer-Tb 6347. Fischer Taschenbuch Verlag: Frankfurt/M. 1977, S. 133 f.)

1 Nehmen Sie Stellung zu der Frage, ob es zu rechtfertigen ist, psychologische Experimente mit Kindern durchzuführen?
2 Wie ist zu erklären, dass Albert nicht nur Furcht vor der Ratte, sondern auch vor dem Pelzmantel und dem Baumwollball lernte?

1.3.1.9 Furcht wird „verlernt": Das Prinzip der „reziproken Hemmung"

Wenn man das Ergebnis des Experimentes mit dem kleinen Albert kennen gelernt hat, stellt sich die Frage: Hat Albert für immer mit seiner Furcht leben müssen? Welche Möglichkeiten gibt es, von einmal gelernten Angstreaktionen loszukommen? Die Psychologen Hennenhofer und Heil wissen von einer Erfolg versprechenden Methode zu berichten.

Können Sie gleichzeitig lachen und wütend aussehen? Nein.
Reaktionsweisen, die gleichzeitig ausgelöst werden und miteinander unvereinbar sind,
5 schwächen oder hemmen sich gegenseitig. Dabei setzt sich die „stärkere" Reaktion durch. Der Wissenschaftler spricht hier vom Prinzip der „reziproken Hemmung".
Sympathicus und Parasympathicus können unsere Organfunktionen nicht gleichzeitig beein-
10 flussen [...]. Erregung können wir mindern, indem wir bewusst Körperfunktionen in Gang

setzen, die den beruhigend wirkenden parasympathischen Teil unseres autonomen Nervensystems aktivieren.

Wir essen zum Beispiel ein Stück Schokolade. Damit „erregen" wir den Parasympathicus, der selbst wiederum unser Verdauungssystem aktiviert. Da er nicht differenzieren kann, beeinflusst er gleichzeitig alle Körperfunktionen, auf die er einwirken kann. Er wirkt also dämpfend auf die Aktivitäten des Sympathicus: Unsere Angst wird gemindert.

Diese Alltagsstrategie wird zum Beispiel auch beim Flugängstlichen erfolgreich angewendet: Lächelnde hübsche Stewardessen servieren kleine Snacks und Getränke „zur Beruhigung". Reaktionsweisen wie appetitvolles Essen und Angst sind miteinander nicht zu vereinen.

Die amerikanische Psychologin Mary Cover Jones wusste von dem etwas fragwürdigen Experiment Watsons mit dem kleinen Albert. Ihr Interesse galt der Frage, ob es eine Therapiemethode gibt, mit deren Hilfe konditionierte Phobien auch wieder beseitigt werden können. Sie versuchte einen kleinen Jungen zu behandeln, der unter einer Kaninchen-Phobie litt. Dabei wandte sie als erste das Prinzip der „reziproken Hemmung" systematisch an:

Sie stellte fest: Je geringer die Entfernung zwischen dem Jungen und dem Kaninchen war, um so intensiver war auch seine Furchtreaktion. Folglich setzte sie das Kind in die eine, das Kaninchen in die andere, weit entfernte Ecke des Labors. In sicherer Entfernung nahm der Junge dann sogar ein Stück Schokolade an. Schritt für

Schritt führte sie ihn dann näher an das Tier heran. Jedesmal, wenn der Junge Angst verspürte, gab sie ihm wieder ein Stückchen Schokolade. Allmählich wurde der Kleine immer ruhiger und konnte es schließlich auch in der Nähe des Kaninchens aushalten. Am Ende der Behandlung fühlte er sich beim Anblick des Kaninchens sogar richtig wohl. Seine Phobie war beseitigt.

(Aus: Gerd Hennenhofer/Klaus D. Heil: Angst überwinden. Deutsche Verlagsanstalt: Stuttgart 1973)

1 Beschreiben Sie die Wirkung des Prinzips der „reziproken Hemmung".
2 Überlegen Sie, ob es in der von Mary Cover Jones durchgeführten Therapie nicht auch möglich gewesen wäre, dass der kleine Junge eine Abneigung gegen Schokolade lernt. Was verhinderte eine derartige Reaktion?

1.3.2 Pädagogische Konkretionen

1.3.2.1 Mütter gegen Schulnot – Bericht einer Betroffenen

Christine Simon ist wie viele andere Mütter tagtäglich mit dem Druck der Schule auf Kinder konfrontiert. Sie entschließt sich zu einem ungewöhnlichen und dramatischen Schritt: Sohn Tilmann, 9 Jahre alt und bislang Schüler der vierten Klasse in der Grundschule Egling (Oberbayern), bleibt zu Hause. – Ein folgenreicher Verstoß gegen das bayerische Schulgesetz.

Eines Tages konnte ich nicht mehr länger mitansehen, wie mein Sohn Tilmann ständig mit Kopf- und Magenweh von der Schule heimkam. Ich fragte mich endlich, warum ich es täglich hinnehme, zusehen zu müssen, wie die Schule etwas in unseren Kindern zerstört. Ich schrieb einen Brief an den Kultusminister, las ihn meinen Freunden vor und fand spontane Zustimmung. Damit war die Initiative geboren, die wir „Mütter gegen Schulnot" nannten. Wir forderten, dass die Schulplaner endlich damit anfangen, den Bedürfnissen der Kinder gerecht zu werden, dass die Schule den Charakter einer Zwangsveranstaltung verliert. Und wir forderten, dass die Lehrer von den einengenden Vorschriften der Lehrplä-

ne und Leistungsvorschriften befreit werden und dass privaten Initiativen und Schulen der gleiche Raum gewährt werde, wie ihn die Staatsschule für sich beansprucht.

Die Initiative heißt „Mütter gegen Schulnot", weil sie von Müttern ausgeht und die Mütter in unserer Gesellschaft die Hauptbetroffenen der Schulprobleme ihrer Kinder sind (ich selbst habe drei Kinder). Auf den Müttern laden die Kinder bekanntlich erst einmal alles ab, wenn sie heimkommen. Die Mütter hören zu, wenn über die ungerechte Strafarbeit, die Prügel vom Banknachbarn oder die langweilige Deutschstunde geschimpft wird. Meistens sind es auch wir Mütter, die am Nachmittag die Kinder dazu bewegen müssen, ihre Hausaufgaben zu machen, oder die wegen ungerechter Zensuren in die Sprechstunden laufen. Es geht dabei letztlich aber nicht um Mütter oder Väter, die sich ein neues Gesellschaftsspiel ausgedacht haben, sondern es geht um unsere Kinder. Sie haben es bitter nötig, dass wir uns alle stark machen in dem gemeinsamen Bemühen, sie für ein selbstbestimmtes und frei verantwortliches Leben zu stärken.

An den Schulen wird etwas zerstört, das die vielleicht kostbarste Fähigkeit ist, die wir haben: das Lernen selber. Ist Lernen nicht eine Haltung dem Leben gegenüber, die uns fähig macht zu Offenheit, zu forschender Neugier, zu Klarheit, Ruhe, Einfühlsamkeit? Bin ich Lernende, muss ich vor nichts Halt machen, mich vor nichts verschließen, ich muss mich nicht selbst zerfleischen, brauche nicht panisch zu sein. Und ich sehe, wie die ungebrochene Fähigkeit zum Lernen das Gleiche bedeutet wie Geduld, Verständnis, und eine unersättliche Lust, Zusammenhänge zu durchdringen.

Unsere Kinder aber lernen in der Schule unter Bedingungen, die sie innerlich verspannen und lahmlegen müssen. Die Öde des Lernens, die alles, was Austausch, Beziehung, Kontakt heißt, vollkommen verarmen lässt, muss Tilmann abstumpfen lassen. Er sagt zum Beispiel: „Wenn ich jemandem helfen will, heißt das stören." Der Frontalunterricht und eine Pädagogik, die sich einbildet, sie wüsste, was für die Kinder das Richtige sei, sie wüsste, auf welche Art es ihnen eingetrichtert werden müsste, beschneidet ihn in seiner Kreativität. Tilmanns eigener Lernrhythmus, seine eigenen Ideen trocknen dadurch aus.

Eine unserer Forderungen ist die Abschaffung der Benotung. Wir wollen nicht mehr nur zusehen, dass zum Beispiel ein Kind, das zunächst das Notensystem offenherzig angenommen hat, fassungslos vor einer schlechten Sportzensur steht, obwohl es doch mit all seiner Körperkraft, mit all seiner Energie versucht hat, sein Bestes zu geben. Ich hörte von einem kleinen Mädchen, dem seine Tante eingeredet hatte, es könne nicht singen. Das Mädchen hatte sich dies so sehr zu Herzen genommen, dass es nun tatsächlich nicht mehr singen konnte. Von Anfang an bekam es eine schlechte Note in Musik, die das Kind immer geschmerzt hat, weil es Musik sehr liebt. An mir selber und an den Menschen, die mich umgeben, habe ich gesehen, wie dieses ständige Werten, das wir schon so verinnerlicht haben, unsere Achtung zerstört vor dem Verschiedenartigen und vor der Schönheit des Lebendigen.

Das Wichtigste ist uns „Müttern gegen Schulnot" gegenwärtig zweierlei:
- jetzt anfangen, Verbündete unserer Kinder zu sein (viele Mütter sind ja Verbündete der Schule!);
- die Energie nicht in Vorwürfen verpuffen zu lassen, sondern konstruktiv zusammenzuarbeiten.

Im Sommer erhielt ich Antwort auf meinen Brief an das Kultusministerium. Sie […] ging in keiner Weise auf meinen Brief und unsere vorangestellte Resolution ein. Mit dem Schulleiter von Tilmanns Schule – er ist gleichzeitig CSU-Bürgermeister – hatte ich ein langes Gespräch, mit dem Ergebnis, dass er eine Zusammenarbeit, die ich angeboten hatte, mit dem Argument ablehnte, er misstraue mir politisch – obwohl er weiß, dass ich mit keiner Partei etwas zu tun habe.

Doch dann kam es zu einer Entscheidung. Tilmann kam nun beinahe jeden Mittag mit Magenkrämpfen nach Hause und er hatte eine Ausstrahlung, als wäre jemand mit der Dampfwalze über ihn gefahren. Ich telefonierte in dieser Woche fast jeden Abend mit der Lehrerin. „Ein Kind muss lernen Ungerechtigkeiten einzustecken. Gerade die Erfahrung von Unrecht macht es fähig sich später im Leben zurechtzufinden", sagte sie.

Tilmanns Zustand sprach eine klare Sprache. Hier wurde kein Mensch für das „harte Leben" gestärkt. Die Forderung der Lehrerin, ihn abzuhärten, ging vollkommen an ihm vorbei. In den ersten Dezembertagen sagte er zu mir: „Ich will nicht mehr zur Schule gehen." Und die ganze Familie akzeptierte seinen Wunsch. Seit dem 4. Dezember geht Tilmann nicht mehr zur Schule.

Von dem Tag an veränderte sich sein Leben. Seine Magenschmerzen waren vom nächsten Morgen an verschwunden. Ein lieber Freund unserer Familie, ein ehemaliger Lehrer, bot sich an, Tilmann bis Weihnachten zu Hause zu unterrichten. Seit er auf diese Art unterrichtet wird, hat er sich so verändert, dass es mich gleichermaßen stark berührt und beschämt. Ich glaube, ich schäme mich für mich und all die, die es täglich zulassen, dass unseren Kindern der Boden unter den Füßen weggezogen wird.

Niemals hätte ich erwartet, dass Tilmanns Veränderung so stark sein würde. Es war zunächst seine ganze Ausstrahlung – eine Art Licht in seinem Gesicht. Ich konnte in den Tagen nach jenem 4. Dezember so ruhige und ernsthafte Gespräche mit ihm führen wie sonst kaum einmal das ganze Jahr. Es war, als wäre von seinem Geist eine Art Glasglocke weggezogen, als bewegte er sich nun als der Mensch, der er ist, mit all seinen Stärken und Schwächen.

In den letzten Jahren hatte Tilmann nie so recht ein Gefühl dafür entwickeln können, was seinem Körper zuträglich ist, jetzt sagt er plötzlich zu ungewöhnlichen Tageszeiten, er glaube, er brauche frische Luft – und verschwindet im Garten. Vorher hing er stattdessen unlustig und kläglich auf dem Stuhl. Er scheint zunehmend für sich selbst und seine Gesundheit die Verantwortung zu übernehmen. Er beginnt auch sich für meinen Tagesablauf zu interessieren. Dies ist ein neuer Tonfall, denn ich hatte bis dahin den Eindruck, dass er sich fast nur für sich selbst interessiere. Auf irgendeine Art war in der Schule kein geistiger Raum da für mehr als für sich selbst und mit diesem eingezwängten „Ich" stieß er wahrhaftig an viele Wände. Jetzt ist er offener für sein Gegenüber, für den anderen.

(Aus: Christine Simon: Befreites Lernen ohne Lehranstalt. In: Publik-Forum Nr. 2. vom 29. Januar 1988, S. 21 f.)

1 Wie beurteilt Christine Simon das schulische Lernen ihres Sohnes Tilmann?

2 Welche Konsequenzen sind nach Christine Simons Auffassung zu ziehen?

3 Wie sehen Sie selbst ihre Kritik am schulischen Lernen?

4 Erörtern Sie anhand der folgenden Karikatur, ob bzw. inwiefern das Modell der klassischen Konditionierung dazu geeignet ist, um das Entstehen von Schulängsten zu erklären.

Zur Reihenfolge der Teilabbildungen: Es ist mit der zweiten Abbildung zu beginnen. Dann folgt die erste, dritte und vierte.

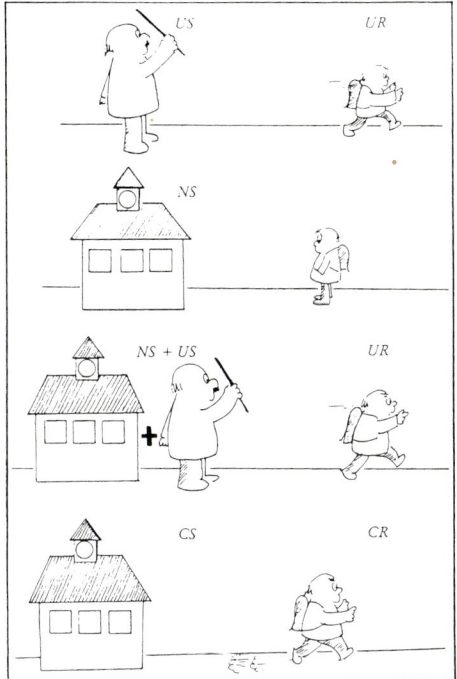

(Aus: Bruno Peyer/Meinrad Perrez: Einführung in die Verhaltenstherapie für visuelle Typen. Otto Müller Verlag: Salzburg 1978, S. 40 f.)

1.3.2.2 Mögliche Bedingungen für „Schulangst"

„Schulangst" ist ein komplexes, in der gegenwärtigen Diskussion um „Schule und Leistungsstress" sehr umstrittenes Thema, das Emotionen wachruft. Es kann an diesem Ort nicht darum gehen, die unterschiedlichen Positionen dazu darzustellen und gegeneinander abzuwägen. Soviel soll aber gesagt werden: Es dürfte sicher nicht reichen, die Ursachen für Schulangst lediglich im Rahmen der Schüler-Lehrer Interaktion zu suchen.

Eine monokausale Erklärung hilft kaum weiter. So stößt hier das Modell der klassischen Konditionierung auf Grenzen.

Die Vielschichtigkeit des Phänomens Schulangst deutet der folgende Auszug aus einem Jugendlexikon an.

Warum erleben immer mehr Schüler die Schule als Bedrohung, die Angst auslöst? Weil Schule immer wichtiger für das Leben wird: Schulische Noten entscheiden über die Berufslaufbahn. Eine gute Stelle hängt ab von guten Noten, und 5 gute Noten zu bekommen wird desto schwerer, je mehr Schüler sich darum bemühen (Noten). Gerade diese immer enger werdende Verbindung von Schule und der Bewertung von Leistungen durch Noten macht die Schule für viele 10 Schüler zur Bedrohung Nummer eins.

Durch Eltern und Lehrer wird den Schülern immer wieder deutlich gemacht, wie viel von einer Bewertung abhängt. So kann man den schulängstlichen Jugendlichen dadurch beschreiben, 15 dass er viel leisten will, sich aber vor der Bewertung seiner Leistung wegen eines möglichen Misserfolgs fürchtet.

Die so ausgelöste Angst führt dann meistens auch zu dem befürchteten Versagen (Schulversa- 20 ger), indem man z. B. das, was man eigentlich weiß, vor lauter Angst plötzlich nicht mehr weiß. Man kann sagen, dass Angst – bis auf wenige Ausnahmen – sich leistungshemmend (Leistung) auswirkt. 25

Schulangst kann ausgelöst werden durch:

- Überforderung, z. B. wenn Lehrer von Schülern etwas verlangen, was diese noch gar nicht leisten können;
- Mehrdeutigkeit, wenn man nicht genau 30 weiß, worauf es ankommt (z. B. was „man" zu leisten hat, was in einer Prüfung verlangt wird);
- unerwartete Anforderungen (z. B. dass man es nicht gelernt hat, in bestimmten Situatio- 35 nen, z. B. bei unangesagten Klassenarbeiten, einen kühlen Kopf zu behalten);

27

Direkte bedingte
Angstauslösung

(aus: pardon
Nr. 5/1976)

- eine Außenseiterposition in der Schulklasse
oder andere negative Erfahrungen, die man
mit seinen Mitschülern gemacht hat […];
40
- die wiederholte Erfahrung, vom Lehrer
gering geschätzt (Schulschwierigkeiten) oder
bestraft zu werden;
- Die Unübersichtlichkeit und Fremdheit des
45   Schulgebäudes […]).
So kann sich die Angst vor einer Klassenarbeit,
vor einem bestimmten Lehrer oder Mitschüler
ausweiten auf alles, was mit Schule zusammenhängt.
50 Dadurch, dass man sich, wenn man Angst hat,
kaum mehr etwas zutraut, kommt man in einen
Teufelskreis von Angst – Misserfolg – mangeln-
dem Selbstvertrauen – Angst vor erneutem Misserfolg – Misserfolg usw.
55 Hinzu kommt noch, dass „schlechte Schüler" in
ihrer Klasse oft – besonders in der Hauptschule –
unbeliebt sind und so noch weniger Aussicht haben aus ihrem Teufelskreis herauszukommen.
(Aus: Dorothea Kraus/Jobst Kraus/Christel Scheilke/Chri-
stoph Scheilke: Jugendlexikon Erziehung. rororo-Hand-
buch 6202. Rowohlt: Reinbek 1976, S. 223–225)

1 Diskutieren Sie, inwiefern das Modell des klassischen Konditionierens bei der Erklärung von
„Schulangst" auch auf Grenzen stößt.
2 Erörtern Sie mögliche Auswege aus dem Teufelskreis von „Angst – Misserfolg – mangeln-
dem Selbstvertrauen – Angst …".

1.4 Die Lerntheorie des operanten Konditionierens – oder: Wie komplexe Verhaltensweisen erworben werden können …

1.4.1 Grundlagen

1.4.1.1 Hinführung: Eine ungewöhnliche Verhaltensmodifikation in der Schule

Jess war 14 Jahre alt, […] mehr als den Sport liebte er kämpferische Auseinandersetzungen. Er
schlug andere Schüler mit Flaschen und Stühlen
zu Boden. Aber auch einen Schuldirektor ver-
trümmerte er mit einem Stock. Jess's Verhaltens-   5
repertoire bestand in der Hauptsache aus Aggressionen gegen andere. Jess's Lehrer waren sich
darüber einig, dass er unerziehbar war – alle Strafen hatten bisher nichts genützt –, und steckten
ihn in eine Klasse verhaltensgestörter Kinder.   10
Wenn sie geahnt hätten, dass Jess sich heimlich
darauf vorbereitete, ihr Verhalten zu ändern,
dann … kaum auszudenken.
Die Mathematiklehrerin war sein erstes Opfer.
Jess hat ein Problem mit einer Aufgabe und bittet   15
um Erklärung. Nach der Erklärung sieht er die
Lehrerin an und sagt: „Sie helfen mir wirklich es
zu schaffen, wenn Sie so nett zu mir sind." Die
Lehrerin schnappt nach Luft und bringt heraus:

Walter Potter:
**The Rabbits Village School
(1888).**

Potter's Museum, Jamaica
Inn. Cornwall/UK. ©
Photo: Stefan Richter 1996

20 „Mach schon weiter." Jess lächelt darauf und meint: „Ich mag es, wenn Sie mich loben."
Und so ging es weiter. Jess machte plötzlich solche und ähnliche Bemerkungen. Er war früh in der Klasse und ging spät, um mit den Lehrern zu
25 schwatzen. Einige seiner Lehrer führten diese dramatische Wende in seinem Verhalten auf einen speziellen Lehrer zurück, der wohl ein Wunder getan hatte. Aber Jess exerzierte nur bekannte Strategien [...], wie z.T. die bisher erzählte
30 Geschichte zeigt. Lehrer wurden mit Lächeln und positiven Äußerungen seinerseits bedacht, wenn sie das von ihm Gewünschte taten, und er ignorierte sie, falls sie sich negativ ihm gegenüber verhielten.

(Aus: Ernst Timaeus, Helmut Lück: Sozialpsychologie der Erziehung. Luchterhand Verlag: Neuwied und Darmstadt 1976, S. 22)

1 Nennen Sie Strategien, die Jess verwendete, um das Verhalten seiner Lehrer ihm gegenüber zu ändern.
2 Überlegen Sie, wie Sie einen Lehrer umstimmen könnten, von dem Sie den Eindruck haben, dass er Sie nicht besonders gut leiden kann. Voraussetzung ist natürlich, dass Sie dies wollen.
3 Diskutieren Sie, ob es sich im Falle von Jess tatsächlich um eine „ungewöhnliche" Verhaltensmodifikation handelt.

1.4.1.2   **Ein Lernexperiment von Greenspoon**

Das im Folgenden geschilderte Experiment können Sie in Ihrem Kurs selbst durchführen. Es ist allerdings darauf zu achten, dass der Versuch nur dann gelingen kann, wenn er vom Versuchsleiter gut vorbereitet ist.
Das Experiment erfordert als Hilfsmittel einen Pappschirm. Evtl. ist es günstig, auch ein Tonbandgerät oder einen Kassettenrekorder bereit zu halten.
Falls Sie das Lernexperiment selbst durchführen, sollten Sie den folgenden Text noch nicht lesen, er ist dann zunächst als Information für den Versuchsleiter gedacht, der Ihnen weitere Anweisungen geben wird.

Der Versuchsleiter bittet einen Teilnehmer der Lerngruppe alle Wörter auszusprechen, die ihm in den Sinn kommen. Die Versuchsperson soll aber nur einzelne Wörter, wenn möglich Hauptwörter, nicht aber Sätze formulieren.   5
Der Versuchsleiter sitzt mit der Versuchsperson an einem Tisch. Zwischen dem Versuchsleiter und der Versuchsperson steht ein Pappschirm, sodass die Versuchsperson den Versuchsleiter nicht sehen kann.   10
Nachdem die Aufgabe für die Versuchsperson klar ist und sie mit dem Produzieren von Wörtern begonnen hat, ist es Aufgabe des Versuchs-

leiters, immer dann, wenn die Versuchsperson
ein Hauptwort in der Mehrzahlform ausspricht,
ein erfreutes „Mmm-Hm" erklingen zu lassen.
Der Versuch sollte mindestens 10 Minuten lang
durchgeführt werden.

Auswertung:

Sofern ein Tonbandgerät eingesetzt werden
kann, sollte der Versuch auf Band genommen
und gemeinsam mit den Lernenden ausgewertet
werden, nachdem man sie gebeten hat den Sinn
des Versuches und einige Vermutungen über das
Ergebnis des Versuchs zu formulieren.
Es ist insofern zweckmäßig, die Lernenden nicht
schon vor der Durchführung des Experiments
über es zu informieren. Sollte ein Tonbandgerät
nicht zur Verfügung stehen, so kann man auch
einen oder zwei Lernende bitten die Anzahl der
von der Versuchsperson pro 30 Sekunden ge-
äußerten Hauptwörter im Plural zu notieren.
Wird der Versuch ohne Störungen und aufmerksam durchgeführt, so ergibt sich, dass die Häufigkeit der Hauptwörter im Plural im Verlauf des
Versuchs deutlich erkennbar zunimmt, ohne
dass die Versuchsperson sich des Zusammen-
hanges zwischen der Nennung von Hauptwör-
tern im Plural und dem erfreuten „Mmm-Hm"
des Versuchsleiters bewusst wird.

(Aus: J. J. Greenspoon: The reinforcing effect of two spoken
sounds on the frequency of two responses. In: Amer. Journ.
Psychol., 68, 1955. Entnommen aus: Egon Barres. Vorurteile. UTB 704. Leske Verlag & Budrich: Opladen 1978,
S. 88)

1 Überlegen Sie, warum Versuchsleiter und Versuchsperson sich bei diesem Experiment nicht
gegenseitig sehen sollten.
2 Welche Wirkung zeigte das erfreute „Mmm-
Hm" des Versuchsleiters?

1.4.1.3   Die Verhaltensformung

Mithilfe des klassischen Konditionierens lässt sich
bereits eine große Zahl von einfachen Lernprozessen erklären. Will man jedoch wissen, wie kompliziertere Handlungsabläufe gelernt werden, reicht
diese Lernart als Erklärung nicht mehr aus.

Will man einem Hund Sitzen oder Purzel-
baumschlagen oder einem Kind einen Tanz oder

Fahrrad fahren beibringen, so wird man die Prinzipien der operanten Konditionierung anwenden. In solchen Fällen wird man üblicherweise
zunächst den Hund oder das Kind anregen das
gewünschte Verhalten zu zeigen; anschließend
gibt man als Belohnung entweder einen Kno-
chen bzw. Süßigkeiten oder ein Lob. Diese Art
der Konditionierung wurde zuerst von B. F. Skinner (1938) systematisch untersucht und publik
gemacht. Die Methoden Skinners, der den größten Teil seiner anfänglichen Experimente mit
Ratten durchführte, fanden eine weit verbreitete
Anwendung.
Zum besseren Verständnis der Bedeutung dieser
Konditionierung soll die folgende Geschichte
dienen, die sich auf ein Forschungsprojekt bezieht, das in einer Nervenklinik in Massachusetts
durchgeführt wurde. Dort werden Untersuchungen in besonderen Räumen im Kellergeschoss
des Gebäudes durchgeführt. Bei der Behandlung
von schwer gestörten Patienten war es oft recht
schwierig, die Patienten zum Hinuntergehen
über die Treppe zu veranlassen. Ein Praktikant einer Universität, der mit den Techniken der operanten Konditionierung sehr vertraut war, unternahm den Versuch, einen seit längerer Zeit
verhaltensgestörten Patienten zu einem dieser
Räume zu bringen. Die Krankheit hatte diesen
Patienten fast auf den Stand eines Tieres zurück-
versetzt; seine Sprache war in zunehmendem
Maß unverständlich und seine Bewegungen waren immer unkontrollierter geworden. Er hatte
kaum noch Kontrolle über seine Ausscheidungs-
organe und wollte oft Personen beißen, die zu
nahe an ihn herankamen. Deshalb wurde er isoliert untergebracht. Um ihn dazu zu bringen, die
Treppe hinunterzugehen, benutzte der Student
[…] die „Verhaltensformung" […] Bei dieser Methode belohnt der Versuchsleiter fortwährend
solche Verhaltensweisen, die dem endgültig gewünschten Verhalten schrittweise näherkom-
men. Der Student wartete, bis der Patient seinen
Blick zum ersten Mal auf die zur Kellertreppe
führende Tür richtete. In diesem Moment
schenkte er ihm einen Keks, den der Patient
rasch verzehrte (zuvor war festgestellt worden,
dass der Patient Kekse gerne mochte). Bald
wandte der Patient seinen Blick wieder auf die
Tür und wieder belohnte der Student dieses Ver-

halten mit einem Keks. Nach mehreren solchen Wiederholungen blickte der Patient ständig auf die Tür: Die Kekse hatten die Funktion einer Be-

55 lohnung für die Reaktion „Tür anschauen" und hatten damit die Auftrittswahrscheinlichkeit dieser Reaktion erhöht. Nach Abschluss dieser Übungsphase behielt der Student die Kekse so lange zurück, bis der Patient einen Schritt mach-

60 te. Nachdem der Patient mehrfach für jeden Schritt Kekse bekommen hatte, schränkte der Student die Belohnung auf solche Schritte ein, die in Richtung auf die Kellertreppe führten. Nach einigen Tagen, in denen es viele Rück-

65 schläge und Enttäuschungen gab, ging der Patient tatsächlich die Treppe hinunter, betrat einen Kellerraum und unterzog sich dem Untersuchungsverfahren; zum ersten Mal seit Jahren zeigte der Patient ein in dieser Weise or-

70 ganisiertes Verhalten. Dieses Beispiel einer Verhaltensformung verdeutlicht die Effektivität von systematisch gegebener Belohnung, dem wichtigsten Merkmal der operanten Konditionierung. […] Operantes Kon-

75 ditionieren unterscheidet sich in mehrerlei Hinsicht vom klassischen Konditionieren. Der wesentliche Unterschied liegt darin, dass klassisches Konditionieren nur in solchen Situationen angewendet werden kann, in denen eine

80 Reaktion naturgemäß abläuft. […] Bei Pawlows Hunden ist die Speichelabsonderung eine automatische Reaktion auf die Darbietung von Fleischpulver. Beim operanten Konditionieren aber muss der Versuchsleiter geduldig

85 auf das Auftreten einer Reaktion warten, bevor er ihre Auftrittswahrscheinlichkeit durch Belohnung erhöhen kann.

(Aus: Sarnoff A. Mednick, Howard R. Pollio, Elisabeth F. Loftus: Psychologie des Lernens. Juventa Verlag: München 1975, S. 12–14)

1 Stellen Sie die wichtigsten Merkmale der operanten Konditionierung dar.
2 Welche Unterschiede bestehen zwischen der Lernart des klassischen Konditionierens und der des operanten Konditionierens?

1.4.1.4 Können Ergebnisse aus Tierexperimenten auf den Menschen übertragen werden? – Oder: Vom Geltungsbereich experimenteller Untersuchungen

Viele der Lernexperimente wurden an Tieren durchgeführt. Aber wie wirksam sind die Ergebnisse, die aus Tierversuchen gewonnen wurden, im Hinblick auf menschliches Verhalten? Ist es statthaft, solche Ergebnisse kurzerhand auf den Menschen zu übertragen? Wo liegen entscheidende Unterschiede zwischen Tier und Mensch? Auf diese Fragen geht der folgende Textauszug von Sebastian Leitner ein.

Wenn sie dafür belohnt werden, machen Tiere die unsinnigsten Dinge

(Wilhelm Trübner (1851–1917), Ave Caesar, morituri te salutant, 1878)

Skinner hat die ungeheure Wirkung […] seiner „Verstärker" durch frappierende Tierversuche bewiesen und er vollführte dabei Dressurakte, um die ihn jeder Dompteur beneiden kann.

Seinen Tauben brachte er besonders überraschende Kunststücke bei.

So machte er eine Taube für die Fachwelt welt-
berühmt, indem er sie zusammen mit einer
Fotografie in einen Käfig sperrte. Das Foto
zeigte mehrere Menschen in einer Gruppe.
Durch Druck auf einen Hebel konnte Skinner
in denselben Käfig Futterkörner einwerfen.
Die Taube, ein unruhiges Tier, machte vorerst
alle möglichen Bewegungen in diese oder jene Richtung. Sie äußerte damit, was ihr Herr
und Meister als „spontanes" oder „operatives
Verhalten" bezeichnet.
Skinner wartete geduldig, die Hand am Fut-
terhebel, bis der Vogel zufällig einen Schritt
auf das Foto zu machte. Dann ließ er ein Fut-
terkorn springen. Er setzte damit einen „Verstärker".
Dieselbe Bewegung, der Schritt auf das Grup-
penbild zu, wurde danach vom Tier häufiger
wiederholt. Die Reaktion war „verstärkt" worden.
Tat dann die Taube, ebenso zufällig, etwa eine
Kopfbewegung in dieselbe Richtung, dann
bekam sie ein weiteres Körnchen, und so fort.
Binnen eineinhalb Minuten hatte Skinner
das Tier so weit, dass es ununterbrochen auf
das Gruppenfoto hinpickte, und zwar genau
auf den Kopf einer ganz bestimmten dort ab-
gebildeten Person.
Skinner hatte eine Bewegung der Taube nach
der anderen schrittweise so geformt, dass
schließlich der gewünschte Bewegungsablauf
entstand.
Mit derselben Methode der „graduellen
Annäherung" ließ Skinner seine Taube auch
genau fixierte Tanzschritte, Verbeugungen
und eine Art Parademarsch lernen, das alles
innerhalb weniger Minuten und unter den
Augen eines kritischen, ungläubig staunenden Publikums. [...]
Tauben sind keine Menschen.
Dennoch glaubt Skinner, dass auch die Menschen ähnlich lernen – dass auch sie zunächst
ein spontanes, „operatives", chaotisches Verhalten hervorbringen, welches dann durch
(bewusste oder zufällige) Belohnungen verstärkt wird oder, unbelohnt, mehr und mehr
erlischt. [...]
Der Tauben-Trick scheitert bei uns daran, dass

der Mensch in großen Portionen konsumiert,
nicht krümelweise. Die Taube pickt auch in
Freiheit den ganzen Tag nach ihrer Nahrung.
Der Mensch jedoch isst drei Mahlzeiten täglich, damit ist er satt.
Man könnte diese drei Mahlzeiten von seinem Arbeitseifer und seinem Lernfortschritt
abhängig machen. Die Russen haben Ähnliches an ihren Kriegsgefangenen versucht. Eine „Brigade", die etwa einen Kohlenwaggon
rasch genug entlud, bekam einen Nachschlag
in den Topf. Hirsebrei oder Fischsuppe.
Der Erfolg blieb aus und die Arbeitsleistung
denkbar kümmerlich, vielleicht auch, weil
die Gefangenen von Hunger geschwächt waren. Aber wären sie nicht hungrig gewesen,
dann hätte das Essen sie gleichfalls nicht zur
Arbeit reizen können.
In der Sprache Skinners ausgedrückt: Der
Nachschlag wirkte nicht als „Verstärker".
[...] Denn Hirsebrei und Fischsuppe am
Abend folgten nicht direkt und sofort der
Handlung, die sie verstärken sollten. Sie
gehörten somit, wie bestandene Prüfungen
und gute Zeugnisse, zu jenen Belohnungen,
die zu spät kommen.
Von dieser Regel gibt es eine sehr wichtige, bei
geistig und emotionell „normalen" Menschen immerhin vorkommende Ausnahme.
Sie soll hier nur kurz gestreift werden [...].
Es ist die (von keinem Tier geteilte) Fähigkeit
des Menschen sich schon in der Gegenwart
Vorstellungen von der Zukunft zu machen.
Er kann – wenn er es kann – die „Bilder" solcher Vorstellungen in seinem Bewusstsein
willkürlich wachrufen. Er kann das – wenn er
es kann – in der Weise tun, dass Gedanken an
schöne, freudvolle Zukunftsereignisse die
tatsächlichen Erscheinungen einer widerwär-
tigen Gegenwart begleiten, mildern und ver-
süßen.
So kann sich der Schüler, der unwillig und
zähneknirschend Vokabeln büffelt, nach jeder neu durchgenommenen, durchgekauten
Seite den glückhaften Augenblick ausmalen,
da er sein Dolmetsch-Diplom erhält. Der Me-
dizinstudent kann sich vorstellen, wie er als
Professor würdevoll durch die Säle seiner Kli-

nik schreitet, und der Steine klopfende Sträfling mag nach jedem Stein an die Stunde denken, da er wegen guter Führung vorzeitig entlassen wird. [...]

Doch leider ist diese Fähigkeit recht selten. Sie ist leichter zu entmutigen als jede andere. Sie ist das Produkt eines Lernprozesses, der komplizierter ist und mehr im Dunkeln liegt als alles sonstige Lernen. Wer sie besitzt, ist glücklich zu schätzen; er braucht keine Ratschläge und Anweisungen, wie er ein guter Schüler werden kann – er ist schon einer. Die Hoffnung auf ein fernes Ziel kann ihn durch Jahre vorwärtstreiben, oft ein Leben lang.

Aber alle anderen, und das ist die überwiegende Zahl, benötigen schneller wirkenden Anreiz, [...] „Verstärker", die ihren Handlungen auf der Stelle folgen. [...] Das Problem ist nun schon ziemlich klar geworden: Wir brauchen Belohnungen, die nicht zu spät eintreten, die wir unmittelbar nach jeder erfolgreichen Lernanstrengung verabreichen können, unseren Schülern oder, wenn wir uns selber das Lernen lehren wollen, uns selbst.

Wie die Taube ihre Körner, so benötigen auch wir einen Sack voll kleiner Annehmlichkeiten, die jeden Schritt auf das große Gesamtziel unseres Studiums verstärken, sonst bleiben wir unterwegs hängen. Diese winzigen Lustbarkeiten müssen, wie das Futter den Hunger von Skinners Vogel, eine Bedürfnisspannung stillen, aber welche? [...]

Skinners legendäre Taube ist auf dem Wege ihrer schrittweisen Verhaltensformung einem Primärtrieb gefolgt, dem Hunger; und theoretisch ließe sich vorstellen, dass auch ein Mensch auf dieselbe Art lernwillig gemacht werden könnte.

Man müsste ihm dazu die großen Mahlzeiten entziehen und sein Essen, und jede Befriedigung seiner Primärtriebe überhaupt, in winzig kleine Portionen einteilen.

Nach jedem bewältigten Lernschritt, nach jeder Vokabel, an die er sich erinnert, stünde ihm dann ein Scheibchen Wurst zu, eine Gabel mit Bratenfleisch, ein Löffelchen Kaviar, ein Zuckerplätzchen oder ein Brotkrümelchen, ein Küsschen vom Fräulein Braut oder

ein Hauch Wärme im sonst eiskalten Zimmer. Doch wäre die Voraussetzung, dass alle Schüler – und ebenso alle lernenden Erwachsenen – mitten im Frieden wie Gefangene gehalten werden müssten – und das Ergebnis kein Lernfortschritt, sondern eine gigantische Gefangenenrevolte.

Menschen sind keine Tauben. Vielleicht ist die Taube deshalb ein Symbol des Friedens, weil sie sich solche Konditionierung gefallen lässt. Die Methode wirkt nicht einmal bei Kindern. Wenn Kinder Hunger haben, werden sie aufsässig. Erwachsene erst recht.

(Aus: Sebastian Leitner, So lernt man lernen. Herder Verlag: Freiburg [8]1976, S. 89–93)

1 Gelten Ergebnisse aus Tierversuchen auch für den Menschen? Geben Sie eine begründete Stellungnahme ab.
2 Überlegen Sie, wodurch Tierexperimente gerechtfertigt werden könnten.

1.4.1.5 **William schreit nicht mehr – ein Experiment zur Verhaltensformung**

Das folgende Experiment von Etzel und Gewirtz wird von den Psychologen Karin und Jürgen Bredenkamp referiert.

An dem Versuch nahm der 7 Wochen alte William teil, der den Pflegerinnen einer Kindertagesstätte durch sein häufiges und anhaltendes Schreien aufgefallen war. Für dieses Schreien fand man keine plausible Erklärung, da das Kind [5] nach ärztlichen Untersuchungsbefunden organisch gesund war. Nach den Angaben der zuständigen Kinderschwester war William nur zu beruhigen, indem man ihn aus dem Bettchen nahm und im Zimmer umhertrug. [10] Der Versuch erstreckte sich über insgesamt 13 Wochen, wobei jede experimentelle Sitzung 15 Minuten dauerte. Das Ziel der Untersuchung war zwei konkrete Verhaltensweisen, nämlich Williams Schreien und Lächeln [...] zu modifi- [15] zieren. [...]

Das Experiment bestand aus 3 Phasen: einer Beobachtungs-, einer Verstärkungs- und einer Löschungsphase. In der Beobachtungsphase wurde Williams Verhalten lediglich registriert; d. h. die Versuchsleiterin notierte Williams Spontanverhalten, zeigte selbst aber ein gleichbleibend ernstes und unbewegliches Gesicht. In dieser Phase bestätigten sich die früheren Aussagen des Pflegepersonals, d. h. William schrie etwa 75 % der Versuchszeit, während er nur 11-mal spontan lächelte.

In der Verstärkungsphase reagierte die Versuchsleiterin folgendermaßen: Sobald William spontan lächelte, beugte sie sich direkt über ihn, nickte mit dem Kopf und sagte „William ist ein guter Junge"; danach lächelte sie das Kind 2 Sekunden lang an. Auf Williams Schreien reagierte sie in keiner Weise. Diese Behandlung führte sehr schnell zum Erfolg: Am ersten Tag der Verstärkungsphase nahm Williams Schreien bereits deutlich ab: Er schrie nur noch 11 % der Zeit, also wesentlich seltener als in der Beobachtungsphase, die noch zu 75 % der Zeit durch Schreien ausgefüllt war. Am 2. und 3. Tag der Verstärkungsphase schrie William während der experimentellen Sitzungen kein einziges Mal. Stattdessen lächelte er sehr viel häufiger als in der 1. Phase des Experiments, d. h. er lächelte 41-mal, also 4-mal so häufig wie in der Beobachtungsphase. Die Versuchsleiterin bezeichnete ihn nunmehr als freundliches und häufig lächelndes Kind.

In der Löschungsphase sollte die zuvor gelernte Reaktion des Lächelns experimentell wieder ausgelöscht werden. Um dauerhafte Auswirkungen dieser Phase so gering wie möglich zu halten, wurde für die gesamte Löschungsphase nur ein Zeitraum von 15 Minuten vorgesehen. In dieser Phase reagierte die Versuchsleiterin auf die gleiche Weise wie in der Beobachtungsphase; d. h. sie blickte William im Verlauf dieser Sitzung mit gleichbleibend neutralem Gesicht an. Die Auswirkung dieser experimentellen Löschung zeigte sich sehr bald: während William in den ersten 8 Minuten dieser Phase noch 17-mal lächelte, trat diese Reaktion in den letzten 7 Minuten der Sitzung nur noch ein einziges Mal auf. – Am Rande sei noch angemerkt, dass William im Verlauf der Löschungsphase nicht einmal mit „Schreien" reagierte.

(Aus: Karin und Jürgen Bredenkamp: Was ist Lernen? In: Funkkolleg Pädagogische Psychologie. Bd. 2. Hrsg. von F. E. Weinert u. a. Fischer-Tb 6116. Fischer Taschenbuch Verlag: Frankfurt/M. 1974, S. 621 f.)

1 Übertragen Sie das folgende Schema (unten) in Ihr Arbeitsheft und setzen Sie eine knappe Charakterisierung des ursprünglichen Verhaltens von William, der Reaktion der Versuchsleiterin und den Konsequenzen in Williams Verhalten in die entsprechenden Felder ein.

2 Lassen sich aus dem Experiment allgemeine Schlussfolgerungen ziehen?

3 Überlegen Sie, welche Mängel die Behandlung des kleinen William im Experiment aufweisen könnte. Berücksichtigen Sie dabei auch die folgenden Überlegungen von Katrin Hummel.

Die meisten Kinder, die mit ihren Eltern und Geschwistern wegen exzessiven Schreiens zur Beratung kommen, sind jünger als zwei Jahre alt. Sie wurden zuvor von einem Kinderarzt untersucht, der eine organische Ursache für das Schreien ausgeschlossen und die Familie an die Ambulanz überwiesen hat. Die Eltern bringen einen ausgefüllten Fragebogen mit, der ihnen zuvor zugeschickt wurde. Darin geben sie zum Beispiel

		ursprüngliches Verhalten von William	Reaktion der Versuchsperson	Konsequenzen bei William
Beobachtungsphase				
Verstärkungsphase	1. Tag			
	2. und 3. Tag			
Löschungsphase	erste 8 Min.			
	letzte 7 Min.			

Friedrich von Amerling (1803–1887),
Prinzessin Marie Franziska von Liechtenstein. 1836

Sammlungen des Fürsten von Liechtenstein, Vaduz

10 ihren Schulabschluss an, ihren Beruf, chronische Erkrankungen und die Größe ihrer Wohnung, sie machen Angaben über ihre Kindheit, ihre Eltern und zur Entwicklung und Betreuung ihres Kindes.

15 Hédervári-Heller und Dornes machen sich mithilfe des Fragebogens und eines etwa eineinhalbstündigen Gesprächs ein Bild über die Situation in der Familie. Dabei versuchen sie vor allem zu verstehen, wie die Eltern oder die allein erziehende 20 Mutter die Entwicklung ihres Kindes erleben und warum sie das Schreien als störend empfinden. Manchmal reicht diese erste Sitzung schon, um der Familie zu helfen; in der Regel kommen die Eltern etwa viermal in die Sprechstunde. 25 „Allein dadurch, dass jemand zuhört, lässt der akute Problemdruck manchmal erheblich nach", sagt Dornes. „Unspezifischen Effekt" nennen die Psychologen das. Er wird allerdings nur bei leichten Fällen wirksam. Wenn die Sache

komplizierter ist, kommen die Familien bis zu 30 zehnmal in die Uniklinik. Die Kosten trägt die Krankenkasse.

Vor der ersten Sitzung führen die Eltern ein so genanntes Schlaftagebuch. Darin protokollieren sie, wann ihr Kind schläft, schreit, quengelt und 35 gefüttert wird. Manchmal stellt sich dann heraus, dass das Kind aus entwicklungsbedingten, unspezifischen Gründen weint. Dann machen die beiden Psychologen den Eltern klar, dass sie Ruhe bewahren sollten und kein schlechtes Ge- 40 wissen zu haben brauchen. Manchmal merken die Eltern beim Ausfüllen des Tagebuchs auch, dass ihr Kind weniger schreit, als sie dachten. Dann verlegen sich Hédevári-Heller und Dornes darauf, herauszufinden, warum die Eltern so 45 empfindlich auf das vergleichsweise seltene Schreien des Kindes reagieren.

Die Gründe dafür – etwa eine ungewollte Schwangerschaft oder die Unzufriedenheit der

Mutter mit ihrer Situation, die das Kind negativ beeinflussen kann – sind ebenso vielfältig wie jene, aus denen sich Säuglinge zu wirklichen „Schreikindern" entwickeln können. Mindestens ein Drittel der Kinder ragiert auf Spannungen zwischen den Eltern, die sich – meist über die Mutter und manchmal schon während der Schwangerschaft – auf den Nachwuchs übertragen. Auch eine überforderte oder depressive Mutter kann die Ursache für ungewöhnlich häufiges Schreien sein, weil sie ihrem Säugling nicht so zur Seite stehen kann, wie er das braucht. Möglich ist weiterhin, dass die Bedingungen, unter denen die Familie lebt, zu einer Störung des kindlichen Gleichgewichts führen, etwa wenn die Familie isoliert lebt oder Geldsorgen hat. In all diesen Fällen versuchen die Psychologen zusammen mit den Eltern die Ursachen für das Schreien abzustellen.

Im Fall des zweijährigen Till etwa fanden sie heraus, dass seine allein erziehende Mutter darunter litt, dass der Vater sie nicht heiraten wollte und angekündigt hatte, er wolle keinen Unterhalt mehr für seinen Sohn zahlen. Sie rieten ihr die Unterhaltsfrage zu klären. Eine Woche später rief sie in der Beratungsstelle an und berichtete, ihr Sohn sei ruhiger geworden, seit sie sich mit seinem Vater geeinigt habe. Das gleiche gilt für den Fall einer jungen Italienerin, die schon eine Sehnenscheidenentzündung hatte, weil sie ihren drei Monate alten Sohn immer wieder in den Armen gehalten hatte, sobald er einen Mucks von sich gab. Hédervári-Heller und Dornes fanden heraus, dass sie keinen Kontakt mehr zum Vater des Kindes hatte und ihren Sohn brauchte, um sich weniger einsam zu fühlen. Seit sie sich auf den Rat der Psychologen hin bemühte einen Freundeskreis in Frankfurt aufzubauen, hat sie neben ihrem Kind auch noch andere Ansprechpartner und muss es nicht mehr ständig hochnehmen.

Es kann aber auch sein, dass ein Kind häufig schreit, weil es ein so genannter „Spätzünder" ist, die Ursachen also in ihm selbst liegen: Dann ist der Entwicklungs- und Reifungsprozess ein wenig verzögert und daher auch die regulatorischen Fähigkeiten des Kindes. Es ist leichter zu irritieren, schwerer zu trösten, sein Verhalten ist schwerer vorherzusagen. Hédervári-Heller und Dornes raten in einem solchen Fall, dem Kind dabei zu helfen, sich selbst zu beruhigen: Wenn es in seinem Bett liegt und schreit, soll die Mutter zum Beispiel in sein Zimmer gehen und ihm sagen, dass sie da ist. Wieder und wieder. Wenn es sein muss, nächtelang.

Auch in diesem Fall gilt jedoch: Ob das Kind als Schreikind bezeichnet wird, liegt letzten Endes bei den Eltern. Nur wenn sie sich ernsthaft gestört fühlen, kann es sinnvoll sein, eine der Beratungsstellen aufzusuchen, die es – außer in Frankfurt – auch in Halle, Hamburg, Köln, Leipzig, München, Münster, Potsdam und Ulm gibt. Kleinere Einrichtungen gibt es in zahlreichen weiteren Städten. Zwischen zehn und zwanzig Prozent aller Eltern, schätzt Dornes, leiden unter dem allzu häufigen Schreien ihres Kindes. Und immer mehr von ihnen haben das Bedürfnis sich helfen zu lassen.

(Aus: Karin Hummel: Hilfe für Schreihälse. Psychologen entlasten erschöpfte Eltern. In: Frankfurter Allgemeine Zeitung vom 15. März 1999, S. 13)

4 Bilden Sie sich – auf dem Hintergrund der Kenntnis der Ratschläge von Hédervári-Heller und Dornes – eine Meinung darüber, ob das Experiment von Etzel und Gewirtz mit dem kleinen William ethisch zu rechtfertigen ist.

1.4.1.6 Formen des operanten Konditionierens im Überblick

Die im folgenden Textauszug dargestellte eher systematische Zusammenstellung lernpsychologischer Begriffe bereitet zuweilen Schwierigkeiten, da die Fachsprache Ausdrücke verwendet, die im Alltag anders verstanden werden. So sind die Folgen „negativer Verstärkung" gar nicht negativ, sondern höchst positiv: ein unangenehmer Reiz entfällt, die Auftretenswahrscheinlichkeit des „erwünschten" Verhaltens wird in Zukunft zunehmen.

Was der Organismus in der Umwelt bewirkt, kann für ihn angenehm oder unangenehm sein, das heißt Zuwendungs- oder Fluchtverhalten zur Folge haben. Teilt man die Konsequenzen in angenehme oder unangenehme auf, die entweder eintreten oder aufhören können, dann ergeben sich vier Kombinationsmöglichkeiten [...].

	Einsetzen	Aufhören
positiver Verstärker (angenehmer Reiz)	*positive Verstärkung,* ein angenehmer Reiz wird gegeben: Erhöhung der Verhaltens- wahrscheinlichkeit	*Bestrafung,* ein angenehmer Reiz wird entzogen: Verringerung der Verhaltens- wahrscheinlichkeit
negativer Verstärker (unangenehmer Reiz)	*Bestrafung,* ein unangenehmer Reiz wird gegeben: Verringerung der Ver- haltenswahrscheinlichkeit	*negative Verstärkung,* ein unangenehmer Reiz fällt weg: Erhöhung der Verhaltens- wahrscheinlichkeit

Formen des operanten Konditionierens

Sowohl bei der positiven als auch bei der negativen Verstärkung nimmt die Häufigkeit des Ver-
10 haltens zu. Bei der positiven Verstärkung handelt es sich dabei um ein Zuwendungs-, bei der negativen Verstärkung um ein Flucht- bzw. Vermeidungsverhalten. So wie es mehrere Methoden gibt die Häufigkeit eines Verhaltens zu *er-*
15 *höhen,* gibt es auch mehrere Möglichkeiten die Häufigkeit von Verhaltensweisen zu *reduzieren.* Ein Verhalten wird nicht mehr gezeigt, wenn darauf unmittelbar ein unangenehmes Ereignis folgt oder wenn als Folge davon ein angenehmer
20 Reiz entzogen wird.
Die […] dargestellten Verfahren werden *kontingent* eingesetzt, das heißt, dass auf ein bestimmtes Verhalten eine ganz bestimmte Konsequenz eintritt. Wenn diese Kontingenz aufgehoben
25 wird, indem auf das betreffende Verhalten keine Konsequenzen mehr folgen, beginnt ein Prozess, den man als (instrumentelle) Löschung bezeichnet. Die Löschung ist neben den beiden Formen der Bestrafung ein weiteres Verfahren, mit der
30 die Häufigkeit von Verhalten reduziert werden kann. Ein bekanntes Beispiel für den Erfolg der Methode der Löschung wird von *Williams* (1959) beschrieben:
Ein zweijähriger Junge war 18 Monate lang krank
35 gewesen und hatte ständig der Aufmerksamkeit und besonderen Fürsorge seitens der Eltern bedurft. Als die Eltern nach überstandener Krankheit das Kind „entwöhnen" wollten, reagierte es mit extremen Störungen.
40 Jedes Alleinlassen in der Zeit, in der das Kind schlafen gelegt wurde, beantwortete es mit anhaltendem Schreien, sodass die Eltern einen Therapeuten aufsuchten. Es wurde ein Behand-

lungsplan erstellt, der vorsah, dass die Eltern das Kind abends *konsequent* und freundlich ins Bett 45 brachten, nach dem Verlassen des Zimmers aber in keiner Weise mehr auf das Geschrei des Kindes reagierten. Unter den *konsequent* eingehaltenen Bedingungen war das Schreien innerhalb von sieben Tagen vollkommen gelöscht. 50
In diesem Fall ist das Schreien das unerwünschte Verhalten, dessen Auftretenshäufigkeit verringert werden soll. Das Verfahren der Löschung besteht darin, dass das betreffende Verhalten vollkommen ignoriert wird. Würden die Eltern dabei 55 nicht *konsequent* vorgehen und stattdessen ab und zu wieder mit Zuwendung reagieren, würde das Schreien nicht gelöscht, sondern statt dessen *partiell verstärkt* werden.
Es hat sich gezeigt, dass eine kontinuierliche Ver- 60 stärkung, bei der jede „richtige" Verhaltensweise verstärkt wird, für den Lernprozess am günstigsten ist. *Skinner* hat jedoch in zahlreichen Experimenten nachgewiesen, dass bei partieller Verstärkung, bei der nur ein Teil der „richtigen" 65 Verhaltensweisen verstärkt wird, zwar langsamer gelernt wird, dass aber gleichzeitig das so aufgebaute Verhalten sehr viel langsamer verlernt wird bzw. gelöscht werden kann.
Eltern, die im Allgemeinen die Wutausbrüche 70 ihrer Kinder ignorieren, beachten in Ausnahmefällen dieses Verhalten. Dadurch wird das unerwünschte Verhalten partiell verstärkt und die Eltern tragen selbst dazu bei, dass dieses Verhalten besonders dauerhaft wird. 75
Verstärker können von sehr unterschiedlicher Art sein. Neben materiellen Verstärkern wie Süßigkeiten, Spielzeug oder Geld sind besonders die *sozialen Verstärker* wichtig, die von aufmerk-

samer Zuwendung bis zu ausdrücklichem Lob und Anerkennung reichen. Soziale Verstärker tragen häufig ungewollt zum Aufbau unerwünschter Verhaltensweisen bei.

Wenn ein Lehrer sich immer genau dann einem Schüler zuwendet, wenn dieser dazwischenredet und sich unterrichtsstörend verhält, dann verstärkt er damit dieses unerwünschte Verhalten.

Bei der negativen Verstärkung bildet sich dasjenige Verhalten heraus, durch das der unangenehme Reiz beendet oder vermieden werden kann.

Ratten lernen im Laborversuch ein Verhalten, das ihnen erlaubt aus dem Käfig zu fliehen, in dem sie einen elektrischen Schlag erhielten, als *Fluchtverhalten,* und sie lernen bei Anwendung von Warnzeichen (Signalen) dieses Verhalten bereits zu äußern bevor der Schock einsetzt; sie lernen *Vermeidungsverhalten.*

Auch das Vermeidungsverhalten beim Menschen ist durch die Wirkung negativer Verstärkung erklärbar. Dieses kann sich auf die unterschiedlichsten Verhaltensbereiche erstrecken.

Ein Kind, das einmal von einem Hund gebissen wurde, als es ihn streicheln wollte, wird künftig Hunde meiden. Jedesmal, wenn es einen Hund sieht und aus Angst davonläuft, wird dieses Verhalten dadurch belohnt, dass das Kind den Anblick des Angst auslösenden Hundes durch Weglaufen beenden kann. Hierdurch wird immer

Eine schwäbische Dorfschule, 19. Jahrhundert. Neu kolorierter Holzstich nach einem Gemälde von Julius Geertz: Der Souffleur in der Schule. (1872)

Privatbesitz

Vermeidungs-Vermeidungs-Konflikt

(Aus: Bruno Peyer/Meinrad Perrez, Einführung in die Verhaltenstherapie für visuelle Typen. Otto Müller Verlag: Salzburg 1978, S. 101)

110 wieder sein Weglaufen verstärkt, sodass sich die Wahrscheinlichkeit des Auftretens künftiger Vermeidungsreaktionen erhöht.

(Aus: Antje Flade: Psychologie des Lernens. In: Jens-Jörg Koch [Hrsg.]: Grundkurs Psychologie für Lehramtskandidaten. Süddeutsche Verlagsanstalt: Ulm 1976, S. 96 f.)

1 Ordnen Sie die folgenden Beispiele den verschiedenen Arten von „Verstärkung" oder „Bestrafung" zu:
- Peter erhält eine Ohrfeige.
- Die 14-jährige Anneliese hat die englischen Vokabeln nicht gelernt. Als die Englischlehrerin Rolf zur Überprüfung der Vokabeln drannimmt, ist Anneliese sehr erleichtert.
- Der sechsjährige Karl hat Essschwierigkeiten. Da er wieder einmal seinen Spinat nicht weiter essen will, streicht die Mutter kurzerhand den Schokoladenpudding, den Karl ansonsten sehr gerne mag.
- Hans hat lange für eine Klassenarbeit gepaukt. Als er erfährt, dass sie mit „sehr gut" bewertet wurde, freut er sich.

2 Erläutern Sie, welche Verhaltensweisen Peter, Anneliese, Karl und Hans in Zukunft wahrscheinlich häufiger zeigen werden.

3 Herr und Frau K. nervt es, wenn Dorothee, ihre 6-jährige Tochter, im Supermarkt nach Süßigkeiten quengelt. Schließlich wird den Eltern die Auseinandersetzung mit Dorothee so lästig, dass sie ihr etwas kaufen.
Wie wird sich Dorothee vermutlich beim nächsten gemeinsamen Einkauf verhalten?

Welche Möglichkeiten sehen Sie, Dorothees Verhalten zu löschen?

4 Jedes Mal wenn Herr L. einen Polizisten sieht, verringert er die Geschwindigkeit seines Wagens. Vor drei Jahren hatte Herr L. eine empfindliche Geldbuße wegen Geschwindigkeitsübertretung zu zahlen. Wie erklären Sie sich seine Reaktion?

1.4.2   Pädagogische Konkretionen

1.4.2.1   Lohn und Strafe in Unterricht und Erziehung

Welcher der beiden Lehrerinnen würden Sie zustimmen?
Gestalten Sie dazu eine Pro- und Contra-Debatte!
Falls Ihnen die Argumente ausgehen, finden Sie Anregungen in den Texten auf den nächsten Seiten!

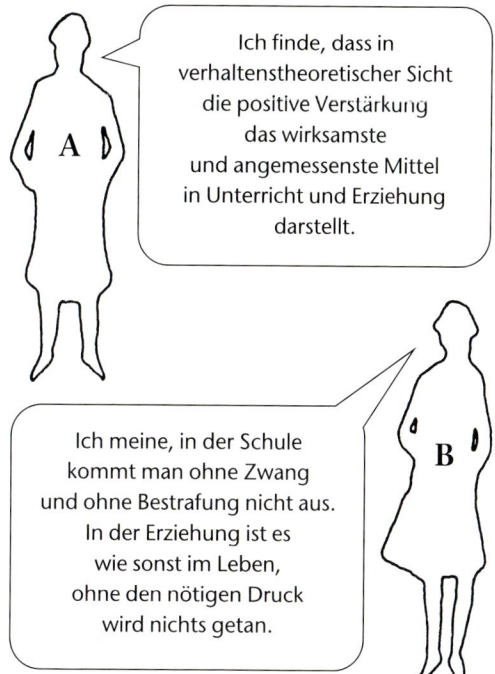

> **A** Ich finde, dass in verhaltenstheoretischer Sicht die positive Verstärkung das wirksamste und angemessenste Mittel in Unterricht und Erziehung darstellt.

> **B** Ich meine, in der Schule kommt man ohne Zwang und ohne Bestrafung nicht aus. In der Erziehung ist es wie sonst im Leben, ohne den nötigen Druck wird nichts getan.

Lernprinzip Erfolg?

(Aus: Walter Edelmann: Lernpsychologie. 5., völlig überarbeitete Auflage. Beltz/Psychologie Verlagsunion: Weinheim 1996, S. 170)

Pro- und Contra-Debatte

Ein für den Arbeitszusammenhang wichtiges Thema wird „antithetisch" diskutiert, wobei die gegenteiligen Positionen fest umrissen, klar formuliert und durch ein Argumentationsbeispiel verdeutlicht werden.

Die Teilnehmer sammeln in zwei Gruppen (pro-Gruppe und contra-Gruppe) Argumente zur Begründung ihres Standpunktes und überliegen eine Diskussionsstrategie. Die Gruppenbildung kann per Zufall oder auch nach individuellen Wünschen erfolgen.

In der Debatte selbst tragen die Protagonist(inn)en der beiden Positionen wechselnd ihre Argumentation vor. Die beiden Gruppen sitzen sich gegenüber und sind durch Schilder als pro- und contra-Gruppe gekennzeichnet.

Abschließend findet ein Gespräch auf der Metaebene statt.

Es empfiehlt sich, eine Redezeitbegrenzung (60 Sekunden) zu vereinbaren, auf deren Einhaltung die Leitung achtet (akustisches Zeichen).

Bei kleineren Gruppen (bis zu sechs) sind alle Teilnehmer auch Disputanten und Disputantinnen. Ansonsten bestimmen die Gruppen. wer spricht. Die anderen können während der Debatte aus der „zweiten Reihe" helfen.

Außerdem ist es möglich, eine dritte Gruppe zur Beobachtung bzw. „Publikum mit Schiedsrichterfunktion" einzurichten. In diesem Fall kann vorher und nachher pro und contra abgestimmt werden.

Die Gruppenmitglieder bleiben während der Debatte bei ihrer einmal eingenommenen Position. Diese Regelung einzuhalten, fällt manchmal schwer, besonders wenn die Akteurinnen und Akteure emotional beteiligt sind und „eigentlich" lieber die Gegenposition einnehmen würden.

Das Verfahren eignet sich zur Reflexion einer Thematik. besonders wenn bei einheitlicher Meinung einer Gruppe Gegenargumente spontan nicht bedacht werden.

(Aus: Peter Brauneck, Rüdiger Urbanek, Ferdinand Zimmermann: Methodensammlung. Anregungen und Beispiele für die Moderation. Hrsg. vom Landesinstitut für Schule und Weiterbildung: Verlag für Schule und Weiterbildung, Druck Verlag Kettler. 3. Auflage 1997. Nachdruck nur mit Genehmigung des Landesinstituts für Schule und Weiterbildung, Paradieser Weg 64, 59494 Soest.)

(Aus: Hilbert Meyer: Unterrichts-Methoden II: Praxisband. Scriptor Verlag: Frankfurt/M. 1987)

1.4.2.3   Strafe als Disziplinarmittel

Die amerikanischen Psychologen Gage und Berliner setzen sich mit dem Problem „Strafe" als Lenkungsmittel im Unterricht aus behaviouristischer Sicht auseinander.

Wenn man eins auf die Finger bekommt, weil man etwas vom Tisch genommen hat; wenn man angebrüllt wird, weil man unerlaubt auf die Straße gegangen ist; wenn man für seinen Auf-
5   satz eine 5 bekommt; wenn man wegen andauerndem Störens vom Unterricht ausgeschlossen wird – all dies sind Strafen, die in der Schule eingesetzt werden, um die Auftretenshäufigkeit eines bestimmten Verhaltens zu verringern.
10   Nur: Funktioniert das Bestrafen überhaupt? […] Wir haben gesehen, dass Bestrafung wirksam sein kann. Trotzdem: Tun wir damit Gutes? Die Antwort darauf hängt von verschiedenen Faktoren ab. Wenn das Verhalten, das unterdrückt werden soll, gefährlich ist oder äußerst uner- 15 wünscht, dann kann Bestrafung als ein Mittel zur Eliminierung dieses Verhaltens eingesetzt werden. Eine Strafe wäre dann gerechtfertigt, wenn ein Kind Nägel in Steckdosen steckt oder wenn es unerlaubt auf die Straße rennt, wenn es ständig 20 gegen die Ordnungsregeln im Unterricht verstößt, schwächere Schüler drangsaliert oder Schuleigentum zerstört. Allerdings sollte man immer bedenken, dass die Bestrafungsinstanz (Lehrer oder Eltern) aus der Sicht der Schüler ge- 25 nerell negative oder aversive Stimulus-Qualitäten annehmen kann. Kinder, die ihren Lehrer oder ihre Eltern „hassen" oder ihnen aus dem Weg gehen, zeigen eine charakteristische Reak-

In der „Häschenschule" geht es zu „wie im echten Leben": Hasenmax, „der Bösewicht" kriegt was hinter die Löffel.

(Aus: Geo-Wissen, Nr. 1/1999, Verlag Gruner & Jahr: Hamburg, S. 140)

tion auf ein negativ oder aversiv besetztes Stimulus-Objekt.

Ein weiteres Problem in diesem Zusammenhang ist die *Generalisierung* […], d. h. der Hass, den der Schüler ursprünglich auf den Lehrer entwickelte, wird jetzt auf das Unterrichtsfach, das er unterrichtet, ausgedehnt oder auf die Schule überhaupt.

Des Weiteren haben wir das Problem der *Vermeidung:* Schüler mogeln oder schwänzen die Schule, kommen zu spät in den Unterricht, sagen die Unwahrheit oder verstecken sich, usw. All dies sind Verhaltensweisen, mit denen der Schüler versucht Bestrafungen zu vermeiden; und sie treten häufig im Zusammenhang damit auf, dass ein Schüler ständig etwas falsch macht, versagt, „erwischt" wird […].

Alles in allem gesehen, ist Bestrafung eine Waffe, deren Einsatz für den Lehrer ebenso riskant sein kann wie sie für den Schüler unangenehm ist. Bestrafung […] kann ein wirksames Mittel zur Verhaltensmodifikation sein, aber sie muss mit großer Sorgfalt eingesetzt werden, sonst richtet sie mehr Schaden an als Positives.

(Aus: N. L. Gage/David C. Berliner: Pädagogische Psychologie. Übersetzt und herausgegeben von Gerhard Bach. 5., vollständig überarbeitete Auflage. Psychologie Verlags Union: Weinheim, 1996, S. 254 f.)

1 Erklären Sie – unter Verwendung lerntheoretischer Terminologie – die Funktion der Bestrafung im Hinblick auf den Schüler.
2 Überlegen Sie, in welchen Situationen der Einsatz von Strafe als Erziehungsmittel im Unterricht pädagogisch sinnvoll ist und wann nicht.

1.4.2.4 Die „natürliche Strafe"

Dass es zuweilen problematisch werden kann, wenn ein Erziehender einen unangenehmen Reiz setzt, ist schon lange bekannt. Bereits Jean-Jacques Rousseau (1712–1778) plädiert daher für „natürliche Strafen". – Der folgende Textauszug ist seinem Erziehungsroman „Emile" entnommen, in dem er die Auffassung vertritt, das Entscheidende bei der Erziehung solle durch die eigene Erfahrung des Menschen geschehen. Der Erzieher habe eigentlich nur zu beobachten und in der rechten Weise Erfahrungen zu ermöglichen. Damit hat Rousseau den Grundsatz der Selbsttätigkeit angesprochen, der aus seiner Vorstellung von „natürlicher Erziehung" resultiert.

Euer etwas schwieriges Kind zerstört alles, was es anrührt – werdet nicht ärgerlich. Nehmt alles, was es zerstören kann, aus seiner Reichweite. Zerbricht es alle Sachen, mit denen es umgeht – gebt ihm nicht gleich andere dafür. Lasst es den Schmerz des Verlustes fühlen. Zerbricht es die Fensterscheiben in seinem Zimmer – lasst ihm Tag und Nacht den Wind um die Nase wehn und kümmert euch nicht um seine Erkältung, denn es ist besser, es hat einen Schnupfen, als dass es den Verstand verliert. Beklagt euch nie über die Ungelegenheiten, die es euch bereitet, sondern lasst sie es zuerst am eigenen Leibe fühlen. Schließlich lasst ihr neue Fensterscheiben einsetzen, ohne ein Wort zu verlieren. Zerbricht es sie wieder, wendet eine andere Methode an. Sagt ihm in knappen Worten, aber ohne Zorn: Die Fenster gehören mir, ich habe dafür gesorgt, dass sie da sind, und will, dass sie ganz bleiben. Dann schließt ihr es in einen dunklen, fensterlosen Raum ein. Bei dieser ihm so ungewohnten Maßnahme fängt es sofort an zu schreien und zu toben – keiner kümmert sich darum. Bald wird es müde und ändert seinen Ton, es klagt und wimmert. Ein Bedienter kommt und der Trotzkopf bittet, ihn herauszulassen. Ohne weitere Erklärung seiner Ablehnung sagt der Bediente: Ich habe auch Fensterscheiben, die ganz bleiben sollen, und geht. Endlich, nachdem das Kind mehrere Stunden so verbracht und Zeit genug gehabt hat sich zu langweilen und es nie wieder zu vergessen, schlägt ihm jemand vor, einen Vergleich mit euch abzuschließen: Ihr werdet ihm seine Freiheit wiedergeben, wenn es nie mehr Fensterscheiben zerbrechen wird. Nichts wird ihm willkommener sein; es wird euch bitten lassen, zu ihm zu kommen, und ihr kommt. Es wird euch seinen Entschluss mitteilen und ihr werdet ihn sofort annehmen, wobei ihr ihm sagt: Das ist vernünftig, wir werden alle beide Vorteile davon haben. Warum hast du nicht schon früher diese gute Idee gehabt? Dann, ohne seine feierlichen Beteuerungen, sein Versprechen halten zu wollen, abzuwarten, küsst ihr es voller Freude, führt es sofort in sein Zimmer zurück und gebt ihm so zu verstehen, dass ihr dieses Abkommen als geheiligt und wie durch Eid unverletzbar betrachtet. Welchen Begriff, glaubt ihr, wird es sich durch dieses Verfahren von der Heilighaltung der Versprechen und ihrem Nutzen machen? Ich müsste mich sehr täuschen, wenn ein einziges unverdorbenes Kind auf Erden einer solchen Behandlung widerstehen und vorsätzlich weitere Fensterscheiben zerbrechen würde [...]

(Aus: Jean Jacques Rousseau: Emile oder Über die Erziehung. Hrsg. von Martin Rang. Verlag Reclam: Stuttgart 1963)

---

1 Was ist unter einer „natürlichen Strafe" zu verstehen?
2 Beurteilen Sie den Wert „natürlicher Strafen" für einen Erzieher.

1.4.2.5 Zur „Strafe" aus anthropologisch-ethischer Perspektive

Grundsätzlicher als die Psychologen Gage und Berliner geht Erich E. Geißler – Professor an der Universität Bonn – an das Strafproblem heran. – Der vorliegende Textauszug gibt nur einen kleinen Ausschnitt seiner Überlegungen wieder.

Was ist Strafe [...]
- Einmal ist Strafe ein moralischer Begriff und steht dann im Zusammenhang mit Gewissen, Schuld und Sühne.
- Das andere Mal ist Strafe ein Lenkungsmittel nach Art des Stimulus im bedingten Reflex.

In dieser Form kann sie sowohl absichtlich auftreten (Disziplinarmittel) wie auch natürliche Folge einer Handlung sein.
Das eine Mal ist Strafe einsichts- das andere Mal anpassungsorientiert. [...]

Strafe als moralischer Begriff
[...] ist immer Folge eines *Unrechts*. Indes: Nicht jedes geschehene Unrecht, als objektiver Tatbestand betrachtet, kann Strafe zur Folge haben. Sie setzt einen Täter und dessen Schuld voraus. Moralisch verstanden ist Strafe Folge eines durch subjektive Schuld entstandenen Unrechts und bedeutet dann für den Täter einen fühlbaren Nachteil (Ehren-, Freiheits-, Eigentumsstrafen oder zugefügten körperlichen Schmerz). Dieser

Nachteil ist zugleich Strafleid auslösendes Moment.

Schuld wiederum ist, wenn man nicht juristisch, sondern anthropologisch denkt, ein Verhältnis, das nicht unwidersprochen gilt. Vorausgesetzt werden muss vielmehr, dass der Mensch schuldig werden kann. Innerhalb eines anthropologischen Gesamtkonzepts, in dem Persönlichkeit als ein im weitesten Sinne verstandenes Konditionierungsprodukt erscheint, ist Schuld nicht möglich. Schuld setzt also voraus,
- dass sich der Mensch entscheiden kann, also Freiheit besitzt und nicht nur von Gewöhnungen getrieben wird;
- dass der Mensch seine Handlungen auf Realitätsangemessenheit prüfen kann, also Einsicht besitzt und nicht nur Assoziationen;
- dass der Mensch seine Erfahrungen und Einsichten nach Bedeutungsgrad und Wertabstufungen ordnen, das heißt zugleich: dass er verantwortlich handeln kann. [...]

Es müssen also zwei Bedingungen, ein positives und ein negatives Moment, zusammenkommen, wenn Schuld und damit Strafe anthropologisch möglich sein sollen. *Positiv* sind das die Momente von Freiheit, *Einsichtsfähigkeit* und Verantwortlichkeit. *Negative* Bedingung ist, dass diese Freiheit *endlich* bleibt, das heißt einen Zustand des Scheitern-Könnens einschließt, [...].

Dass der Mensch überhaupt schuldig werden kann, ist nicht seine Schuld, sondern sein Schicksal; dass er im konkreten Fall schuldig wird, ist seine Schuld. An diesem Gegensatz reiben sich bislang alle Straftheorien. [...]

Wir fordern Freiheit, weil wir sie als Prinzip unserer Weltauffassung brauchen, und wir setzen damit zugleich Moralität und Schuld, obwohl wir im konkreten Fall niemals präzise bestimmen können, wo Schicksal aufhört und Schuld anfängt.

Straffähigkeit ist folglich immer an einen Zustand *relativer Mündigkeit* gebunden. Die Instanz dieser Mündigkeit wird *Gewissen* genannt. Innerhalb dieses anthropologischen Konzeptes, in dem Freiheit, Moral, Gewissen nicht eliminiert werden, ist Strafe also nicht, wie das an anderen Stellen zu lesen ist, ein inhumaner Zustand schlechthin, sondern verweist vielmehr auf an-

thropologische Rahmenbedingungen, von denen her der Person eine *hohe Qualität* zuerkannt wird: Einsichtsfähigkeit, Verantwortungsfähig-
75 keit, Moralität, Freiheit. Da sich indes beim Gebrauch des Wortes Strafe immer sofort historisches Wissen um praktizierte, in der Tat inhumane Strafformen assoziiert (Prügelstrafe), erscheint uns Strafe durchweg als etwas Erniedri-
80 gendes, [...]

(Aus: Erich E. Geißler: Erziehungsmittel. Verlag Julius Klinkhardt: Bad Heilbrunn/Obb. ⁵1975)

1 Geben Sie die Gedanken des Textes mit eigenen Worten wieder.
2 Überlegen Sie, inwiefern sich die Betrachtungsweise von „Strafe" von derjenigen der Psychologen Gage und Berliner unterscheidet.

1.4.2.6 „Papa, Charly hat gesagt ..." – Lob und Tadel in der Erziehung

Sohn: Papa? Charly hat gesagt, sein Vater hat gesagt – die sollen nicht so viel mit uns rummeckern!
Vater: Wer die?
5 *Sohn:* Die Lehrer.
Vater: Ach, findet er mal wieder, dass man mit seinem Sohn zu streng verfahren wird?
Sohn: Wieso denn mit seinem Sohn?
Vater: Weil er sich um die andern Kinder nicht
10 zu kümmern hat.
Sohn: Kümmert er sich aber. Charlys Vater kümmert sich immer um alles!
Vater: Da sagst du mir nichts Neues: Mir ist weiß Gott noch kein Mensch begegnet, der sich derart
15 penetrant um Dinge kümmert, die ihn nichts angehen.
Sohn: Wieso geht ihn das nichts an, wenn die in der Schule so viel meckern?
Vater: Weil er keine Ahnung vom Schulalltag
20 hat. Und dir kann ich nur sagen: Gebt den Lehrern keinen Anlass zum „Meckern", dann meckern sie auch nicht!
Sohn: Du hast gut reden! Hast du in der Schule immer alles gleich richtig gemacht?
25 *Vater:* Ich habe mir jedenfalls immer Mühe gegeben.
Sohn: Und wenn dann trotzdem was falsch war?

Vater: Dann hab ich eben Pech gehabt.
Sohn: Hat dein Lehrer dann auch gemeckert?
30 *Vater:* Na, gelobt wird er mich nicht gerade haben ...
Sohn: Warum denn nicht?
Vater: Warum nicht! Wir sind doch eben davon ausgegangen, dass ich etwas falsch gemacht habe. Warum hätte mich der Lehrer dann also lo-
35 ben sollen?
Sohn: Weil du dir doch Mühe gegeben hast!
Vater: Das konnte er ja nicht ahnen. Ob jemand etwas falsch macht, obwohl er sich Mühe gegeben hat oder weil er sich keine Mühe gegeben
40 hat, das kann man ja nicht wissen.
Sohn: Manchmal kann man das schon wissen.
Vater: Woher denn ...
Sohn: Weil man's sieht! Neulich hatten wir doch was im Zeichnen auf, nich? Da sollten wir
45 malen: „Im Schwimmbad".
Vater: Ja und?
Sohn: Da hat Sabine den ganzen Sonntag lang gemalt. Das ist echt ein duftes Schwimmbad geworden. Mit tausend Menschen, und welche
50 sind gesprungen und welche sind getaucht ... und sie hat sich irre Mühe gegeben.
Vater: Na wie schön. Das wird den Lehrer dann ja auch gefreut haben.
Sohn: Ja, denkste. Die Herberger, die hat bloß
55 einmal drauf geguckt und dann hat sie gesagt, das hat Sabine sehr schlecht beobachtet – weil das Wasser im Schwimmbad nicht blau ist, sondern grün, wegen dem Chlor!
Vater: Da hat sie natürlich Recht.
60 *Sohn:* Aber Mann, das ist doch nicht so wichtig! Das war doch so'n gutes Bild! Das hätte sie doch sehen müssen!
Vater: Sie hat das eben anders gesehen, das muss man ihr schon zugestehen ...
65 *Sohn:* Jedenfalls hat Sabine gesagt, sie macht nie wieder was!
Vater: Das ist sehr töricht von Sabine. Schließlich arbeitet sie ja nicht für die Lehrerin!
Sohn: Für wen denn sonst?
70 *Vater:* Für sich selbst natürlich!
Sohn: Für sich selbst hätte die doch nie soe'n dämliches Schwimmbad gemacht! Wo sie Schwimmbäder sowieso nicht leiden kann. Der ist immer richtig schlecht vor jeder Schwimm-
75 stunde!

Vater: Das kann ja die Lehrerin nun wirklich nicht wissen!

Sohn: Klar weiß sie das. Bei der haben wir doch auch Schwimmen. Deswegen hat sie uns ja so was aufgegeben!

Vater: Also weißt du – mir wird das jetzt etwas langweilig mit dem Schwimmbad-Bild von Sabine …

Sohn: Charlys Vater fand das gar nicht langweilig. Der fand, dass Frau Herberger Sabine hätte loben müssen. Wegen der vielen Mühe.

Vater: Nun will ich dir mal was sagen, mein Lieber: Man kann und soll in der Schule keine Traumtänzer erziehen! – Wenn etwas noch nicht richtig oder nicht gelungen ist, dann kann man das nicht loben, dann muss man sagen, wie und wo es besser gemacht werden kann.

Sohn: Charly sagt aber, sein Vater sagt, gerade wenn man gelobt wird, macht man alles viel besser! Und wenn immer gemeckert wird, dann kann man gar nichts mehr. Das hat er an den Lehrlingen ausprobiert!

Vater: „Ausprobiert" ist gut! Na ja. Was soll er auch machen – studiert hat er ja nicht.

Sohn: Muss man das denn studieren?

Vater: Was ?

Sohn: Das Loben!

Vater: Also nun werd nicht albern, nein?

Sohn: Ich mein ja bloß – weil das so wenige können!

Vater: Das hat nichts mit Können zu tun, sondern mit den Anlässen!

Sohn: Mit Anlässen?

Vater: Es muss etwas dasein, das man loben kann. Das ist der Anlass.

Sohn: Ist ein Kuchen auch ein Anlass?

Vater: Kann auch einer sein, warum nicht?

Sohn: Du hast Mama aber nicht gelobt am Sonntag!

Vater: Was ist nun los? Ich denke, wir reden über die Schule!

Sohn: Wir reden über Loben und über Meckern. Und Charlys Vater hat gesagt, die meisten Leute denken, sie brechen sich'n Zacken aus der Krone, wenn sie was loben. Aber mit dem Meckern haben sie keine Schwierigkeiten!

Vater: Charlys Vater soll sich gefälligst nicht um unsere Angelegenheiten scheren!

Sohn: Macht er doch gar nicht. Der weiß doch gar nicht, dass Mama so'n tolles Kuchenrezept ausprobiert hat – und dass du kein Wort gesagt hast!

Vater: Wieso habe ich kein Wort gesagt?

Sohn: Weiß ich doch nicht …

Vater: Schließlich habe ich den Kuchen doch mit Appetit gegessen, oder?? Und irgendwas werde ich auch gesagt haben …

Sohn: Ja, du hast gesagt, dass der Kaffee zu dünn ist.

Vater: Dann war er vermutlich auch zu dünn.

Sohn: Ist er immer zu dünn?

Vater: Natürlich nicht! Natürlich macht ihn Mama normalerweise genau richtig!

Sohn: Da sagst du aber nie was …

Vater: Dass etwas richtig gemacht wird, ist ja wohl auch das Normale! Und wenn etwas vom Normalen abweicht, dann macht man darauf aufmerksam.

Sohn: Du meinst, dann meckert man …

Vater: Wenn ich „meckern" gemeint hätte, hätte ich es auch gesagt! Dreh mir gefälligst die Worte nicht im Munde rum!

Sohn: Dreh ich ja gar nicht. – Hat sich aber wie Meckern angehört … am Sonntag.

Vater: Wenn du sachliche Kritik nicht von „Meckern" unterscheiden kannst, dann wirst du wohl nicht weit kommen im Leben!

Sohn: Charlys Vater hat gesagt, am weitesten kommt man, wenn man gelobt wird. Weil man sich das besser merkt.

Vater: Darüber dürften die Ansichten auseinander gehen. Alle Erfahrungen sprechen jedenfalls dafür, dass Tadel oder Strafe sehr viel nachhaltiger wirken. Wer will sich denn schon Ärger einhandeln?

Sohn: Ärger gibt's sowieso – da kann man gar nichts gegen machen. Du ärgerst dich doch auch jeden Tag über irgendwas.

Vater: Das ist ein anderes Thema.

Sohn: Jedenfalls … Charly und ich haben mal überlegt – wenn einer was falsch macht, dann wird er angemeckert –

Vater: (verbessernd) Darauf aufmerksam gemacht bzw. getadelt!

Sohn: Unterbrich mich doch nicht immer! Jetzt muss ich noch mal anfangen!

Der Vater seufzt.

Sohn: Also: Wenn einer was falsch macht, wird

Pablo Picasso: Zwei Gaukler mit Hund. Gouache auf Karton. 105,5 x 75 cm.

Sammlung Mr. und Mrs. William A. M. Burden, New York (Paris 1905)

er angemeckert, und wenn er was richtig macht, dann ist das selbstverständlich.

Vater: Ja, was denn sonst? Das Richtige muss doch auch selbstverständlich sein und das Falsche die Ausnahme. Wo kämen wir denn sonst hin?

Sohn: Und wo soll man da noch'n Lob herkriegen?!

(Aus: Ursula Haucke: Lob oder Tadel – das ist hier die Frage. In: „Papa, Charly hat gesagt …". Neues von Vater und Sohn. Bd. 4. Rowohlt Verlag: Reinbek bei Hamburg 1980, S. 100–105)

1.5 Die Lerntheorie des Imitationslernens – Oder: Wie prosoziales und antisoziales Verhalten gelernt werden kann …

1.5.1 Grundlagen

1.5.1.1 Hinführung: Erich Kästner, Die Ballade vom Nachahmungstrieb

Es ist schon wahr: Nichts wirkt so rasch wie Gift!
Der Mensch, und sei er noch so minderjährig,
ist, was die Laster dieser Welt betrifft,
früh bei der Hand und unerhört gelehrig.

Im Februar, ich weiß nicht am wievielten,
geschah's, auf irgendeines Jungen Drängen,
dass Kinder, die im Hinterhofe spielten,
beschlossen, Naumanns Fritzchen aufzuhängen.

Sie kannten aus der Zeitung die Geschichten,
in denen Mord vorkommt und Polizei.
Und sie beschlossen, Naumann hinzurichten,
weil er, so sagten sie, ein Räuber sei.

Sie steckten seinen Kopf in eine Schlinge.
Karl war der Pastor, lamentierte viel
und sagte ihm, wenn er zu schrein anfinge,
verdürbe er den anderen das Spiel.

Fritz Naumann äußerte, ihm sei nicht bange.
Die andern waren ernst und führten ihn.
Man warf den Strick über die Teppichstange.
Und dann begann man, Fritzchen hochzuziehn.

Er sträubte sich. Es war zu spät. Er schwebte.
Dann klemmten sie den Strick am Haken ein.
Fritz zuckte, weil er noch ein bisschen lebte.
Ein kleines Mädchen zwickte ihn ins Bein.

Er zappelte ganz stumm und etwas später
verkehrte sich das Kinderspiel in Mord.
Als das die sieben kleinen Übeltäter
erkannten, liefen sie erschrocken fort.

Noch wusste niemand von dem armen Kinde.
Der Hof lag still. Der Himmel war blutrot.
Der kleine Naumann schaukelte im Winde.
Er merkte nichts davon. Denn er war tot.

Frau Witwe Zickler, die vorüberschlurfte,
lief auf die Straße und erhob Geschrei,
obwohl sie doch dort gar nicht schreien durfte.
Und gegen Sechs erschien die Polizei.

Die Mutter fiel in Ohnmacht vor dem Knaben.
Und beide wurden rasch ins Haus gebracht.
Karl, den man festnahm, sagte kalt: „Wir haben
es nur wie die Erwachsenen gemacht."

Anmerkung: Der Ballade liegt ein Pressebericht aus dem Jahre 1930 zugrunde.

(Aus: Dieter Richter [Hrsg.]: Kindheit im Gedicht. S. Fischer Verlag: Frankfurt/M. 1992, S. 254/255)

1 Interpretieren Sie das Gedicht von Erich Kästner unter Berücksichtigung von Form und Inhalt.
2 Wie sieht Kästner die Frage nach der moralischen Schuld für den Tod von Fritz Naumann?
3 Welches pädagogische Menschenbild steht hinter den Gedanken von Erich Kästner? Sind Menschen erziehungsfähig, lernfähig zum Besseren hin?

1.5.1.2 Ein Experiment zum Erlernen aggressiven Verhaltens nach Bandura

Bestimmte Verhaltensweisen werden mithilfe des Imitations- oder Beobachtungslernens gelernt. Wie steht es mit dem aggressiven Verhalten? Ist dabei Imitation bedeutsam? Wenn ja, in welchem Ausmaß wird aggressives Verhalten imitiert? Welche Bedingungen müssen gegeben sein? Mit diesen und ähnlichen Fragen hat sich besonders der amerikanische Psychologe Bandura beschäftigt. Der Textauszug gibt eines seiner Experimente zum Erlernen aggressiven Verhaltens wieder, wie es in einem Psychologielehrbuch für Lehramtskandidaten referiert wird.

Untersuchungen von *Bandura* und anderen Autoren haben sich besonders mit dem aggressiven Verhalten von Kindern aufgrund der Beobachtung aggressiver Modelle befasst. Ein bekanntes
5 Experiment *Banduras* (1965) soll zur Veranschaulichung kurz dargestellt werden.
Das Experiment bestand aus drei Phasen: einer Beobachtungsphase, einer Imitationsphase und einer Verstärkungsphase. Kindergartenkinder
10 [36 Jungen und 36 Mädchen, im Durchschnitt 52 Monate alt, Anm. G. B.] wurden nach dem Zufall in drei Gruppen eingeteilt. In der *Beobachtungsphase* sahen die Kinder einen Film, der für alle Gruppen gleich war. Es wurde aggressives
15 Verhalten gezeigt, die ein Modell [ein Mann, eine Frau; Anm. G. B.] gegen eine Puppe richtete. Das Ende des Films war für die Gruppen unterschiedlich: In der ersten Gruppe wurden die Aggressionen der Modellperson belohnt, in der
20 zweiten Gruppe wurde das Modell dafür bestraft und in der dritten Gruppe blieben die Aggressionen ohne Konsequenzen. In der *Imitationsphase* hatten die Kinder Gelegenheit, mit Gegenständen zu spielen, die zuvor im Film zu sehen gewe-
25 sen waren. In der dritten Phase, der *Verstärkungsphase,* wurde jedes Kind ermuntert, das Modell nachzuahmen, indem es für entsprechend aggressives Verhalten belohnt wurde. [Die Ergebnisse des Experiments sind in der Grafik unten
30 wiedergegeben; Anm. G. B.] […]
Die Bedeutung des Beobachtungslernens kann kaum überschätzt werden. Sozialisationsprozesse wären ohne Beteiligung des Beobachtungslernens kaum vorstellbar. Der Lernprozess läuft schneller und müheloser ab als bei der […] Kon-
35 ditionierung, weil ganze Verhaltensketten innerhalb weniger Beobachtungssituationen erworben werden können, während beim Prozess des Konditionierens jeweils nur kleine Verhalteneinheiten gelernt werden.
40
Im Zusammenhang mit dem Beobachtungslernen wird die *Unterscheidung zwischen Lernen und sichtbarer Verhaltensänderung* notwendig: Wie sich besonders beim Beobachtungslernen zeigt, gibt es Situationen, in denen Verhalten gelernt
45 wurde, ohne dass sich das Gelernte unmittelbar in einer beobachtbaren Verhaltensweise manifestiert. […]
Es kann also etwas gelernt worden sein, ohne dass es unmittelbar im beobachtbaren Verhalten
50 sichtbar wird.

(Aus: Antje Flade, Psychologie des Lernens. In: Jens Jörg Koch [Hrsg.], Grundkurs Psychologie für Lehramtskandidaten. Süddeutsche Verlagsgesellschaft: Ulm ²1978, S. 99–100)

1 Interpretieren Sie die Abbildung im Hinblick auf den Unterschied der imitierten Verhaltensweisen von Jungen und Mädchen.
2 Worin besteht die Überlegenheit des Imitationslernens gegenüber klassischer und operanter Konditionierung?
3 Erläutern Sie, inwiefern die Unterscheidung zwischen Lernen und sichtbarer Verhaltensänderung beim Imitationslernen wichtig ist.

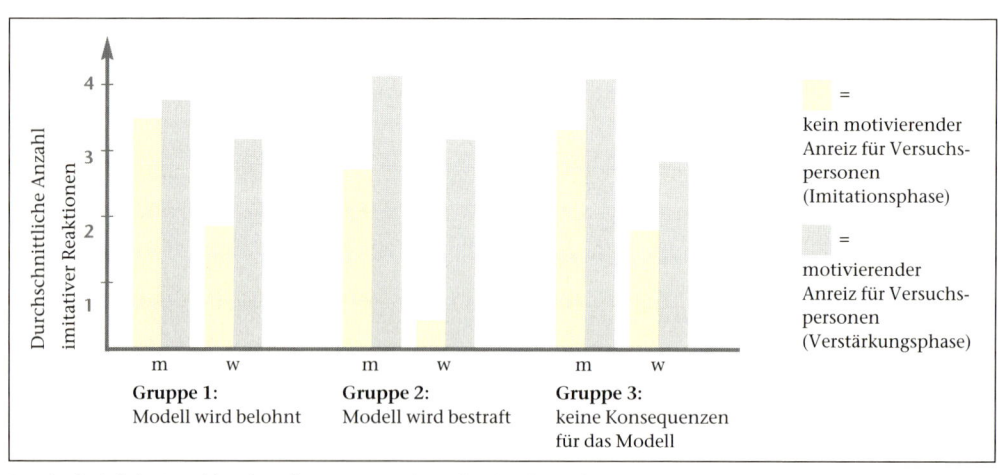

Durchschnittliche Anzahl imitativer Reaktionen

Gruppe 1: Modell wird belohnt
Gruppe 2: Modell wird bestraft
Gruppe 3: keine Konsequenzen für das Modell

= kein motivierender Anreiz für Versuchspersonen (Imitationsphase)

= motivierender Anreiz für Versuchspersonen (Verstärkungsphase)

Durchschnittliche Anzahl nachgeahmter aggressiver Akte (nach Bandura).

48

1.5.1.3 Was ist ein Experiment?

Da in diesem Arbeitsheft bislang eine Reihe von Experimenten dargestellt wurden, soll Ihnen nun die Möglichkeit gegeben werden einmal allgemeiner die sozialwissenschaftliche Methode des Experiments zu bedenken.

Das Experiment gilt im Allgemeinen als das wirkungsvollste Instrument zur Ermittlung kausaler Zusammenhänge zwischen Ereignissen. Betrachten wir als Einführung in die grundlegenden Komponenten experimenteller Forschung eine Untersuchung darüber, wie Gewalttätigkeit auf dem Fernsehschirm das aggressive Verhalten von Kindern beeinflusst [...]. Eine Gruppe von 136 Kindern nahm an der Untersuchung teil. Jedes einzelne Kind wurde zuerst in ein Zimmer mit einem Fernsehschirm gebracht und es wurde ihm gesagt, es könne ein paar Minuten lang, bis der Versuchsleiter Zeit für es habe, den Fernsehfilm anschauen. Alle Kinder sahen in den ersten beiden Minuten zwei Werbefilme. Danach sah die *eine Hälfte* der Kinder einen Ausschnitt aus „The Untouchables", in dem eine Verfolgungsjagd, zwei Faustkämpfe, zwei Schusswechsel und ein Messerkampf vorkamen. Die restlichen Kinder sahen einen aufregenden Sportfilm. Allen Versuchspersonen wurde in der letzten Minute ein weiterer Werbefilm gezeigt.

Danach wurde jedes einzelne Kind in ein anderes Zimmer geführt und vor einen großen Kasten gesetzt, von dem aus Drähte in einen anderen Raum verliefen. An dem Kasten war ein weißes Licht angebracht, unter dem sich ein grüner Knopf mit der Aufschrift „Helfen" (help) und ein roter Knopf mit der Aufschrift „Wehtun" (hurt) befanden. Der Versuchsleiter erklärte, dass die Drähte mit einem Spiel verbunden seien, mit dem ein Kind im anderen Zimmer nun spielen würde. Zu dem Spiel gehöre, dass an einer Kurbel gedreht wird, und jedesmal, wenn das andere Kind dies tue, leuchte das weiße Licht auf. Der Versuchsleiter erklärte, dass die Versuchsperson durch das Drücken der Knöpfe dem anderen Kind helfen könne, indem es die Kurbel leichtgängiger macht, oder ihm Schmerz zufügen könne, indem es die Kurbel heiß macht. Jedes Mal, wenn das weiße Licht aufleuchtet, solle die Versuchsperson einen der Knöpfe drücken, und je länger sie drücke, desto mehr Hilfe oder Schmerz lasse sie dem anderen Kind zukommen. Nachdem er sichergestellt hatte, dass die Anweisungen verstanden worden waren, verließ der Versuchsleiter den Raum. Jede Versuchsperson hatte zwanzig Durchgänge, das heißt, das weiße Licht leuchtete zwanzigmal auf.

Grundlegende Merkmale eines experimentellen Versuchsplans

Das eben geschilderte Beispiel illustriert viele der grundlegenden Merkmale eines Experiments. Der Experimentator beginnt typischerweise mit einer *experimentellen Hypothese*. Liebert und Baron stellten die Hypothese auf, dass das Betrachten von Gewalt zu aggressivem Verhalten stimuliert. Als zweites wählt der Forscher eine *unabhängige Variable* aus, die manipuliert werden kann, das heißt, irgendeinen

Auswirkungen des Fernsehens auf die Aggressivität von Kindern	
Vorgeführter Fernsehfilm	Durchschnittliche Dauer der einzelnen aggressiven Reaktionen in Sekunden
Aggressiv – „The Untouchables"	9,92
Nicht aggressiv – Sportfilm	7,03

Die Tabelle zeigt die durchschnittliche Zeitdauer, über die eine Versuchsperson in jeder der beiden Gruppen die Kinder, die die gewalttätigen Episoden auf dem Fernsehschirm gesehen hatten, und diejenigen, die den Sportfilm angeschaut hatten – den „Wehtun"-Knopf drückte. Diejenigen, die die gewalttätigen Filmausschnitte gesehen hatten, waren aggressiver als die anderen.
(aus Liebert und Baron, 1972).

Faktor, der der Kontrolle des Experimentators zugänglich ist. Liebert und Baron boten einigen Kindern aggressive Filmausschnitte und anderen nichtaggressive dar. Schließlich trifft der Forscher Vorbereitungen für die Messung einer *abhängigen Variablen,* von der angenommen wird, dass sie von der unabhängigen Variablen abhängt oder mit Manipulationen der unabhängigen Variablen variiert. Die abhängige Variable im obigen Beispiel war die Dauer der „Wehtun"-Reaktion, eine operationale Definition der Aggression. Wenn sich bei einer solchen Untersuchung herausstellt, dass Unterschiede zwischen den Gruppen tatsächlich eine Funktion der Variationen in der unabhängigen Variablen sind, hat der Experimentator, wie man sagt, einen experimentellen Effekt erreicht.

Interne Validität

Ein weiteres Merkmal eines experimentellen Versuchsplans ist die Aufstellung mindestens einer Kontrollgruppe. Eine *Kontrollgruppe* ist erforderlich, wenn die Effekte eines Experiments der Manipulation der unabhängigen Variablen zugeschrieben werden sollen. In der Untersuchung von Liebert und Baron sah die Kontrollgruppe den gewaltlosen Sportfilm. [...]

Externe Validität

Das Ausmaß, in dem die Ergebnisse einer bestimmten Untersuchung über das Experiment selbst hinaus verallgemeinert werden können, ist der Maßstab für ihre externe Validität. Wenn Forscher zum Beispiel nachgewiesen haben, dass eine bestimmte Behandlung einer Gruppe von Patienten, bei der sie sie auspro-

Grundlegende Merkmale eines Experiments	Konkretion: Das Experiment von Liebert und Baron	Weitere Konkretionen, z. B.: Watson & Rayner, Der kleine Albert
Ein Untersuchungsproblem wird in die Form einer Hypothese gebracht. (Eine Hypothese ist immer eine Aussage, meistens in Form eines Wenn-Dann-Satzes oder eines Je-Desto-Satzes. Beispiel: Wenn die Zigarettenpreise steigen, dann werden weniger Zigaretten gekauft.)		
Es wird die unabhängige Variable bestimmt. (Im Beispiel: Der Zigarettenpreis)		
Die abhängige Variable wird festgelegt. (In unserem Beispiel: Das Kaufverhalten)		
Interne Validität des Experiments wird durch eine Kontrollgruppe angestrebt. (Ein Experiment ist dann intern valide, wenn sichergestellt ist, dass die Ergebnisse zuverlässig der Manipulation der unabhängigen Variablen zugeschrieben werden können.)		
Externe Validität. (Es stellt sich die Frage nach der Verallgemeinerungsfähigkeit des Experiments.)		

biert haben, hilft, werden sie zweifellos feststellen wollen, ob diese Behandlung auch in der Anwendung auf andere Patienten, zu anderen Zeiten und an anderen Orten effektiv ist. So hoffen Liebert und Baron wohl, dass die Ergebnisse ihres Fernsehexperiments für viele Arten von Gewalttaten zutreffen, die anderen Kindern als denjenigen, die als Versuchspersonen dienten, zu Hause am Fernsehschirm gezeigt werden.

Die externe Validität der Ergebnisse eines psychologischen Experiments ist äußerst schwierig zu ermitteln. Das bloße Wissen, dass man Versuchsperson in einem psychologischen Experiment ist, verändert zum Beispiel häufig das Verhalten; deshalb können Ergebnisse, die im Laboratorium zustande kamen, nicht automatisch auf die natürliche Umwelt übertragen werden. Es gibt viele Beispiele dafür, dass Ergebnisse aus Untersuchungen mit Laboratoriumstieren, wie zum Beispiel Ratten, auf Menschen generalisiert werden. Derartige Generalisationen sind gefährlich, da es zwischen Homo sapiens und *Rattus norvegicus* enorme Unterschiede gibt. Forscher müssen sich beständig des Ausmaßes, in dem sie eine Allgemeingültigkeit ihrer Ergebnisse fordern, bewusst sein, da es tatsächlich keine völlig zureichenden Möglichkeiten gibt das Problem der externen Validität zu bewältigen.

(Aus: Gerald C. Davison/John M. Neale: Klinische Psychologie. Ein Lehrbuch. Übersetzt von Hermann Jung, durchgesehen von Arthur Günthner. Urban & Schwarzenberg: München 1979, S. 95–98)

1 Übertragen Sie die Übersicht in Ihr Arbeitsheft und erläutern Sie, was unter den grundlegenden Merkmalen eines Experimentes zu verstehen ist.
Konkretisieren Sie die Merkmale anhand Ihnen bekannter Experimente.
2 Diskutieren Sie, ob das Experiment von Liebert und Baron als intern und extern valide anzusehen ist.
3 Welche Schwierigkeiten ergeben sich, wenn man Ergebnisse von Laboratoriumsexperimenten mit Tieren auf Menschen übertragen will?

1.5.2 Pädagogische Konkretion

1.5.2.1 Medienerziehung:
Psychologen erklären Aggressionen – Juristen urteilen über Aggressionen

Wenn ich mithilfe der Psychologie erkären kann, wie es bei einem Jugendlichen zu einer aggressiven Handlung kommt, habe ich immer noch die schwierige Frage zu beantworten, wie dieses Verhalten zu bewerten ist. Zu dieser Problematik ein Fall aus der Rechtsprechung.

Ernst Volland: Der Käfig,

(Aus: Ernst Volland: Schöne Aussichten. Das Ernst Volland-Buch. Rasch und Röhring Verlag: Hamburg 1987. Rechte beim Künstler)

MIAMI, 7. Oktober (AP). Ein Gericht in Miami hat den fünfzehn Jahre alten Ronny Zamora am Donnerstagabend des Mordes an einer 83 Jahre alten Frau schuldig gesprochen. Am 4. Juni hatte der Junge die reiche Nachbarin Elinor Haggart erschossen, als sie den Jugendlichen dabei überraschte, wie er ihre Wohnung durchstöberte. Zusammen mit Zamora war sein ein Jahr jüngerer Freund Darrell Agrella des Verbrechens angeklagt. Ronny Zamora hat vermutlich eine Mindeststrafe von 25 Jahren zu erwarten. 5

10

Rechtsanwalt Ellis Rubin verteidigte den Fünf-
zehnjährigen mit einer, wie er sagte, durch das
Fernsehen hervorgerufenen Zurechnungsun-
15 fähigkeit: Ständige Darstellung von Schießerei-
en, Messerstechereien und Vergewaltigungen im
Fernsehen habe Zamora dazu gebracht, die alte
Frau zu erschießen. Unbewusst habe sich der
Junge so verhalten, wie es ihm seit seinem fünf-
20 ten Lebensjahr im Fernsehen vorgeführt worden sei.
Ein „deformiertes Bewusstsein von Gewalt" lasse
das Fernsehen entstehen, sagte der Psychologe
Michael Gilbert, der als Sachverständiger vor Ge-
25 richt aussagte. Zamora sei durch das Fernsehen
geradezu „konditioniert" worden, die Nachbarin
zu erschießen. Denn wenn einer so viele Tote
und Morde sehe, wie es bei Zamora der Fall gewesen sei, sei es nur noch wie das Zerdrücken ei-
30 ner Fliege, wenn jemand einen Menschen um-
bringe. Verteidiger Rubin sagte, auslösendes
Moment sei die aus dem Fernsehen gewonnene
Idee gewesen, dass der Zeuge umgebracht werden müsse.
35 Der Staatsanwalt hielt Zamora geistig für durchaus gesund. Drei Psychiater gaben in seinem Auftrag Gutachten ab, denen zufolge der Fünfzehn-
jährige in der Lage war, zwischen Gut und Böse
zu unterscheiden. „Er hat diskutiert und abge-
40 wogen", sagte der Staatsanwalt, „und er hat alles
getan, was er konnte, bis er schließlich keine andere Wahl mehr hatte, als Frau Haggart zu erschießen."
(Aus: Frankfurter Allgemeine Zeitung vom 8. Oktober
1977, S. 8)

1 Erläutern Sie die Auffassung der Verteidigung,
Ronny Zamora sei durch das Fernsehen geradezu „konditioniert" worden, Frau Haggart
zu erschießen.
2 Diskutieren Sie die Frage, ob Ronny schuldig
ist. Unterscheiden Sie dabei zwischen Schuld
im Sinne von „juristischer Schuld", „moralischer Schuld" und im Sinne der „erklärbaren
Ursachen für das Verhalten".
3 Ronny Zamora wurde zu lebenslänglicher
Haft verurteilt. Diskutieren Sie das Straf-
maß.

1.5.2.2 Gewaltdarstellungen im Fern-
sehen und ihre Wirkung auf den Zuschauer

H. Benesch und W. Schmandt haben in einer Fern-
sehsendereihe versucht die manipulative Wirkung
des Fernsehens bewusst zu machen. Im Begleitbuch gehen sie auch auf die Wirkung von Gewaltdarstellungen auf das Fernsehpublikum ein.

Seit Monaten wird ein Streit darüber ausgefoch-
ten, wie Gewaltdarstellungen im Fernsehen auf
das Publikum wirken. Die einen sagen, die dargestellte Gewalt wird nachgeahmt, es wird dabei
gelernt, wie man sich aggressiv verhält. Die an- 5
deren meinen, beim Ansehen solcher Gewaltszenen reagiert man sich innerlich ab und sei dann
hinterher ausgeglichener. Wer hat nun Recht?
Wenn die Vertreter dieser Meinung wirklich
glauben, so global antworten zu können, haben 10
sicher beide nicht Recht, denn die Aggressivität
ist sowohl als Affekt wie auch als Handlung nicht
auf Knopfdruck auslösbar. Damit jemand aggressiv wird beziehungsweise seine Aggressivität abreagiert, müssen sehr viel mehr Bedingungen er- 15
füllt sein. […]
Der Zeichentrickfilm braucht die Übertreibung
der Komik, und der Mord ist dabei die größte
„Übertreibung". Aber da man weiß, dass das er-
mordete Zeichentrickmännchen trotz Zer- 20
stückelung, Flachwalzen und In-den-Boden-
Schlagen gleich wieder aufsteht und losrennt,
wird das belacht. Kein Western- oder Krimifan
würde seinen Fernsehapparat im aggressiven
Rausch zertrümmern. Wohl ist das schon öfter 25
bei Übertragungen von Fußballspielen geschehen. Es kommt also nicht allein auf das tatsächliche Maß der gezeigten Grausamkeiten selbst
an, sondern vielmehr auch auf den inhaltlichen
Zusammenhang und die formale Gestaltung. 30
Das ist aber die eine Seite. Wir haben demge-
genüber sehr unterschiedliche Aggressionspo-
tentiale, je nach Alter, Geschlecht, Herkunft und
vor allem je nach eigener Gewalterfahrung. Hier
liegt das eigentliche Problem. Die Rollenerwar- 35
tung zum aggressiven Verhalten, die zum Beispiel bei Jungen höher als bei Mädchen ist, und
die erlittene beziehungsweise ausgeübte Aggressivität sind sehr viel durchschlagender; dagegen
ist die Wirkung der angesehenen Gewaltdarstel- 40

(Illustrationen von W. Kurowski. Aus: Draufhauen – Was kostet uns das! Düsseldorf 1979, S. 6)

53

lung zweitrangig. Und nun wird in Diskussionen gefragt, welche Wirkung die Fernsehgewaltszenen auf Kinder, Jugendliche oder Erwachsene haben.

45 Doch in der Weise herausgelöst aus dem anderen Zusammenhang der aggressiven Karriere der Zuschauer lässt sich das schlechterdings nicht beantworten, wenn man sich nicht mit „interpretierbaren" Antworten zufrieden geben will, was 50 seitens der Wissenschaftsgläubigen immer wieder geschieht. Man fordert den Wissenschaftler zu Überinterpretationen, mit einem anderen Wort zur Manipulation auf. Und es ist für viele Wissenschaftler nicht leicht, manche haben sich 55 sogar daran gewöhnt, diesen Umstand zu übersehen. Mit Sicherheit und ohne Übertreibung lässt sich nur sagen: Dort, wo eine hohe Aggressivität vorhanden ist, wird die mit angesehene Gewalt unter den genannten formalen Voraus- 60 setzungen in der Regel aggressivitätsförderlich sein. Aber das heißt auch in der Umkehrung, die Wegnahme aller Gewaltszenen aus allen Medien würde merklich nichts ändern, denn man zöge stattdessen ganz harmlose Anlässe für die *gesuch-* 65 *te* Gewaltauslösung heran.

Daraus allerdings den Schluss zu ziehen, es hat ja ohnehin keinen Sinn, die aggressiven Darstellungen zu meiden, also lasst sie uns bedenkenlos zeigen, wäre erst recht ein Zeichen einlinigen 70 Denkens, denn dargestellte Gewalt ist in einem *indirekten* Sinn dennoch von erheblicher Bedeutung. Nicht die einzelne Gewaltszene, sondern die Kette ungezählter Gewaltdarstellungen verändert oder bestärkt die Einstellung gegenüber 75 der Gewaltanwendung.

Man kann sich das leicht vor Augen führen. Dazu eine kleine Aufgabe: Sprechen Sie in den nächsten beiden Wochen irgendjemandem drei Komplimente oder Lobsprüche aus und berich- 80 ten Sie danach. Die tatsächlich durchgeführten Versuche zeigen, dass über 60 Prozent der Versuchspersonen nicht in der Lage gewesen sind, ihre Komplimente loszuwerden; beim Tadel dagegen bereitete das keine Schwierigkeit. [...] 85 Man hat sich allenthalben daran gewöhnt, unter Kritik allein Rüge, Beleidigung, Ironie, Verleumdung, Vergeltung und Bosheit zu verstehen. Ungewohnt zu loben, gerät dann das Kompliment leicht zur kitschigen Unglaubwürdigkeit. Der

von solcher Kritik Betroffene glaubt sich seiner- 90 seits wehren zu müssen und reagiert aggressiv. Typisch für die schiefe Einstellung zur „Kritik" ist die allgemeine Meinung im Journalismus, wenn man jemanden lobt, sei das „Hofberichterstattung". Der Verriss dagegen zeige den „kritischen 95 Kopf", außerdem glaubt man wahrscheinlich zu Recht –, das Publikum interessiere sich mehr für die Schmähung. Dies ist die eigentliche Lage, an der ein paar gestrichene Gewaltszenen nichts ändern würden. 100

Lange Friedenszeiten haben ihren Preis. Es scheint leider eine Gesetzmäßigkeit zu sein, dass dann die zwischenmenschlichen Gehässigkeiten ansteigen. Dagegen hilft nur Klärung der Lage und Aufklärung mit dem Ziel, diesen Teufels- 105 kreis aufzubrechen. Es ist natürlich keine Kleinigkeit, um die es dabei geht.

(Aus: Hellmuth Benesch/Walther Schmandt: Manipulation und wie man ihr entkommt. Selbstständiges Begleitbuch zur gleichnamigen ZDF-Sendereihe. Deutsche Verlags-Anstalt: Stuttgart 1979, S. 106–110)

1 Welche Bedingungen müssen gegeben sein, damit jemand aggressiv wird bzw. seine Aggressivität abreagiert?

2 Was ist darunter zu verstehen, Gewaltdarstellungen im Fernsehen seien in einem „indirekten" Sinne von erheblicher Wirkung auf das Publikum?

3 Sollte man nach Ihrer Auffassung weniger Gewalt in Film und Fernsehen zeigen? Welche Möglichkeiten sehen Sie, zwischenmenschliche Gehässigkeiten zu reduzieren?

1.5.2.3 Medienwirkungsforschung: Alles für die Katz?

Wenn die Medienwirkungsforschung nicht genau erklären kann, welche Auswirkungen Fernsehkonsum auf Kinder und Erwachsene ausübt, dann bedeutet das nicht, es gäbe keine Wirkungen. Vielmehr wird deutlich, dass „Medienwirkung" vor allem als ein methodisches Problem der Medienforschung zu betrachten ist.

Seit den sechziger Jahren gehört die Aufmerksamkeit der Medienforscher dem Fernsehen. Die Wirkungen von Printmedien, aber vor allem die des Radios, wurden vernachlässigt. Durch die ungewöhnlich schnelle Verbreitung des Fernsehens und die gleichzeitig ansteigende Gewalt in den Vereinigten Staaten wurden die Stimmen immer lauter, die ein „return to the concept of powerful media" forderten. Der von der Regierung mit Millionen von Dollars unterstützte „Surgeon General's Report" alarmierte die Öffentlichkeit: Die amerikanischen Fernsehsender bringen überwiegend Programme mit Gewaltdarstellungen. Und doch war die Bilanz der Wirkungsforscher uneinheitlich. Viele Studien, Laborexperimente und Feldversuche widersprachen einander. Auch im nachfolgenden Bericht des National Institute of Mental Health und nach der Analyse von mehr als 3 000 Studien zum Thema „Medien und aggressive Wirkungen" waren die Schlussfolgerungen überraschend vorsichtig: Fernsehen *kann* Jugendliche aggressiv machen, wenn sie bereits zuvor ein gewisses Maß an Gewalttätigkeit gezeigt haben und die Filme realistisch sind.

Aber in welchem Ursache-Wirkungs-Zusammenhang stehen Fernsehen und Verhalten? Ist das Fernsehen für die Zunahme von Aggressionen und Analphabetismus verantwortlich zu machen oder sehen Aggressive und Ungebildete mehr fern? Da Nichtseher (in den USA: circa zwei Prozent, in Deutschland: circa vier Prozent) meistens gebildeter und oft religiös/ideologisch tätig sind, eignen sie sich nur selten für Wirkungsvergleiche mit Sehern. 1973 entdeckten Fernsehforscher, dass eine ganze Gemeinde in Kanada aus übertragungstechnischen Gründen keine Programme empfangen konnte. Dieses Dorf (das „Notel" genannt wurde, für „no television") wurde mit zwei weiteren verglichen, die in ihrer Bevölkerungs- und Infrastruktur ähnlich waren, mit „Unitel" (ein staatlich kanadisches Programm) und mit dem Dorf „Multitel" (ein kanadischer und drei US-Sender). Zwei Jahre nach Beginn der Untersuchung konnten die „Notel"-Bewohner ein kanadisches Programm, die von „Unitel" zwei kanadische Programme und die von „Multitel" – wie am Anfang – vier Programme sehen. Zu zwei Erfassungszeitpunkten – 1973 und 1975 – wurde das Verhalten von Einwohnern aller drei Dörfer analysiert. Diese quasi-experimentelle Versuchsanordnung war für Me-

dienwirkungsforscher natürlich ideal, denn die bisherigen Vergleichsstudien stammten aus den Fünfziger- und frühen Sechzigerjahren – als Fernsehen für alle neu war – oder aus sozial/kulturell weniger entwickelten Gegenden.

Welche langfristigen Folgen wurden festgestellt? Die Zeit vor dem Bildschirm ging für andere, sinnvolle Tätigkeiten verloren. Vor allem bei Kindern wurden nachteilige Effekte gefunden. Leseanfänger, die zu Hause Fernsehen hatten, übten nicht mehr und schnitten in Tests schlechter ab als diejenigen ohne Bildschirmerfahrung. Fernsehen beeinträchtigte die Kreativität von Kindern und Jugendlichen und verstärkte ihre sexistischen Rollenklischees (Frauen sind zu Hause, Männer bei der Arbeit). Es machte sowohl Jungen als auch Mädchen aggressiver. Bei Erwachsenen gab es ebenfalls nur negative Wirkungen. Der Besuch von Abendessen, Partys und Sportveranstaltungen nahm bei den Sehern – vor allem bei den älteren – ab und sie waren bei kreativen Problemlöse-Aufgaben weniger beharrlich als die Nichtseher. Insgesamt schauten die „Multitel"-Menschen zwar etwas mehr fern, aber hinsichtlich der Wirkungen war es offenbar unerheblich, ob ein Programm gesehen wurde oder mehrere und welche.

(Aus: Karin Böhme-Dürr: Und sie wirken doch... irgendwie. In: Psychologie heute, März 1988, 15. Jg. Beltz Verlag: Weinheim, S. 30)

1 Diskutieren Sie die im Text dargestellte Felduntersuchung unter methodischen und inhaltlichen Gesichtspunkten.
2 Sind aus der geschilderten Untersuchung erzieherische Konsequenzen zu ziehen?
3 Diskutieren Sie, welchen Beitrag Schule für Medienerziehung Ihrer Auffassung nach leisten könnte.

1.5.2.4 „Beispiele machen Lust ..." – Wie wirksam sind positive Modelle in der Erziehung?

Während im Abschnitt „Medienerziehung und Imitationslernen" negative Verhaltensmodelle in ihrer Wirkung auf den Zuschauer betrachtet wurden, geht es im Folgenden um den erzieherischen Einsatz von positiv bewerteten Modellen.

In dem vorliegenden Text wird anstelle des Begriffs „Imitationslernen" der Ausdruck „Wahrnehmungslernen" verwendet.
Die Textpassagen sind der „Erziehungspsychologie" des Psychologenehepaares Reinhard und Anne-Marie Tausch entnommen.

Personen gaben eher Spenden, wenn sie zuvor gesehen hatten, wie eine andere Person Geld in eine Sammelbüchse gab. [...]
Autofahrer hielten an einem Wagen mit Reifen-
5 panne zwecks Hilfeleistung in größerem Prozentsatz, wenn sie gemäß Anordnung des Experimentes 500 Meter vorher gesehen hatten, wie jemand dem Fahrer eines Wagens mit Reifenpanne behilflich war. [...]
10 Versuchspersonen wurde befohlen, im Laboratorium einen Erwachsenen durch elektrische Schocks bei Lernfehlern zu bestrafen. Bei jedem Fehler sollte die Versuchsperson die Stärke des elektrischen Stromes erhöhen. Der lernende Er-
15 wachsene war eine verbündete Person des Versuchsleiters und täuschte falsche Antworten sowie Schmerzensschreie bei zunehmender Stromstärke vor. Ein großer Teil der Versuchspersonen strafte auf Befehl des Versuchsleiters
20 „Sie müssen dieses Experiment weitermachen!" mit immer höheren Stromstärken, obwohl der Erwachsene laut vor Schmerzen schrie. War jedoch eine andere Person anwesend, die gemäß geheimer Absprache mit dem Versuchsleiter ge-
25 gen die Brutalität des Experimentes protestierte (prosoziales Verhalten), so folgten 90% der Versuchspersonen diesem Verhalten und verweigerten dem Versuchsleiter den Gehorsam bei der Ausführung brutal strafenden Verhaltens (Mil-
30 gram). [...]
Das Verhalten von Fußgängern an einer Straßenkreuzung mit Ampeln wurde registriert. 99% der Fußgänger beachteten die Signale „Warten" und „Gehen". Der Untersuchungsleiter führte dann
35 ein männliches Verhaltensmodell mit Beachtung der Verkehrsregeln ein. Es ergab sich erwartungsgemäß kein Unterschied im Verhalten der Fußgänger. Ging jedoch das Verhaltensmodell bei „Warten" über die Kreuzung, so warteten nur
40 86% auf das Umschalten der Ampel, 13% änderten ihr Verhalten. [...]
Ängste von Kindern gegenüber Tieren können

durch Wahrnehmungslernen vermindert werden. So wurde das Ausmaß der Angst vor Hunden bei 3- bis 4-jährigen festgestellt. Danach sahen 45 die Kinder 4 Tage hintereinander das furchtlose Verhalten eines 4-jährigen Kindes (Wahrnehmungsmodell). Das Kind demonstrierte einen zunehmend engeren Kontakt mit einem Hund, fütterte ihn und spielte mit ihm. Die Kinder der 50 Kontrollgruppe nahmen an fröhlichen Aktivitäten in gleichlangen Sitzungen teil, ohne einen Hund.
Am Ende des Experimentes sowie einen Monat später waren die Kinder mit Wahrnehmungen 55 eines furchtlosen Kindes deutlich weniger furchtsam gegenüber Hunden im Vergleich zu den Kindern der Kontrollgruppe oder Kindern, die das Tier ohne ein kindliches Verhaltensmodell gesehen hatten. 55% der Kinder mit vorher 60 starker Angst vor Hunden konnten jetzt mit einem Hund allein im Zimmer spielen, jedoch nur 13% der Kinder der Kontrollgruppe. Ähnliche Untersuchungen wurden von Jones durchgeführt. Sie verminderte das Furchtverhalten von 65 Kindern, indem sie sie mit anderen Kindern zusammenbrachte, die vor dem gleichen Objekt keine Angst hatten. [...]
Eine Änderung der Bevorzugung sofortiger Belohnungen zugunsten späterer größerer Beloh- 70 nungen und umgekehrt kann durch Wahrnehmungslernen erfolgen. Die Bevorzugungen 10-jähriger Schüler wurden ermittelt, z.B. Belohnung mit 25 Cents am gleichen Tag gegenüber 35 Cents in einer Woche oder einem kleinen 75 Gummiball sofort oder einem größeren in 2 Wochen.
Die Jugendlichen änderten ihre Bevorzugungen, wenn sie einen Erwachsenen mit entgegengesetzter Bevorzugung wahrnahmen. Der Erwach- 80 sene etwa äußerte: „Ich will 2 Wochen auf das Holz-Schachspiel warten, es ist von besserer Qualität als das aus Plastik und wird länger halten" oder „Ich bin jemand, der auf weniger wertvolle Dinge, die er sofort erhält, verzichten kann zu- 85 gunsten größerer und wertvollerer später". Diese Fähigkeit zum Aufschub von Belohnungen im Vergleich zu der Bevorzugung sofortiger Belohnungen kann bedeutungsvoll sein, z.B. bei der Teilnahme an Ausbildungslehrgängen oder me- 90 dizinischen Gesundheitsprogrammen. Die Be-

56

(Aus: GEO Wissen, Nachdruck 23/95: Kindheit und Jugend, S. 10)

reitschaft eines größeren Teils der Bevölkerung, sich in einer demokratischen Gesellschaft für langfristige Ziele zu interessieren und dafür zu ar-
95 beiten, obwohl die „Belohnung" durch die Verwirklichung oft erst spät erfolgt, ist unseres Erachtens von großer Bedeutung.

Die Änderung gefühlsmäßiger Einstellungen gegenüber Nahrungsmitteln durch Wahrneh-
100 mungslernen zeigt die folgende Untersuchung: Kindergartenkinder bevorzugten eine Schokolade mit Zitronengeschmack gegenüber einem süßen Saft. Später wurde den Kindern eine Geschichte vorgelesen, also eine sprachliche Dar-
105 stellung eines Verhaltensmodells gegeben. Der Held der Geschichte bevorzugte begeistert eine süße Substanz und verabscheute ein säuerliches Nahrungsmittel, ähnlich der Schokolade mit Zitronengeschmack. Das Hören dieser sprachli-
110 chen Darstellung der gefühlsmäßigen Reaktion einer Person veränderte bei ²/₃ der Kinder die anfängliche Bevorzugung. Die Kinder wählten häufiger den süßen Saft anstelle der Schokolade mit Zitronengeschmack. Dies verminderte sich mit
115 der Zeit. Durch eine wiederholte Darbietung der Geschichte verstärkte sich der Wandel in der Essensvorliebe der Kinder. [...]

Zufriedenheit oder Unzufriedenheit mit der eigenen Tätigkeit und das Ausmaß der Selbstbestätigung können durch Wahrnehmungslernen 120 beeinflusst werden. So sahen Jugendliche Erwachsenen beim Miniatur-Bowlingspiel zu. Einige Erwachsene belohnten sich nur bei sehr guten Spielleistungen mit Bonbons und Äußerungen wie „Großartig, dieser Wurf ist ein Bonbon 125 wert!", „Ich verdiene für diesen guten Wurf ein Bonbon!" Bei schlechten Leistungen kritisierten sie sich selbst mit „Ach nein, hierfür verdiene ich kein Bonbon!" Andere Kinder sahen Erwachsene, die nachsichtig mit sich selbst waren und 130 sich schon bei mäßigen Wurfleistungen belohnten und lobten. Anschließend spielte jedes Kind selbst einige Bowlingrunden.

Die Zufriedenheit der Jugendlichen mit ihrem Spiel, ihre Selbstbestätigungen und das Ausmaß 135 ihrer eigenen Belohnung durch Bonbons wurde wesentlich dadurch beeinflusst, welches Erwachsenenverhalten sie zuvor wahrgenommen hatten.

(Aus: Reinhard Tausch/Anne-Marie Tausch: Erziehungspsychologie. Begegnung von Person zu Person. Verlag für Psychologie Dr. C. J. Hogrefe: Göttingen, Toronto, Zürich ⁸1977, S. 33–44)

1 Interpretieren Sie die vorgestellten Ergebnisse unter der Fragestellung, welche erzieherischen Möglichkeiten das Imitationslernen eröffnen kann.

2 Diskutieren Sie die Frage, wann der erzieherisch bewusste Einsatz des Imitationslernens wohl auf Grenzen stößt.

1.5.2.5 Imitationslernen – erzieherisch genutzt!

Siegfried Bernfeld zeigt auf erzählerische Weise, wie ein Erzieher das Imitationslernen anwenden kann.

Die Kinder machten vom ersten Tage an beträchtlichen Lärm im Speisesaal; sie schrien, rückten mit den Tischen, klapperten mit Tellern und Löffeln, rauften sich, riefen stürmisch nach
5 ihrem Essen, störten die austeilenden Pflegerinnen und was dergleichen mehr ist. Die alte Pädagogik verlangte, dass dies sofort abgestellt werde. Die neue Pädagogik sagte: Auch wir wollen, dass die Speisestunde ruhiger, konzentrier-
10 ter und für die Erwachsenen weniger aufreibend und abstoßend verlaufe; aber wir haben Zeit. Denn wir fragten uns: Wie könnte die Ruhe im Speisesaal hergestellt werden? Der Direktor müsste drohend erklären, er verlangte völlige Ruhe,
15 völliges Stillschweigen – bei zwei- bis dreihundert Kindern würde sich auch leises Summen zu einem beträchtlichen Lärm steigern; und die Kinder würden überdies unmöglich die Grenze zwischen gerade noch erträglicher Lautheit und
20 deren Übermaß verstehen und einhalten können – und wenn sie nicht einträte, müsste er Strafen ankündigen und schließlich auch verhängen. Und zuletzt würden vielleicht die Kinder stillschweigend ihre Mahlzeit einnehmen, zur
25 Freude des Direktors, der seine Forderung erfüllt sähe und zur staunenden Bewunderung eines plötzlich eintretenden Gastes. Die Lehrer aber und der Leiter wären wenigstens bei der Mahlzeit gezwungen, statt mit den Kindern zu sein, über
30 ihnen zu stehen und aufzupassen, ob sie nicht mehr als gebührlich lärmen. Und daran änderte sich gar nichts, wenn der Direktor in seiner Rede motiviert hätte, warum er die Ruhe verlange, etwa: die Pflegerinnen könnten sonst ihren Dienst

35 nur schwieriger versehen, die Lehrer seien müd und möchten eine halbe Stunde Stille haben und dergleichen mehr. Die Kinder hörten doch nur das Verbot eines lustvollen Tuns heraus, denn Lehrer und Pflegerinnen und deren Dienst und
40 Wohlbefinden ist ihnen gleichgültig. Wir machten es darum anders. Die Lehrer, unter den Kindern verstreut sitzend, „lärmten" mit, d.h. sie plauderten mit den Nachbarn und lernten so die Kinder kennen. Im Übrigen waren wir aufmerk-
45 sam auf die Bedingungen einer ruhigen und würdigen Ausspeisung. Und wir sahen bald, dass zunächst genügend Teller, Tassen, Löffel da sein mussten, dass rasch und gerecht in einer bestimmten Reihenfolge ausgeteilt werden muss,
50 dass genügend zu essen da sein muss und so weiter. Was wir dadurch gewannen, dass wir nicht mit „Ordnung" anfingen, zeigt die folgende Stelle aus dem Bericht einer Lehrerin: „… Beim Essen z. B. wurde wieder gerauft um den Löffel, wer zu-
55 erst Brot bekam usw. Ich nahm mir nie einen Löffel; wenn ich einen bekam, „als Lehrerin", gab ich ihn den Kindern, mein Brot ebenso usw. – erst wenn alle alles hatten, begann ich zu essen. Die Kinder schauten mich zuerst verwundert
60 und misstrauisch an, dann nahmen sie den Löffel mit einer gewissen verschämten Gebärde – das war schon ein großer Fortschritt, sie ahnten schon etwas. Und schließlich kam es soweit, dass keines von mir etwas annehmen wollte und sie
65 sich sogar darin überboten, mir ihren Löffel zu geben. Damit hatte ich gewonnenes Spiel. Wir liebten uns. Da das Essen das Wichtigste in ihrem Leben war, konnte ich sie nur durch mein Verhalten dabei packen. Sie sahen, dass ich wenig
70 aß, sie haben mich überredet zum Essen oder: „heute müssen Sie bei uns essen". Das war mir der größte Liebesbeweis. Jetzt konnte ich mit dem Unterricht im eigentlichen Sinne beginnen. Ich habe es erfahren, wie unerlässlich es ist, dass
75 der Lehrer mit den Kindern lebe, dass seine Persönlichkeit in jeder praktischen alltäglichen Lage wirke; wenn ich abends und immer hätte bei den Kindern sein können, wäre es noch anders gewesen …" Und so erging es jedem von uns.
80 Langsam, sehr langsam, aber ebenso merklich entstand Ordnung und Ruhe im Speisesaal, die von einzelnen Punkten, den Plätzen der Lehrer ausgehend, immer größere Kreise zog. Bis dann

die Schulgemeinde eine Reihe von Speisesaalge-
setzen schuf und musterhaft durchführte, da
wurde bereits in den Diskussionen mit vollem
Verständnis aller Kinder betont, dass man auch
auf die Pflegerinnen Rücksicht nehmen müsse
und dass es sich nicht „gehöre, zu fressen wie die
Tiere".

Und wir haben nach drei oder vier Monaten ta-
delloseste – auch von der Verwaltung anerkann-
te – Tischordnung gehabt, ohne dass auch nur
ein einziges Mal ein verärgertes „Ruhe!" von uns
gerufen worden wäre: Ordnung, nicht als
zwangsmäßig durchgesetzte und unmotivierte
Forderung des Herrn Direktor, der eben die
Macht hat auch dies zu verlangen und zu er-
zwingen, sondern als Ausdruck einer gesitteter
und einsichtsvoller gewordenen Gemeinschaft
junger und erwachsener Menschen.

(Aus: Siegfried Bernfeld: Antiautoritäre Erziehung und
Psychoanalyse. In: Ausgewählte Schriften, Bd. 1, März Verlag,: Frankfurt ³1970, S. 108–110)

„Beispiele machen Lust, Befehle nicht!"
Erörtern Sie diesen Ausspruch des Pädagogen
Johann Heinrich Pestalozzi (1746–1827)
auf dem Hintergrund der Erzählung von Siegfried Bernfeld.

1.6 Die Gestalttheorie – Oder: Wie durch Umstrukturierung von Wahrnehmung gelernt werden kann …

1.6.1 Grundlagen

1.6.1.1 Hinführung: Ein Selbstexperiment zur Wahrnehmung

Die Gestaltpsychologie hat die Verarbeitung von visuellen Eindrücken untersucht. Man hat entdeckt,
dass ein und derselbe Reiz unterschiedlich wahrgenommen werden kann. Durch die Umstrukturierung der Wahrnehmung geschieht nach Auffassung dieser Richtung der Psychologie „Lernen".
Wenn Sie die in der Anleitung unter der folgenden
Abbildung aufgeführte Aufgabe in Angriff nehmen,
kann Ihnen ein so verstandener Lernvorgang deutlich werden.

Anleitung:
Betrachten Sie das Bild der Dame genau. Merken
Sie sich die unten stehenden Punkte. Sie haben
drei Minuten Zeit für alle Details. Nach drei Minu-
ten sollen Sie die wichtigsten Punkte des Bildes
Ihrem Nachbarn mitteilen.

1. Es ist das Bild einer Dame.
2. Sie hat eine Feder im Haar.
3. Es ist ein Tuch auf dem Kopf.
4. Sie hat einen Pelz um den Nacken.
5. Die Feder im Haar ist gebogen.
6. Die Farbe des Pelzes ist der Haarfarbe gleich.
7. Das Tuch auf dem Kopf hat Falten und ist nicht glatt.
8. Das Kopftuch deckt nicht den Vorderteil der Haare.
9. Das Haar erscheint so, als sei es sehr dunkel.
10. Das Alter der Dame ist etwa …
    (bitte raten Sie!)

Original von W. E. Hill, 1905. Als psychologischer Test zuerst benutzt von E. G. Boring: A. new ambiguous figure.
Am. Journal of Psychology, 1930, S. 444.

(Aus Tobias Brocher: Gruppendynamik und Erwachsenenbildung, Westermann Taschenbuch. Georg Westermann
Verlag, Braunschweig 1967, S. 154 f. © Deutscher Volks-
hochschul-Verband e. V. 1967)

Réne Magritte: Die Blankovollmacht. 1965 (Le blanc-seing). Öl auf Leinwand, 81 x 65 cm

Washington (DC), The National Galery of Art, Collection Mr. and Mrs. Paul Mellon. © 1992 VG Bild-Kunst, Bonn

„Sichtbare Dinge können unsichtbar sein. Wenn jemand ein Pferd durch den Wald reitet, dann sieht man sie zuerst, dann wieder nicht, aber man weiß, dass sie da sind. In der *Blankovollmacht* verbirgt die Reiterin die Bäume und die Bäume verbergen sie. Aber unser Denken umfasst beides, das Sichtbare und das Unsichtbare. Und ich benutze die Malerei, um das Denken sichtbar zu machen."

Réne Magritte

1.6.1.2   Das „Aha-Erlebnis"

Die behavioristischen Lerntheorien haben nicht nur positive Resonanz in der Diskussion der Psychologen um die angemessene Erklärung von „Lernen" gefunden. Viele beschäftigte die Frage, ob man Lernvorgänge nicht auch noch anders verstehen könnte. Unter ihnen befand sich auch der Gestaltpsychologe Köhler, von dessen Entdeckungen der Auszug eines Psychologielehrbuchs von Legewie und Ehlers berichtet.

Für viele Pädagogen und Psychologen, die täglich Kontakt mit dem Problem des menschlichen Lernens haben, erscheinen die Reiz-Reaktions-Modelle (klassische und operante Konditionie-
5 rung) als unzureichend für die Erklärung des menschlichen Lernverhaltens. Nicht anders erging es manchen amerikanischen Psychologen, die zu Beginn des Jahrhunderts mit den damals neuen „behavioristischen" Theorien zum Ler-
10 nen „beglückt" wurden.[...]
Während der Internierung auf der Insel Teneriffa (1913–1914) hatte Köhler Versuche mit Affen durchgeführt [...], die seine Vermutung bestätigten, dass Lernen nicht durch zielloses Herum-
15 probieren (trial and error) zustande kommt, sondern durch *Umstrukturierung der Wahrnehmung* eines Problems. Diese Umstrukturierung erscheint dem Beobachter als *„Einsicht"* in das Pro-

blem, die durch „Nachdenken" und „Erkennen"
(cognition) erreicht wird. 20
Durch genaue Beobachtung und Beschreibung des Verhaltens versuchte Köhler zu ergründen, wie von den Versuchstieren bestimmte Problemaufgaben gelöst werden. Was macht z. B. ein Affe, wenn eine Banane außerhalb seiner Reich- 25 weite hinter Gitterstäben liegt? Zuerst greift das Tier vergeblich durch das Gitter. Nach einigen Minuten soll ein herumliegender Rohrstock weiterhelfen. Auch dieser Versuch schlägt fehl. Jetzt folgt eine Periode, in der keinerlei Versuche 30 mehr ausgeführt werden. Das Tier sitzt einfach da und beobachtet die Szene. Plötzlich ergreift der Affe zwei Stöcke, nach einigem Herumprobieren hat er sie zusammengeschoben und angelt damit nach der Banane. Dem unvermittel- 35 ten Auftauchen der Lösung entspricht auf der Erlebnisebene ein Überraschungseffekt: das „Aha-Erlebnis".
Einige Lernforscher bezweifeln nicht die Richtigkeit solcher Beobachtungen, aber sie geben zu 40 bedenken, dass der Experimentator nur den Endpunkt eines langen Versuch- und Irrtumlernens (Umgang mit Stöcken) registriert, der mehr zufällig den Eindruck bieten kann, das Tier habe nachgedacht und dann einen Einfall ge- 45 habt. [...]
Besonders drei Charakteristika sind kennzeichnend für das Lernen durch Einsicht:

Der Werkzeuggebrauch: ... plötzlich ergreift der Affe zwei Stöcke, schiebt sie ineinander und angelt damit nach der Banane – das ist der wichtige Moment beim Lernen durch Einsicht.

(Foto: W. Köhler; aus: Intelligenzprüfungen an Menschenaffen. Springer Verlag, Berlin, Göttingen, Heidelberg 1921; entnommen aus: Heiner Legewie/Wolfram Ehlers, Knaurs moderne Psychologie. © Droemer Knaur Verlag, München 1972, S. 223)

- Einsicht ist vor allem abhängig von der Anordnung der Problemsituation. Ein Affe löst
  z. B. das Problem des Werkzeuggebrauchs
  viel einfacher, wenn die Stöcke zum Zusam-
  menschieben auf der Seite des Futters liegen
  und nicht im Käfig.
- Ist erst ein Einfall zur Lösung eines Problems
  vorhanden, so kann die Lösung sofort wiederholt werden. Der Lernerfolg stellt sich
  nicht graduell ein wie beim assoziativen Lernen, sondern plötzlich, meist nach einer
  Phase des Nichthandelns.
- Eine durch Einsicht erfolgte Lösung kann
  auch in neuen veränderten Situationen wieder angewendet werden. Was gelernt wird,
  ist nämlich nicht ein bestimmter Hand-
  lungsablauf, sondern eine kognitive Struktur, die z. B. den Zusammenhang von Hilfs-
  mitteln (Stockproblem) und Handlungsziel
  aufweist.

(Aus: Heiner Legewie/Wolfram Ehlers: Knaurs moderne
Psychologie. Droemer Knaur Verlag: München 1972,
S. 218–220)

1 Was ist darunter zu verstehen, Lernen komme
durch die „Umstrukturierung der Wahrnehmung" zustande?
2 Wodurch unterscheidet sich „Lernen durch
Einsicht" vom assoziativen Lernen?

1.6.1.3 Nicht Einzelreize, sondern Ganzheiten werden wahrgenommen

Die Erkenntnisse, die Sie bei der Betrachtung des
Bildes von W. E. Hill gewinnen konnten, werden im
folgenden Text der Psychologin Charlotte Bühler
(1893–1973) vertieft und erweitert.

Das von Christian von Ehrenfels entdeckte Prinzip der *Gestaltqualitäten,* wie er es nannte, besag-
te zunächst, dass in unseren Wahrnehmungen
die Welt nicht als eine Summe von Einzelein-
drücken erlebt wird, sondern in geordneten
Ganzheiten. Eine Melodie, sagt Ehrenfels, ist
mehr als die Summe der Töne, aus denen sie sich
zusammensetzt. Sie hat eine Gestalt. Infolge dieser Tatsache, dadurch nämlich, dass sie ein
Formganzes darstellt, kann sie transponiert werden.

Der in diesen Aussagen festgelegte Gedanke hat
in der Philosophie eine lange Geschichte. So lesen wir schon bei Platon, Aristoteles und Laotse,
dass das Ganze vor den Teilen ist und mehr als
die Summe der Teile. Auch Goethe wird oft für
diesen Gedanken zitiert. […]
Eine der wichtigsten Beobachtungen betrifft das
so genannte *Figur-Grund-Verhältnis.* Das heißt,
die Wahrnehmung wird an dem optischen Material in der Weise tätig, dass sie einen beliebigen
Teil davon als *Hintergrund* zurückschiebt, während sie irgendeinen anderen Teil als *Figur* vor
diesem Hintergrund sieht und ihn aus diesem
heraushebt.
So können wir uns zum Beispiel bei Betrachtung
des Schachbretts auf unsere eigenen weißen
Quadrate konzentrieren und sie als Figur auf
dem Hintergrund der schwarzen sehen oder umgekehrt. Dann wieder können wir im Laufe des
Spiels gewisse Konstellationen, wie die Beziehung, in der unsere Königin zu ihrer Umgebung
steht, als Figur aus dem Hintergrund des übrigen
Geschehens herausheben. Und so erleben wir

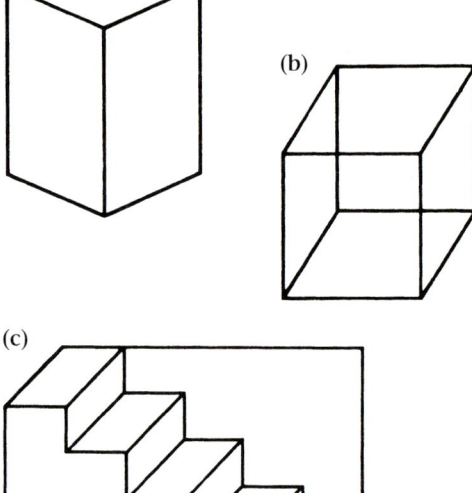

Wie der „Neckersche Würfel" (b) können auch die beiden anderen Figuren „umkippen": Das Heft links sieht
man einmal aufgeklappt, ein anderes Mal mit dem Blick
auf den Rücken, und die Treppe kann man so sehen, als
ob sie von rechts nach links ansteigt, aber auch so, als ob
sie auf dem Kopf steht.

uns mit unserem Partner als herausgehoben aus dem Hintergrund des Raumes, den wir unbeachtet lassen usw. Die Figur-Grund-Beziehung wird in unserem Erleben dauernd aktiv von uns hergestellt. Sie ist vielleicht, wie beispielsweise K. Goldstein annimmt, das wichtigste Ordnungsprinzip auf dem Gebiete der Wahrnehmung.

Infolge der Tatsache, dass unsere Wahrnehmung ganz außerordentlich flexibel ist, können dauernd Hintergrund und Figur wechseln. Besonders drastisch zeigt sich dies bei den so genannten *Kippfiguren*. Ein klassisches Beispiel einer Kippfigur ist der hier abgebildete so genannte Necker-Kubus, dessen vordere und hintere Wand „umspringen" können [...].

In ihrer Flexibilität ist unsere Wahrnehmung schöpferisch. Sie hat die Tendenz unvollkommene Gestalten in „gute", ungeschlossene in geschlossene umzusehen, indem sie auf *Prägnanz* abzielt. So sehen wir den Himmel nicht nur übersät von Sternen, sondern wir fügen Gruppen von Sternen zu Gestalten von „Sternbildern" zusammen.

(Aus: Charlotte Bühler, Psychologie im Leben unserer Zeit. Droemersche Verlagsanstalt, München – Zürich 1962, S. 89–93)

1.6.1.4 Ames' Zimmer: Zwerg und Riese?

Ames' Zimmer besitzt schiefe Wände, die durch die Wahrnehmungsfaktoren „gute Gestalt" und „Erfahrung" sogar auf dem Foto (!) zum gewohnten rechtwinkligen Raum „zurechtgebogen" werden [farbiges Bild auf S. 64! Anm. G. B.].

Der Mann bei (1) hat dadurch scheinbar die gleiche Entfernung vom Betrachter wie der Mann bei (3), sein Netzhautabbild ist aber nur halb so groß.

In die Berechnung der wahrgenommenen Größe („Größenkonstanz") geht damit ein falscher Entfernungswert ein.

(Aus: Heiner Legewie/Wolfram Ehlers: Knaurs moderne Psychologie. Droemer Knauer Verlag: München 1972, S. 74 f.)

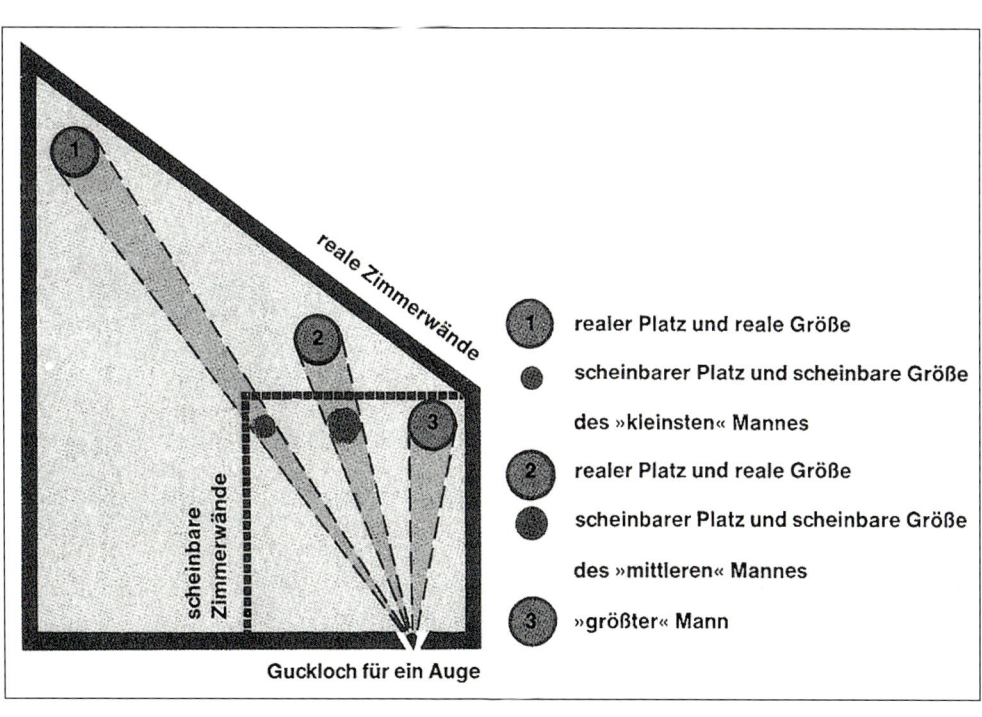

realer Platz und reale Größe

scheinbarer Platz und scheinbare Größe des »kleinsten« Mannes

realer Platz und reale Größe

scheinbarer Platz und scheinbare Größe des »mittleren« Mannes

»größter« Mann

reale Zimmerwände

scheinbare Zimmerwände

Guckloch für ein Auge

Steven Campbell. Three Man of Exactly the Same Size in an Unequal Room. 1987
Oil on canvas, 249 x 277 cm, Collection: Leeds City Art Gallery. Courtesy Marlborough Fine Art, London

(Aus: Edward Lucie-Smith, Art in the Eighties, Phaidon Press Limited Oxford 1990, S. 43)

1.6.1.5   Probleme zum Selberlösen

Anhand der folgenden Probleme können Sie erproben, wie das Lernen aus „Einsicht" funktioniert.

Problem 1

Diese sechs Stäbchen sind so zusammenzu-fügen, dass jedes einzel-
5   ne mit jedem Ende die Enden von zwei und nur zwei anderen Stäbchen berührt.

Problem 2

Alle diese neun Punkte
10   sind durch vier gerade Linien miteinander zu verbinden. Der Prüfling hat diese vier Linien so zu ziehen, dass er dabei nicht absetzen muss.

Problem 3
15
Ein Bauer kommt mit ei-nem Wolf, einer Ziege und einem Kohlkopf an einen Fluss. Er muss ihn
20   mit einem Boot über-queren, das so klein ist, dass es außer den Bau-ern nur noch eines der beiden Tiere oder den
25   Kohlkopf tragen kann. In seiner Gegenwart
sind beide Tiere folgsam. In seiner Abwesenheit aber würde die Ziege den Kohlkopf und der Wolf die Ziege fressen. – Wie stellt es der Bauer an, alle
30   drei heil über den Fluss zu bringen?

Problem 4

Der Prüfling befindet sich in einem Zimmer,
35   von dessen Decke zwei Bindfäden herunter-hängen. Er soll sie am
unteren Ende zusammenbinden. So sehr er sich streckt, ist er jedoch außerstande, beide zugleich
40   mit den Händen zu erreichen. Das einzige Werk-zeug, das er zur Lösung der Aufgabe verwenden darf, ist eine Schere.

(Aus: Sebastian Leitner, So lernt man lernen. Herder Verlag: Freiburg [8]1976, S. 250–252)

1.6.2   Pädagogische Konkretionen

1.6.2.1   „Vertrackte Statistik" – Oder: Mühe und Lohn des Strukturierens

Neurophysiologie, Messskalentypen und derglei-chen erweisen sich als Alpträume der Psychologie-studentin Siggi. Um Hilfen zu erhalten, besucht sie daher ihren Hochschullehrer, Herrn Walter F. Kuge-mann, in seiner Sprechstunde. Dieser berichtet von seiner Begegnung mit Siggi.

12.48 Uhr, noch knapp eine Viertelstunde und meine Sprechstunde wäre vorüber. Bisher waren nur zwei Studenten mit kleineren Fragen gekom-men. Ich war hundemüde, es war gestern bei ei-nem Gastvortrag sehr spät geworden. Es klopfte.   5
Ausgerechnet! Mein „Herein" klang vermutlich etwas grimmig, denn nur zögernd erschien ein Mädchenkopf im Türspalt. „Entschuldigung …" Ich erkannte Siggi, eine Psychologiestudentin im ersten Semester, die gestern Abend nach dem   10
Vortrag mir gegenüber gesessen und es auch ziemlich lange ausgehalten hatte. Auch sie sah noch etwas müde aus. Zu ihrem Studienwunsch ist Siggi, wie sie mir gestern erzählte, vor allem über psychoanalytische Bücher gekommen und   15
„über das Interesse, Menschen mit Problemen zu helfen", wie sie es selbst formulierte.
„Entschuldigung", wiederholte sie, „dass ich jetzt noch komme, aber ich habe zufällig gese-hen, dass Sie heute Sprechstunde haben und weil   20
Sie gestern erzählt haben, dass Sie sich mit Lern-techniken beschäftigen … Also ich hab da ein Problem, eigentlich sogar mehrere …"
Ich bot ihr einen Sessel an und sie klagte mir ih-re Studienschwierigkeiten. Ich machte mir ein   25
paar Notizen: „Frust" über mathematische For-meln und abstrakte Inhalte im Fach Statistik (wie fast alle Psychologieanfänger); Probleme, den Stoff in der Methodenlehre und in den Biologi-schen Grundlagen der Psychologie („da kom-   30
men sogar chemische Formeln vor") richtig zu verstehen und sich auf Dauer einzuprägen: Prob-leme mit der Konzentration gerade bei diesen Themen und häufig Müdigkeit beim Lernen; schließlich noch ganz aktuell mittlere Verzweif-   35
lung, weil sie in Entwicklungspsychologie ein Referat über „Theorien des Lächelns beim Säug-

65

Cornelius Brisé,
Dokumente der
Stadt Amsterdam,
1656,
Öl auf Leinwand,
194 x 250 cm.
Amsterdam,
Amsterdams histori-
sches Museum

(Aus: Wolf Stadler
(Gesamtleitung),
Lexikon der Kunst
in zwölf Bänden,
Bd. 12, Karl Müller
Verlag Erlangen
1994, S. 27
© Beeldrecht
Amsterdam, Nieder-
lange. 1987)

ling" übernommen hat, nun aber feststellte, dass
die Originalliteratur dazu ausschließlich eng-
40 lischsprachig ist. „Waren das die Hauptproble-
me?", fragte ich mit Blick auf meine Uhr um Viertel nach eins. Und weil ich ebenso wie Siggi zu
dieser Zeit zu sehr an Mittagessen dachte, um
mich konzentriert über bessere Lerntechniken
45 zu unterhalten, vereinbarten wir einen Termin
um halb vier. Siggi wollte dann auch ein paar Beispiele des Lernstoffs mitbringen, der ihr Kopfzer-
brechen macht.

Alternative zum Auswendiglernen
50 Inzwischen hatte ich mir kurz überlegt, was wir
besprechen wollten. „Die Inhalte, die Ihnen
Schwierigkeiten bereiten – also ‚Quantitative
Methoden‘ und ‚Biologische Grundlagen‘ haben
55 einiges gemeinsam: In beiden Fällen sind es viele einzelne Fakten, die man genau beherrschen
muss. Will man sich diese Einzeltatsachen isoliert einprägen, braucht man eine Menge Zeit
und Energie – und trotzdem bringt man man-
60 ches durcheinander und vergisst schnell wieder." – Siggi nickte bedrückt. „Es gibt auch einen
anderen Weg solchen Stoff zu lernen. Dazu zeige
ich Ihnen jetzt einen kurzen Versuch … *(diesen
Versuch können Sie jetzt an sich selbst in knapp zwei*

Minuten durchführen. Dazu benötigen Sie nur eine 65
Uhr mit Sekundenzeiger und ein Schreibinstrument.
Bevor Sie weiterlesen, prägen Sie sich die zwölf
Hauptwörter der Liste A auf Seite 68 20 Sekunden
lang gut ein. Danach finden sie weitere Anweisun-
gen.) 70
Blättern Sie bitte auf Seite 69 und schreiben Sie
im Kontrollfeld „Hauptwörterliste A" auf, welche dieser Wörter sie behalten haben.
Wenn Sie das Kontrollfeld „Hauptwörterliste A"
ausgefüllt haben, sehen Sie sich jetzt wieder 75
20 Sekunden lang 12 Wörter aus anderen Bereichen an. Prägen Sie sich auch diese Wörter gut
ein (Hauptwörterliste B).
Blättern Sie nun wieder auf Seite 70 und schreiben Sie im Kontrollfeld „Hauptwörterliste B" die 80
Wörter auf, die Sie diesmal behalten haben.
Siggi war beeindruckt. Mit dem gleichen Zeitauf-
wand hatte sie bei der zweiten Liste deutlich
mehr Stoff behalten. „Die zwölf Hauptwörter der
Liste A waren für Sie ohne erkennbaren Zusam- 85
menhang – obwohl auch hier je drei Begriffe aus
vier Bereichen stammten: Haustiere, Blumen,
Musikinstrumente, Früchte – aber das ist Ihnen
wahrscheinlich gar nicht aufgefallen. Solche zu-
sammenhanglose Einzelelemente zu lernen ist 90
schwierig. In der zweiten Liste waren die zwölf

Hauptwörter nach vier Bereichen geordnet. Sie haben das hoffentlich bemerkt: Vögel, Bäume, Werkzeuge, Kleidungsstücke. Diese Ordnung
95 nach Oberbegriffen hat das Lernen deutlich erleichtert. Eine solche Strukturierung des Lernstoffs in Gruppen und Zusammenhänge ist bei einem Dutzend Einzelelemente wie bei unseren Listen hilfreich. Bei z. B. hundertmal so vielen
100 Elementen, also 12 000 (und so viele kommen in einem Studium schnell zusammen), ist dies die einzige Möglichkeit, einen Stoff mit vernünftigem Aufwand zu behalten.

105 **Zauberformel: Strukturieren**
Eine vergröberte Rechnung soll das deutlich machen: Bei der Liste A musste das Gehirn zwölf Positionen absuchen, um einen Begriff zu finden; bei der Liste B nur vier Bereiche und drei Begriffe
110 innerhalb des Bereichs, also sieben Positionen. Die „Ersparnis": zwölf zu sieben oder knapp die Hälfte. Bei angenommen 12 000 Elementen müssten ohne Struktur entsprechend 12 000 Positionen abgesucht werden. Hat man dagegen ei-
115 ne Struktur mit nur zwei Ebenen von Oberbegriffen, verringert sich dies beispielsweise auf zehn Bereiche, darunter zehn Klassen mit je zwölf Begriffen, also auf 10 + 10 + 12 = 32 Positionen oder knapp drei Prozent des Aufwandes.
120 Ohne die Möglichkeit solche hierarchischen Strukturen zu bilden, könnten wir kompliziertere Inhalte überhaupt nicht lernen."
„Aber wenn ein Stoff eben einfach nicht strukturiert ist …", zweifelt sie weiter.
125 „Gerade bei den Gebieten, die Ihnen Schwierigkeiten machen wie Methodik oder Biologische Grundlagen, geht es dem Anfänger meist genau wie bei der Liste A. Er erkennt auf den ersten Blick nicht, wie der Lernstoff nach Oberbegriffen und
130 Regeln zu strukturieren ist. Daher der Rat: „Im Lernstoff selbst nach Strukturen suchen. Das können Sie gleich auch üben." Und ich zeigte Siggi folgendes Blatt:

ADAM   EVELYN
        DIETER
MONIKA   CHARLOTTE
     PETER   UDO

„Versuchen Sie diese sieben Vornamen nach möglichst vielen verschiedenen Arten zu grup-
135 pieren." Siggi ordnete zunächst nach „männlich" und „weiblich". Und dann fielen ihr noch eine Menge anderer Möglichkeiten ein. Was fällt Ihnen ein?

Gruppierungsmöglichkeiten
der sieben Vornamen:
1. ......
2. ......
3. ......
4. ......
5. ......
6. ......
7. ......

„Manche Ihrer Vorschläge", erläuterte ich,
140 „könnte jeder genauso nachvollziehen, beispielsweise eine Ordnung nach dem Geschlecht oder nach Vornamen, die mit einem Vokal beginnen und solchen mit einem Konsonaten am
145 Anfang.
Daneben gibt es aber auch *individuelle Strukturen,* z. B. nach Vornamen, von denen Sie einen Träger kennen und solchen, bei denen Ihnen keine Person bekannt ist. Oder ‚sympathische/unsympathische Vornamen'. Allgemein: *Lernstoff* lässt
150 sich nicht nur „objektiv" strukturieren, sondern auch – und oft mit noch größerem Erfolg – nach *subjektiven Kategorien,* weil man dabei verstärkt Wissensstrukturen heranzieht, die im Gedächtnis bereits gut verankert sind. Bei unserem Na-
155 mensbeispiel: Vielleicht ist Ihnen ‚Dieter' sympathisch, weil Sie schon einmal einen gekannt haben und eine Menge Erinnerungen mit dem Namen verbinden."
„Allgemein: *Umfangreicher Lernstoff ist vernünftig*
160 *nur zu bewältigen, wenn man ihn strukturiert – durch Kategorien, Oberbegriffe, Regeln.* Solche Strukturen werden aber häufig nicht fertig mitgeliefert, man muss sie sich selbst aus dem Lern-
165 stoff herausarbeiten. Und die sehr wirksamen, subjektiven und daher nur für die eigene Person zutreffenden Strukturen, die auf vorhandenem, individuellem Vorwissen aufbauen, kann man ja gar nicht mitliefern."

Wie man etwas kapiert

„Bei so einzelnen Dingen wie den Vornamen ist mir das schon klar …“ Siggi klang noch nicht ganz überzeugt, „aber was ist, wenn es nicht nur um Begriffe und Einzelheiten geht, sondern ums Kapieren?“

„Sie haben mir ein Beispiel aus der Methodenlehre mitgebracht.“ – „Genau, die Geschichte mit den Skalentypen, da komme ich gar nicht zurecht, da kann ich mir einfach nichts darunter vorstellen. Nominalskala, Ordinalskala, Intervallskala, Verhältnisskala.“ – „Gut, das Grundprinzip ist recht ähnlich. Die für Sie zunächst zusammenhanglosen Bezeichnungen mit den jeweiligen Eigenschaften der verschiedenen Skalen kann man als Tabelle einfach auswendig zu lernen versuchen. Aber das macht viel Arbeit, wenig Spaß und langfristig ist der Erfolg zweifelhaft. Man kann aber auch versuchen diese Inhalte sinnvoll mit Strukturen zu verknüpfen, die einem bereits bekannt sind.

Ihre Schulzeit ist Ihnen ja noch gut in Erinnerung? Wie wurden denn Ergebnisse von Klassenarbeiten bei Ihnen bekanntgegeben?“

Hauptwörterliste A

HUND	BANANE	KATZE
NELKE	ROSE	KLAVIER
PFERD	APFEL	BIRNE
POSAUNE	GEIGE	ASTER

„Fast immer alphabetisch nach dem Familiennamen.“ – „Wenn Sie sich und Ihre Mitschüler einmal als ‚Daten‘ betrachten – das ist jetzt nicht persönlich gemeint“ – Siggi lächelte – „dann war diese Reihung nach Namen eine (Latein!) Nominalskala. Und was sagte bei dieser Reihung als Nominalskala z. B. Ihr Platz 10 im Alphabet der Klasse über die Note aus?“ „Gar nichts“, antwortete Siggi und nach einer kurzen Pause, „ach so, bei einer Nominalskala hat die Position auf der Skala nichts mit dem Meßwert zu tun, eigentlich ist das gar keine Skala.“ – „Richtig, und wenn Sie den Begriff ‚Nominalskala‘ so mit Ihren Schulerfahrungen bei den Klassenarbeits-Ergebnissen verknüpft haben, können Sie sich die Prinzipien dieses Skalentyps aus diesem Beispiel immer wieder selbst herleiten. Auswendiglernen ist dafür überflüssig geworden.“

„Können wir das gleich noch für die Ordinalskala machen?“, drängte Siggi. „Gut. Denken Sie an den Sportunterricht. Wie haben Sie sich da aufgestellt?“ – „Der Größe nach. Ich war, glaube ich, die Drittkleinste.“ – „Welche Aussage konnte man dann über die beiden Mitschülerinnen neben Ihnen machen?“ – „Die rechts von mir war größer und die links von mir war kleiner als ich.“ – „Galt das nur für Sie?“ – „Nein, für alle. Die rechts waren immer größer und die links immer kleiner.“

„Wissen Sie noch, um wie viel Ihre rechte Nachbarin größer war als Sie?“ – „Die Babsi? Die war glaube ich bloß’n Zentimeter größer.“ „Und konnte man deshalb schließen, dass die rechte Nachbarin von Babsi …“ – „die Claudia“, half mir Siggi, „… dass also Claudia auch einen Zentimeter größer war als Babsi?“ „Nö, die war fast n’ halben Kopf größer, wir vier bis zu Babsi waren nämlich immer die Kleinen … ach, jetzt kapier ich, worauf das raus soll. Bei einer Ordinalskala ist immer der nächste Skalenwert größer als der vorhergehende, aber die Abstände von einem Wert zum nächsten sind nicht gleich groß.“ – „Richtig, und wieder können Sie mithilfe eines Beispiels aus Ihrer eigenen Erfahrung, das wir gerade mit dem Begriff ‚Ordinalskala‘ verknüpft haben, in Zukunft das Grundprinzip dieser Skala selbst rekonstruieren.“

Hauptwörterliste B

RABE	EICHE	HOBEL	MANTEL
TAUBE	BUCHE	HAMMER	HOSE
ADLER	TANNE	ZANGE	JACKE

Beispiele und eigene Erfahrungen

„Heißt das, dass man – um etwas zu verstehen – immer Beispiele aus der eigenen Erfahrung braucht?“ – „Genau das. Jedes abstrakte Denken benötigt als Grundlage verinnerlichte, konkrete Anschauungen. Das können frühere Erfahrungen sein, wie eben bei Ihnen aus der Schule. Das können aber auch sinnliche und besser noch selbst-handelnd gemachte Erfahrungen sein, eigens um ein abstraktes Prinzip zu verstehen. Beispielsweise können Sie die Skalentypen mit verschieden lang abgeschnittenen Streichhölzern konkret vor sich auf dem Tisch auflegen. Das eigene Tun beim Lernen hat vordergründig sicher auch den Zweck, gewisse Techniken und Fertigkeiten zu entwickeln. Viel wichtiger ist aber, dass uns oft erst Demonstrationen, Aufgaben, Übungen, Praktika nutzbare Erfahrungen und Beispiele liefern, an denen wir abstrakte Inhalte strukturieren können." – „Heißt das dann beispielsweise in Statistik, dass es wirklich einen Sinn hat, noch selbst mit der Hand die vielen Übungsaufgaben zu rechnen, obwohl das später der Computer alles ganz von selbst macht?" Siggi schwante Unheil.

KONTROLLFELD Hauptwörterliste A

Zahl der behaltenen Wörter:

„Genau das. Solche Übungsaufgaben braucht man eigentlich nur, um im eigenen Handeln das Prinzip zu erfahren."

Lernen durch Strukturieren
Umfangreicher Lernstoff ist mit vernünftigem Aufwand und dauerhaft nur zu erwerben, wenn man ihn strukturiert durch Kategorien, Oberbegriffe, Regeln. Strukturieren erfordert immer einen aktiven geistigen Prozess, der uns allerdings nicht immer bewusst wird.
Bei Lernprozessen durch Strukturieren muss man mit Phasen scheinbarer Stagnation – Lernplateaus – rechnen. Sie sind jedoch oft Vorläufer für höhere Strukturierungsstufen und kein Grund zur Verzweiflung.
Gelernte Strukturen werden auch über längere Zeiträume kaum vergessen.

Regeln
1. Im Lernstoff selbst nach Strukturen suchen;
2. bei umfangreichem Stoff auf mehreren Ebenen gliedern;
3. auch nach subjektiven Strukturierungen suchen;
4. Neues mit bereits vorhandenen Strukturen verknüpfen;

30 Vokabeln pro Tag: leichter gesagt als gelernt.

(Illustration von Rolf Totter; aus: Sebastian Leitner, So lernt man lernen. Herder Verlag: Freiburg [8]1976, S. 45)

5. Prinzipien durch Beispiele aus der eigenen Lebenserfahrung nachvollziehbar machen;

295 6. durch Handeln konkreter Erfahrungen für abstrakte Beziehungen sammeln;

7. von Lernplateaus nicht entmutigen lassen.

KONTROLLFELD Hauptwörterliste B

Zahl der behaltenen Wörter:

Mühe und Lohn des Strukturierens

„Strukturieren bedeutet immer einen aktiven
300 geistigen Prozess, der in jedem Fall Mühe macht, selbst wenn er oft unbewusst abläuft. Und es ist ein Prozess, bei dem wir keine sofortigen und geradlinigen Erfolge erwarten können. Manche Erfahrungen müssen erst einen gewissen Grad der
305 Abgeschlossenheit erreicht haben, bevor sie zum Strukturieren nutzbar werden, manche Suche nach eigenen Erfahrungen erweist sich als Sackgasse und man muss von vorne beginnen. Beides ist frustrierend, weil man meint, gar nicht weiter
310 zu kommen." – „Kenne ich", seufzte Siggi.

„Deshalb ist es nützlich zu wissen, dass solche ‚Lernplateaus' – wie der Fachausdruck lautet – bei strukturierenden Lernprozessen fast immer auftauchen, dass sie häufig *Vorläufer von höheren*
315 *Strukturierungsstufen* und damit eines Lernfortschritts sind und daher gar kein Grund zur Panik. Diesen Anstrengungen eines Lernens durch Verstehen und Einordnen steht aber ein gewaltiger Vorteil gegenüber: So ‚verstandenes' Wissen wird
320 auch über längere Zeiträume und ohne bewusste Wiederholungen [...] kaum mehr vergessen, weil es ja fest verknüpft wurde mit dem engen Geflecht unserer Erfahrungen und Wissensstrukturen."

(Aus: Walter F. Kugemann: Lerntechniken II: „Vertrackte Statistik". Abi-Berufswahl-Magazin, 9. Jg., November 1985, S. 18–20)

1 Fassen Sie die Anstöße zum Lernen von Walter F. Kugemann mit eigenen Worten gegliedert zusammen.

2 Überlegen Sie, wie sich die Vorschläge konkretisieren lassen, z. B.

a) beim Verstehen eines Textes bzw. beim Lesen eines Buches,

b) beim Anfertigen einer Zusammenfassung bzw. eines Referates,

c) beim Mitschreiben während eines Vortrags bzw. einer Vorlesung.

3 Erproben Sie ihre Konkretisierungen, indem Sie eine Zusammenfassung eines Textes schreiben oder eine Vortragsmitschrift anfertigen. Diskutieren Sie Ihre Ergebnisse im Kurs.

1.6.2.2 Wie kann ein Referat gestaltet werden? – Anregungen

Als studienvorbereitende Arbeitstechnik stellt das Referat ein individualisierendes Element im Unterricht dar. Es entspricht den in der mündlichen Abiturprüfung geforderten Qualifikationen des zusammenhängenden Vortrags einer selbstständig gelösten Aufgabe. Das Referat soll deutlich machen, dass der Problemzusammenhang des Kursthemas mitbedacht und verarbeitet wird und nicht nur Sachinformationen zusammengetragen werden. Der Erfahrungshorizont der Schülerinnen und Schüler soll im Blickfeld bleiben, die aufbereiteten Texte und Materialien sollen von den Mitschülerinnen und Mitschülern wahrgenommen und verstanden werden können.

Von den Fähigkeiten, die im Rahmen der Anfertigung eines Referats erforderlich sind, soll das Exzerpieren von Texten näher betrachtet werden:

Eine wichtige Hilfe beim Bearbeiten von Fachliterarur stellt das Hervorheben von wichtigen Stellen in Lesetexten in Form bestimmter Markierungen dar. Der Sinn aller Markierungstechniken besteht einmal darin, die wichtigsten Stellen im Text so hervorzuheben, dass sie bei Bedarf leicht wiederzufinden sind; zum anderen sollen nicht benötigte Textstellen deutlich in den Hintergrund treten, damit man sich bei späteren Wiederholungen nicht in ihnen verliert. [...]

Eine ähnliche Bedeutung wie dem Markieren

kommt dem Exzerpieren beim Erarbeiten von Fachliteratur zu. Während das Markieren das Hervorheben bestimmter Sachverhalte meint, versteht man unser Exzerpieren das Herausziehen wörtlicher oder sinngemäßer Aussagen aus Quellentexten unter den besonderen Gesichtspunkten, wie sie sich im Hinblick auf ein bestimmtes Arbeitsvorhaben ergeben. Von solchen Extrakten macht man insbesondere dann Gebrauch, wenn Quellen nur für eine begrenzte Zeit zur Verfügung stehen oder weil man sich den Rückgriff auf umfangreiches Material zu einem späteren Zeitpunkt ersparen möchte. Im Übrigen hat das Anfertigen schriftlicher Textauszüge auch den Begleiteffekt, dass der Lerninhalt gründlicher verarbeitet und besser behalten wird.

Ähnlich wie beim Markieren kann man sich auch beim Exzerpieren unterschiedlicher Techniken bedienen. So sind neben schriftlichen Textauszügen heute durchaus auch auf Tonträger gesprochene Exzerpte üblich, zumal Letztere ein schnelleres Aufnehmen von Informationen ermöglichen, allerdings mit dem Nachteil verbunden sind, dass das Wiederauffinden bestimmter Sachverhalte oft recht mühsam und zeitraubend ist. Exzerpte werden deshalb vorwiegend immer noch unter Verwendung von Karteikarten gefertigt, zumal Karteikartensysteme folgende Vorteile aufweisen:

- große Übersichtlichkeit und Ordnung;
- verschiedene Möglichkeiten der Systematisierung;
- rasches Aufsuchen von Informationen ist ebenso möglich wie
- das Hinzufügen zukünftiger Ereignisse, sodass die Inhalte auf dem neuesten Stand gehalten werden können.

Je nach Arbeitsvorhaben wird man von unterschiedlichen Exzerpten Gebrauch machen, als da sind:

- *Das Gliederungs-Exzerpt.* Man verwendet – ggf. das kopierte – Inhaltsverzeichnis von Quellen oder Teile davon als Gedächtnisstütze für das spätere Aufsuchen von Textstellen.

- *Das Stichwort-Exzerpt.* Aus bestimmten Quellen zieht man begrenzte Aussagen in Form von Stichwörtern oder Hauptpunkten heraus, die man dann gemäß der eigenen Arbeitsabsicht ordnet.
- *Das Inhalts-Exzerpt.* Man übernimmt längere wörtliche oder sinngemäße Textstellen aus bestimmten Quellen, die zentrale Aussagen zu einem Gegenstandsbereich beinhalten.
- *Das Standpunkt-Exzerpt.* Hierbei werden Inhalte aus Textstellen übernommen und gleichzeitig mit Kommentaren versehen, die entweder den eigenen Standpunkt dokumentieren oder sonstige Ergänzungen zum Thema beinhalten. […]

(Aus: Peter Hagmüller: Methoden und Techniken des Lernens. Pädagogischer Verlag Schwann-Bagel: Düsseldorf 1985, S. 65, 69–71)

1 Überlegen Sie, wann eine bestimmte Form von Exzerpten sinnvoll ist, wann nicht.
2 Wie sollte Ihrer Meinung nach der Vortrag eines Referates gestaltet sein? Vergleichen Sie Ihre Überlegungen anschließend mit den 10 Regeln für einen guten Vortrag von Heinz Klippert.

Im Blick auf die Präsentation des Referats sind zehn Leitsätze bedenkenswert:

10 Regeln für den guten Vortrag

1 Erstmal tief einatmen, die Luft etwa 4 Sekunden anhalten und dann langsam ausatmen. Das beruhigt.
2 Festen Stand suchen und Körperhaltung straffen (Wohin mit den Händen?)
3 Die Zuhörer in aller Ruhe anschauen und den Blick langsam schweifen lassen (Ich bin hier der Experte!)
4 Das Thema nennen und den Aufbau des Vortrages überblickshaft erläutern (Überblick vermitteln)
5 Die Zuhörer mit einem interessanten Einstieg hellhörig machen und für

den Vortrag gewinnen (sie z. B. direkt ansprechen)

6 Frei und lebendig reden und argumentieren, damit niemand einschläft (Mimik und Gestik einsetzen)

7 Die Rede so gestalten, dass die Zuhörer sich angesprochen fühlen (lebensnahe Beispiele und Anregungen, rhetorische Fragen)

8 Stimme und Tonlage so variieren, dass die Ausführungen unterstrichen werden (Der Ton macht die Musik!)

9 Ruhig mal kleine Pausen lassen und Wiederholungen einfügen; das macht die Rede eindringlicher (Zuhörer brauchen Zeit zum Verschnaufen und zum Nachdenken)

10 Am Ende einen guten „Abgang" sichern, denn der letzte Eindruck bleibt auf jeden Fall haften (das muss nicht unbedingt was Witziges sein)

(Aus: Heinz Klippert: Kommunikationstraining. Übungsbausteine für den Unterricht II. 3. Auflage. Beltz Verlag: Weinheim und Basel 1996, S. 188/189)

1.7 Zusammenfassender Überblick: Begriff und Theorien des Lernens

Begriff. Das Wort „Lernen" wird in der Umgangssprache für sehr unterschiedliche Vorgänge gebraucht. Man versteht darunter in erster Linie den Erwerb von Wissen (Inhalten) und von
5 kognitiven Prozessen wie Sprechen, Lesen, Rechnen etc. Gelernt werden aber auch Fertigkeiten, die z. B. für das Ausüben einer Sportart, eines Handwerks oder zum Autofahren notwendig sind (motorisches Lernen). Oft wird der Vorgang
10 des Übens und Auswendiglernens mit „Lernen" gleichgesetzt. Der lernpsychologische Begriff ist jedoch viel umfassender. Ein Kind lernt z. B. im Laufe seiner Entwicklung Vorlieben und Abneigungen, Aggressionen und Ängste, Rollen-
15 verhalten, Einfühlungsvermögen, moralische Normen, Selbstkontrolle, Handlungs- und Entscheidungsstrategien, also Verhaltensmuster, die in emotionalem Zusammenhang mit seiner kulturellen Umgebung stehen. Es geht
20 um die Frage, wie sich ein Organismus den mannigfachen Anforderungen seiner Umwelt anpasst.

Der Lernvorgang selbst kann nicht beobachtet werden. Man muss ihn aus dem Verhalten er-
25 schließen (z. B. aus dem Verbalisieren von Lernprozessen). Verhaltensorientierte Ansätze definieren „Lernen" als Prozess, der zu einer relativ dauerhaften Verhaltensänderung aufgrund von Erfahrungen führt. Verhaltensänderungen, die auf angeborene Verhaltenstendenzen wie Refle-
30 xe, auf Reifung, Verletzung, Krankheit, Zwangseinwirkung, Drogen oder Ermüdung zurückzuführen sind, fallen nicht unter den Begriff „Lernen" (Bower/Hilgard 1983). Kognitionspsychologische und informationstheoretische Rich-
35 tungen definieren „Lernen" als Aufbau oder Veränderung von Gedächtnisstrukturen bzw. als Abbildung äußerer Sachverhalte durch innere Modelle. Sie gehen von der Voraussetzung aus, dass der Mensch zielgerichtet handelt und Infor-
40 mationen verarbeitet und dass sich seine Lernkompetenz durch aktive Auseinandersetzung mit einer strukturierten Umwelt entwickelt. Zum Lernen gehören Aufnahme, Verarbeitung und Speicherung von Informationen im Ge-
45 dächtnis […]. Die biologischen und neurophysiologischen Wissenschaflen untersuchen physiologische Grundbedingungen des Lemens, z. B. die anatomische Beschaffenheit des Gehirns oder biochemische Vorgänge der Lern- und Erin-
50 nerungsprozesse […].

Lernarten und theoretische Grundlagen des Lernens.

Bemühungen um eine Kategorisierung der viel-
55 fältigen Phänomene des Lernens gehen oft von der Annahme einfacher und höherer Lernformen aus […]. Hans Bergius […]unterscheidet nach der Art der Darbietung und Übung inzidentelles (unbeabsichtigtes) und intentionelles
60 (absichtliches, geplantes) Lernen, nach der Art des Lernmaterials perzeptives Lernen (auf die Wahrnehmung bezogen, z. B. Unterscheiden, Differenzieren, Umlernaufgaben), motorisches bzw. psychomotorisches Lernen (Erwerb motori-
65 scher Fertigkeiten), Vermeidungs-Lernen (Ler-

nen von Gefahren-Signalen verbunden mit den Affekten Angst und Furcht) verbales Lernen (Lernen der Muttersprache, Lesen-Lernen etc.), soziales Lernen (Lernen im Sozialisationsprozess, z. B. Lernen von Einstellungen, Emotionen, moralischem, aggressivem, altruistischem, selbstständigem Verhalten, Lernen im Zusammenhang mit Leistungsmotivation, Geschlechtsrollenübernahme und Selbstkontrolle).

Die Lerntheorien beschreiben, untersuchen und erklären die Prozesse, die zu bestimmten Lernphänomenen führen. Sie bilden Hypothesen und Aussagensysteme, die durch empirische Untersuchungen zu überprüfen sind. Gordon Bower/Ernest Hilgard […] ordnen die wichtigsten Lerntheorien in zwei Richtungen ein: die behavioristisch-assoziationistischen und die kognitiv orientierten Ansätze. Der folgende Überblick orientiert sich an dieser Einteilung.

Behavioristisch-assoziationistische Lerntheorien.

Diese Theorien wurden oft als Gegenpole zu ganzheitlichen Ansätzen wie der Gestalttheorie und kognitiven Lerntheorien betrachtet und fälschlich als rein „mechanistisch" angesehen, weil sie von „Elementen", also kleinsten Bestandteilen des Psychischen, ausgehen.[…]

Klassische Konditionierung – Signallernen.

Die grundlegenden Experimente zur klassischen Konditionierung stammen vom russischen Physiologen Iwan Petrowitsch Pawlow (1849–1936): Bei einem Hund wird der Speichel aus dem Maul abgeleitet und gemessen. Sobald das hungrige Tier Futter erhält, setzt der Speichelfluss ein. Das Futter ist ein unkonditionierter Reiz bzw. Stimulus (UCS), der einen angeborenen Reflex (das Speicheln) auslöst. Wenn man dem Hund mehrmals kurz vor der Futtergabe irgendeinen Reiz präsentiert, z. B. einen Glockenton, dann löst schon dieser Reiz das Speicheln aus. Aus dem ursprünglich neutralen Stimulus wird somit ein konditionierter Stimulus (CS), dem eine konditionierte Reaktion (CR) folgt. Mit jeder neuen Darbietung des CS wird die Verbindung stabiler. Wenn andererseits der UCS (das Futter) öfters ausbleibt, wird die Verknüpfung schwächer und

die konditionierte Reaktion wird schließlich gelöscht.

Klassische Konditionierung bezieht sich auf Reflexe und reflexartige emotionale Reaktionen. Beim Menschen sind z. B. Angst-Reaktionen leicht konditionierbar. Ein Kind, das von einem Hund gebissen worden ist, wird auch auf den Anblick anderer Hunde mit Angst reagieren (Reizgeneralisierung). Wenn ein solches Kind schon auf ein Bild mit einem Hund oder auf das Wort „Hund" mit Angst reagiert, ist ein an sich neutraler Reiz mit einem konditionierten Reiz verbunden worden. Man nennt diese Phänomene bedingte Reflexe höherer Ordnung. Auch die frühen Vertreter des Behaviorismus verstehen Lernen als assoziative Verknüpfung eines ursprünglich neutralen mit einem biologisch bedeutsamen Reiz (z. B. J. Broadus Watson, Clark Leonard Hull und Edwin Ray Guthrie). […]

Operante oder instrumentelle Konditionierung – Lernen aus den Konsequenzen des Verhaltens.

Die klassische Konditionierung geht von einem eher passiven Organismus aus, der unwillkürlich auf Reize reagiert. Die Theoretiker der operanten Konditionierung betrachten Lernen als aktives Verhalten. Die ersten Studien zum Lernen am Erfolg führte Edward L. Thorndike von 1898 an mit Katzen durch. In einem Käfig mit kompliziertem Öffnungsmechanismus lernten die Katzen nach und nach durch Versuch und Fehlerkorrektur die Verhaltensweisen, durch die sie Futter erreichen konnten, das sich außerhalb des Käfigs befand. Der bedeutendste behavioristische Theoretiker, Burrhus F. Skinner (1904–1990), analysierte mit einer genial einfachen Versuchsanordnung die Gesetzmäßigkeiten der operanten Konditionierung: Die sog. Skinner-Box enthält einen Hebel, einen Mechanismus für hereinfallendes Futter und einen Fressnapf. Setzt man eine hungrige Ratte hinein, dann wird sie beim Herumlaufen irgendwann zufällig den Hebel drücken, worauf ein Futterklümpchen in den Napf fällt (positiver Verstärker). Das wiederholt sich jedes Mal, wenn sie den Hebel betätigt (Reaktion R). Bald wird diese verstärkte Reaktion häufiger: Die Ratte hat gelernt, dass sie durch Hebeldrücken an das Futter kommen kann.

Je nach den Konsequenzen eines Verhaltens unterscheidet Skinner vier Formen des operanten Lernens:
1. Positive Verstärkung: Wenn auf ein Verhalten eine positive Konsequenz folgt (das Verhalten wird häufiger).
2. Negative Verstärkung: Wenn ein unangenehmer Zustand durch ein bestimmtes Verhalten beendet wird (das Verhalten wird häufiger).
3. Bestrafung: Auf ein Verhalten folgt eine unangenehme Konsequenz (das Verhalten wird seltener).
4. Löschung: Wenn ein Verhalten zu keiner Konsequenz führt (das Verhalten wird seltener).

Die Übertragung des Lernvorgangs auf ähnliche Reize oder ähnliche Reaktionen nennt man „Generalisierung", die Unterscheidung von Reizen „Diskrimination". Neues Verhalten kann man schrittweise durch Verstärkung jeder Annäherung an die Ziel-Reaktion erreichen („Verhaltensformung"). Weitere wichtige Begriffe der operanten Konditionierungs-Forschung sind „intermittierende Verstärkung" (nur einzelne Reaktionen werden nach bestimmten Plänen verstärkt) und „Sättigung" […]. Die gegenseitigen Beziehungen zwischen Hinweisreiz, Verhalten und Verstärkung nennt Skinner „Kontingenzen". Er unterscheidet „kontingenzgeformtes" (operantes, durch äußere Verstärkung bestimmtes Verhalten) und „regelgesteuertes" Verhalten (der lernende Organismus analysiert die Verstärkungskontingenzen und leitet daraus Regeln ab, nach denen er sein Verhalten richtet). Diese ausführlich begründete Unterscheidung Skinners (1974) widerlegt die populäre Behauptung, operantes Lernen sei mechanisches Lernen im Gegensatz zu einem „Lernen durch Einsicht". Die Theorie der operanten Konditionierung regte zahlreiche Untersuchungen an, besonders auf den Gebieten der Verhaltenstherapie, der pädagogischen Psychologie und des programmierten Unterrichts.

Kognitiv orientierte Lerntheorien.
Während sich behavioristische Lerntheorien mit den beobachtbaren äußeren Bedingungen des Lernens beschäftigen, setzen sich kognitive Theorieansätze vor allem mit den Mechanismen auseinander, die für Wissenserwerb, Begriffsbildung, Regellernen und Problemlösen bestimmend sind – Lernarten, die vor allem bewusste Prozesse und die innere Repräsentation äußerer Sachverhalte betreffen und die auch als „einsichtiges" oder „kognitives Lernen" bezeichnet werden. Die Gestalttheoretiker, besonders Kurt Lewin, Wolfgang Köhler und Kurt Koffka, beeinflussten durch ihre Arbeiten über Lernen als kognitive Organisation wahrgenommener Reizmuster (Lernen als Einsicht in Zusammenhänge, als Strukturierung und Umstrukturierung kognitiver Prozesse) spätere kognitivistische Lerntheoretiker. Lernen als Aneignung von Wissen verstanden, beruht auf dem Lernen und der Kombination von Begriffen, die untereinander in Verbindung stehen. Mit dem Begriff „Tisch" verbindet man z. B. in unserer Kultur „Stuhl", „Teller", „Essen" etc. Verschiedene theoretische Modelle untersuchen die Aneignung und Repräsentation semantischen Wissens im Gedächtnis, wie z. B. Theorien semantischer Netzwerke (Kintsch 1982), Schema-Theorien (Anderson/ Pearson 1984) oder Ansätze mentaler Modellbildung (Johnson-Laird 1983). Ihnen ist gemeinsam, dass sie Lernen als Erwerb von Gedächtnisinhalten und Veränderung von Gedächtnisstrukturen auffassen (Dörner 1985; Mandl/Friedrich/Hron 1988). […]

Sozial-kognitive Lerntheorie. […]
Lernen am Modell – Lernen durch Beobachtung. Bandura begründete einen Forschungszweig über eine Lernart, die lange Zeit in der Lernpsychologie vernachlässigt wurde, obwohl sie im Alltag allgegenwärtig ist: Modelllernen. Bei kleinen Kindern fällt häufiges Nachahmen geradezu auf; komplexe Tätigkeiten wie Sprach- und Rollenverhalten oder Autofahren können durch Beobachtung schneller und mit weniger Risiko gelernt werden als durch Versuch und Fehlerbeseitigung. Unter Lernen am Modell versteht man eine Tätigkeit der Informationsverarbeitung, wobei Informationen über die Struktur eines Verhaltens und die damit zusammenhängenden situationsbedingten Vorgänge in symbolische Repräsentationen übertragen werden, die als Anleitung zum Handeln dienen (Bandura 1986).

Ein Verhaltensmodell kann auch von schriftlichen, bildlichen und auditiven Medien übermittelt werden. Der Vorgang des Modelllernens besteht aus komplizierten Interaktionen verschiedener Informationsverarbeitungsprozesse, die von unterschiedlichen Variablen beeinflusst werden […].

Die modernen Medien präsentieren den Zuschauern eine nie vorher dagewesene Vielfalt an Modellen. Das Lernen von Vorbildern wurde in zahlreichen empirischen Studien nachgewiesen – bei Aggressionen, aber auch bei kooperativem und moralischem Verhalten, Selbstkontrolle, sozialer Kompetenz, Leistungsmotivation und Forderung geistiger Fähigkeiten, Ätiologie und Therapie psychischer Störungen […]

(Aus: Mathilde Bauer: Lerntheorien. In: Helmwart Hierdeis/Theo Hug (Hrsg.): Taschenbuch der Pädagogik, Schneider Verlag Hohengehren. 5., korrigierte Auflage. Baltmannsweiler 1997. Band 3, S. 1038–1049, gekürzt)

Hairdressers Hot Dog.

Foto von
John Drysdale
© 1960

Ute Lechner/Hans Thurner: Aufstieg

(Rechtmehring. In: Geistesgegenwart. [Hrsg.]: Museum Bochum 1991, S. 66 f. Freiräume – Kultur zum Kirchentag; entnommen aus: Gesellschaft für Religionspädagogik e. V. Villigst, Freiräume, Cornelsen Berlin 1994, S. 216)

Mein Bild vom Leben ist das eines Wanderers,
dessen Rucksack in den ersten zwölf Jahren
nach und nach mit Zweifeln, Dogmen
und Wünschen gefüllt wird.
Als Erwachsener versucht der Wanderer
die schwere Last in seinem Rucksack wieder loszuwerden,
um irgendwann die Chancen,
die jeder neue Tag mit sich bringt,
ergreifen zu können.
Einige Erwachsene kommen diesem Zustand nahe;
die meisten schleppen ihre Sammlung
von Unsicherheiten, Vorurteilen und frustrierten Wünschen
bis ins mittlere und hohe Alter mit,
versuchen dabei ständig etwas zu beweisen,
und schimpfen auf Phantome.

Jerome Kagan

2. Entwicklungsprozesse und Lernprozesse

2.1 Hinführung: Wie Entwicklung ablaufen kann ...

2.1.1 Robert Schneider, Schlafes Bruder – Oder: Verpasste Entwicklungen

Robert Schneider (geboren 1961) stammt aus einem österreichischen Bergdorf. Die im Jahr 1992 erschienene Geschichte handelt von dem genialen Musiker Johann Elias Alder, der sich 22-jährig durch Schlafentzug das Leben nimmt.

Die Aufgabe, Leben und Bräuche der Lamparter und Alder in einem Buch niederzulegen, die Vermischung beider Geschlechter mit präziser Feder in hundert sich kreuzenden Strichen glücklich
5 zu entwirren, die körperlichen Inzuchtschäden, den überdehnten Kopf, die geschwellte Unterlippe im tief liegenden Kinn als gesundes Ursein zu verteidigen, diese Aufgaben mag sich ein Freund der Heimatgeschichte stellen, der sich um eine
10 innige Kenntnis seiner Vorfahren bemüht. Trotzdem wäre es in allem vertane Zeit die Geschichte der Eschberger Bauern zu beschreiben, das armselige Einerlei ihres Jahreslaufs, ihre bösen Händel, ihren absonderlich fanatischen
15 Glauben, ihren nicht zu übertreffenden Starrsinn gegen die Neuerungen von draußen, hätte nicht zu Beginn des 19. Jahrhunderts ausgerechnet das Geschlecht der Alder ein Kind mit einer so hohen Musikalität hervorgebracht, die im
20 wahren Sinn des Wortes unerhört war und, wie es scheint, im Vorarlbergischen auch nicht wieder gehört werden wird. Ein Kind mit Namen Johannes Elias.
Die Beschreibung seines Lebens ist nichts als die
25 traurige Aufzählung der Unterlassungen und Versäumnisse all derer, welche vielleicht das große Talent dieses Menschen erahnt haben, es aber aus Teilnahmslosigkeit, schlichter Dummheit oder wie jener Cantor Goller, Domorganist zu Feldberg (dessen Gebeine exhumiert und in
30 alle Windesrichtungen verstreut werden sollten, auf dass sein Leben am Tag der Sieben Posaunen nicht wieder zu sich finde), aus purem Neid verkommen ließen. Es ist eine Anklage wider Gott, dem es in seiner Verschwenderlaune gefallen
35 hatte die so wertvolle Gabe der Musik ausgerechnet über ein Eschberger Bauernkind auszugießen, wo er doch hätte absehen müssen, dass es sich und seine Anlage in dieser musiknotständigen Gegend niemals würde nutzen und voll-
40 enden können. Überdies gefiel es Gott den Johannes Elias mit einer solchen Leidenschaft nach der Liebe auszustatten, dass davon sein Leben vor der Zeit verzehrt wurde.
Gott schuf einen Musikanten, ohne dass dieser
45 auch nur einen einzigen Takt auf Papier setzen durfte, denn er hatte das Notenhandwerk nie erlernen können, sosehr er sich danach gesehnt hatte. Die Menschen aber vollendeten in ihrer himmlischen Einfalt diesen – wir wollen es nicht
50 anders bezeichnen – satanischen Plan.
Als uns das bestürzende Schicksal des Johannes Elias Alder zu Ohren kam, da wurden wir still und dachten: Welch prachtvolle Menschen, Philosophen, Denker, Dichter, Bildner und Musiker
55 muss die Welt verloren haben, nur weil es ihnen nicht gegönnt war, ihr genuines Handwerk zu erlernen. Und wir spannen fort, dass Sokrates nicht der höchste Denker, Jesus nicht der größte Liebende, Leonardo nicht der trefflichste Bildner
60 und Mozart nicht der vollkommenste Musiker sein konnte, dass vollends andere Namen den Gang dieser Welt bestimmt hätten. Da trauerten wir um diese unbekannten, diese geborenen und doch zeitlebens ungeborenen Menschen. Johan-
65 nes Elias Alder war einer von diesen.

(Aus: Robert Schneider: Schlafes Bruder. Roman. Reclam-Bibliothek 3001. Einmalige Sonderausgabe. Reclam Verlag: Leipzig 1998, S. 12–14)

1 „Da trauerten wir um diese unbekannten, diese geborenen und doch zeitlebens ungeborenen Menschen …"
Erläutern und interpretieren Sie diesen Satz.
2 Welche Faktoren können nach Robert Schneider dazu führen, dass Anlagen entwickelt werden können, welche Faktoren behindern die Entwicklung?
3 Sind die bei Robert Schneider anzutreffenden Überlegungen plausibel?
Suchen Sie nach Beispielen aus Ihrem eigenen Erfahrungsbereich und setzen Sie diese in Beziehung zu Schneiders Gedanken.

(Aus: Gesellschaft für Religionspädagogik e. V. Villigst. Freiräume. Cornelsen: Berlin 1994, S. 15)

2.1.2 Deutschunterricht und Pädagogikunterricht – Abgrenzung und Kooperation

Literatur im Fach Erziehungswissenschaften? So unerlässlich und bereichernd Auszüge aus literarischen Werken sein können, es stellt sich doch die Frage nach dem sinnvollen Umgang im Pädagogikunterricht.

- Im Deutschunterricht wie im Pädagogikunterricht wird ohne Unterschied auf der Beschreibungsebene der Textinhalt erarbeitet, und zwar durch die Erfassung der sprachlich vermittelten pädagogischen Momente und der Pädagogisches vermittelnden sprachlichen Eigentümlichkeiten.
- Der erschlossene Gegenstand Sprache wird im Deutschunterricht durch Einordnung in sprach- und literaturtheoretische Zusammenhänge fachspezifisch durchdacht.
  Deswegen gewinnt der Deutschunterricht auf dieser zweiten Ebene an Eigenständigkeit. Weil das Sprachprodukt aber von einem pädagogischen Inhalt bestimmt wird, ist die Verbindung zum Pädagogikunterricht auf dieser Ebene bisweilen sachlich notwendig.
- Der erschlossene pädagogische Sachverhalt wird im Pädagogikunterricht durch Einordnung in erziehungstheoretische Zusammenhänge fachspezifisch durchdacht. Deswegen gewinnt der Pädagogikunterricht auf dieser Ebene an Eigenständigkeit. Weil der konkrete pädagogische Sachverhalt aber sprachlich vermittelt wird, ist die Verbindung zum Deutschunterricht auf dieser Ebene bisweilen sachlich notwendig.
- Der Deutschunterricht behandelt auf der wissenschaftspropädeutischen Ebene den vorliegenden Gegenstand Sprache im Zusammenhang mit den Literatur- und Sprachwissenschaften mit Thematisierung und Problematisierung der Interpretationsmethoden.

- Der Pädagogikunterricht behandelt auf der wissenschaftspropädeutischen Ebene das vorliegende Beispiel einer pädagogischen Thematik im Zusammenhang erziehungswissenschaftlicher Fragestellungen mit Thematisierung und Problematisierung der Methode und Nachbardisziplinen. Auf dieser dritten Ebene muss von der Eigenständigkeit der Fächer ausgegangen werden.

(Aus: Heinrich Kreis: Deutschunterricht und Pädagogikunterricht, in: Rudolf Hülshoff, Udo von der Burg, Heinrich Kreis (Hrsg.): Pädagogikunterricht: Abgrenzung und Kooperation. Pädagogischer Verlag Schwann: Düsseldorf 1981, S. 32–33)

2.1.3 Sten Nadolny, Die Entdeckung der Langsamkeit – Oder: Das Ziel im Blick Ⓡ

Der 1942 geborene Schriftsteller Sten Nadolny hat auf den ersten Blick einen Seefahrerroman, einen Roman über das Abenteuer und die Sehnsucht danach verfasst. Aber der Roman ist zugleich ein Entwicklungsroman. Er behandelt vordergründig die Biografie des englischen Nordpolforschers und Seefahrers John Franklin (1786–1847). Doch seine Lebensbeschreibung wird zu einer hintergründigen Studie über die Zeit: die Langsamkeit als eine Kunst, dem Rhythmus des Lebens Sinn zu verleihen …

John Franklin war schon zehn Jahre alt und noch immer so langsam, daß er keinen Ball fangen konnte. Er hielt für die anderen die Schnur. Vom tiefsten Ast des Baumes reichte sie herüber bis in seine emporgestreckte Hand. Er hielt sie so gut ⁵ wie der Baum, er senkte den Arm nicht vor dem Ende des Spiels. Als Schnurhalter war er geeignet wie kein anderes Kind in Spilsby oder sogar in Lincolnshire. Aus dem Fenster des Rathauses sah der Schreiber herüber. Sein Blick schien anerken- ¹⁰ nend. (…)
„Tranfunzel", hörte John sagen. Tom Barker stand vor ihm, beobachtete ihn durch halb geschlossene Augen und zeigte die Zähne. „Laß ihn!", rief der kleine Sherard dem schnellen Tom ¹⁵ zu, „der kann doch nicht wütend werden!" Aber das wollte Tom eben herausfinden. John hielt die Schnur wie zuvor und sah Tom ratlos ins Auge.

Der redete nun mehrere Sätze, so rasch, daß kein
Wort zu verstehen war. „Verstehe nicht", sagte
John. Tom deutete auf Johns Ohr, und weil er
schon so nahe dran war, packte er es und zog am
Ohrläppchen. „Was soll ich?", fragte John. Wieder viele Worte. Dann war Tom weg, John versuchte sich umzudrehen, obwohl ihn jemand
festhielt. „Laß doch die Schnur los!", rief Sherard. „Ist der blöd!", schrien die anderen. Jetzt
traf der schwere Ball gegen Johns Kniekehlen. Er
fiel um wie eine zu steil gestellte Leiter, erst langsam und dann mit Wucht. Von der Hüfte und
vom Ellenbogen her breitete sich Schmerz aus.
Tom stand wieder da, nachsichtig lächelnd.
Halblaut sagte er, ohne den Blick von John abzuwenden, etwas zu den anderen, wieder mit dem
Wort „schläft". John brachte sich wieder in die
Höhe, die Schnur immer noch in der emporgestreckten Hand, daran wollte er nichts ändern.
Vielleicht stellte sich die vorige Lage wie durch
ein Wunder wieder her, und was dann, wenn er
die Schnur hatte sinken lassen. Die Kinder kicherten und lachten, es klang wie Federvieh.
„Hau ihm mal eine rein, dann wacht er auf!"
„Der tut nichts, der glotzt nur." Dazwischen
stand immer irgendwo Tom Barker und sah unter den gesenkten Wimpern hervor. John mußte
seine Augen weit aufreißen, um alles im Blick zu
behalten, denn der andere wechselte ständig den
Standort. Behaglich war das nicht, aber weglaufen wäre feige gewesen, auch konnte er gar nicht
rennen und außerdem hatte er nicht die geringste Angst. Schlagen konnte er Tom aber nicht.
Blieb also nur übrig, ihm nachzugehen. Ein
Mädchen rief: „Wann läßt der endlich die
Schnur los?" Sherard versuchte Tom festzuhalten, aber er war zu klein und zu schwach.
Während John das noch zu sehen meinte, zog
ihn jemand von hinten an den Haaren. Wie war
Tom dorthin gekommen, da fehlte schon wieder
ein Stück Zeit. Er drehte sich um, stolperte, und
auf einmal lagen sie alle beide am Boden, denn
Tom war mit dem Bein in die Schnur verheddert,
und die hielt John jetzt wieder fest. Tom wandte
sich um und stieß John die Faust gegen den
Mund, kam wieder frei und tauchte weg. John
fühlte, daß in der oberen Zahnreihe einer
wackelte. Das war der Friede nicht! Er tappte
energisch hinter Tom her wie eine ferngelenkte

Puppe. Nutzlos fuhrwerkte er mit den Armen, als
wolle er den Feind nicht schlagen, sondern fortwedeln. Einmal hielt ihm Tom das Gesicht richtig hin mit höhnischer Miene, aber Johns Hand
blieb in der Luft stehen wie gelähmt, wie das
Denkmal einer Ohrfeige. „Der blutet ja!" „Geh
doch nach Hause, John!" Den Kindern wurde es
peinlich. Auch Sherard mischte sich wieder ein:
„Der kann sich doch nicht richtig wehren!" John
ging weiter hinter Tom her und angelte nach
ihm, aber ohne Überzeugung. Sie waren vielleicht nicht alle gegen ihn, auch wenn sie lachten und gespannt zusahen, aber einen Moment
lang konnte John nicht mehr einsehen, warum
die Gesichter von Menschen so aussahen: fletschende Zähne, seltsam geweitete Nasenlöcher,
auf- und zuklappende Augenlider, und einer
wollte immer noch lauter sein als der andere.
„John ist wie eine Hobelbank", rief einer, vielleicht Sherard, „wenn er einen packt, dann hält
er ihn fest!" Aber eine Hobelbank kriegt keinen,
der sich dünn macht. Es wurde langweilig.
Tom ging einfach weg, hoheitsvoll und nicht zu
rasch, von John gefolgt, soweit die Schnur reichte. Dann gingen die anderen. Sherard sagte noch
tröstend: „Tom hat Angst gekriegt!"
Die Nase war verkrustet und schmerzte. Zwischen Daumen und Zeigefinger hielt er den
Milchzahn, nach dem die Zunge in der Lücke
noch vergebens tastete. Der Kittel war blutig.
„Guten Tag, Mr. Walker!" Der alte Walker war
längst vorüber, als John das herausbrachte.
Im Auge hatte er jetzt wieder eine interessante
Schliere, wenn er sie ansehen wollte, wich sie
aus. Guckte er aber weg, rückte sie nach. Dieses
Hin- und Herrücken mußte die Art sein, wie das
Auge sich überhaupt bewegte. Es sprang von
Punkt zu Punkt, aber nach welcher Regel? John
legte einen Finger auf das geschlossene Lid des
rechten Auges und durchforschte mit dem linken die High Street von Spilsby. Er spürte, wie das
Auge weiterzuckte, immer Neues erfassend, zuletzt den Vater am Fenster, und der sagte: „Da
kommt ja der Schwachkopf!" Vielleicht hatte er
Recht: Johns Hemd war zerrissen, sein Knie aufgeschunden, der Kittel voll Blut, und er stand vor
dem Marktkreuz, glotzte und befühlte sein Auge.
Das mußte Vater kränken. „Deiner Mutter das
anzutun!", hörte John, und dann kamen schon

die Prügel. „Tut weh!", stellte John fest, denn der
Vater mußte ja wissen, ob seine Anstrengungen
Erfolg hatten. Der Vater meinte, er müsse seinen
120 Jüngsten ordentlich verdreschen, damit er auf-
wache. Wer nicht kämpfen und sich nicht ernähren konnte, fiel der Gemeinde zur Last, das
sah man an Sherards Eltern, und die waren nicht
einmal langsam. Vielleicht Spinnarbeit, viel-
125 leicht mit krummem Rücken auf dem Feld. Vater
hatte sicher Recht.
Im Bett sortierte John die Schmerzen des Tages.
Er liebte die Ruhe, aber man mußte eben auch
das Eilige tun können. Wenn er nicht mitkam,
130 lief alles gegen ihn. Er mußte also aufholen. John
setzte sich im Bett auf, legte die Hände auf die
Knie und wühlte mit der Zunge in der Zahnwun-
de, um besser nachdenken zu können. Er mußte
jetzt Schnelligkeit studieren wie andere Men-
135 schen die Bibel oder die Spuren des Wildes. Eines
Tages würde er schneller sein als alle, die ihm
jetzt noch überlegen waren. Ich möchte richtig
rasen können, dachte er, ich möchte sein wie die
Sonne, die zieht nur scheinbar langsam über den
140 Himmel! Ihre Strahlen sind schnell wie ein Blick
des Auges, sie erreichen frühmorgens auf einen
Schlag die fernsten Berge. „Schnell wie die
Sonne!", sagte er laut und ließ sich in die Kissen
zurückfallen.
145 Im Traum sah er Peregrin Bertie, den steinernen
Lord von Willoughby. Der hielt Tom Barker fest
gepackt, damit er John zuhören musste. Tom
kam nicht frei, seine Raschheit reichte nur für
ein paar winzige Bewegungen. John sah ihm ei-
150 ne Weile zu und überlegte sich immer wieder
von neuem, was er ihm sagen könnte.

1 **Überlegen Sie, wie die weitere Entwicklung
der Fähigkeiten von John Franklin wohl aussehen könnte. Legen Sie Ihre Gedanken
schriftlich nieder.**
2 **Vergleichen Sie nun Ihre Überlegungen mit
den Schilderungen von Sten Nadolny in der
folgenden Textpassage.**

Viele Jahre später:
Im Januar 1845 erhielt John Franklin einen Brief
des Premierministers. Er möge auf eine kleine
155 Unterhaltung vorbeikommen: Freitag um elf,
Downing Street Nr. 10.

Jane meinte: „Also jedenfalls glaube ich nicht,
daß er Geld in Tasmanien anlegen will."
„In meiner ganzen Laufbahn", sagte Sir Robert
Peel, „habe ich keinen getroffen, der so rührige 160
Freunde hatte. Ihre Geschichte kenne ich jetzt in
fünf Versionen – alle für Sie schmeichelhafter als
für Lord Stanley." Er lachte und wippte auf den
Fußballen. „Ich wußte aber schon einiges über
Sie und vielleicht Wichtigeres. Dr. Arnold in 165
Rugby ist ein Bekannter von mir." John verneig-
te sich und hielt es für besser, zustimmend zu
schweigen. Noch wußte er nicht, was Sir Robert
von ihm verlangen würde, wenn er zu Ende ge-
wippt hatte. 170
„Um es gleich zu sagen: ich möchte Lord Stan-
leys Amtsführung nicht kommentieren", sagte
Peel, „ich könnte es auch gar nicht, denn er fängt
alle Dinge anders an als ich. Von Geburt an."
Um seinem Gegenüber nicht zu lange in die Au- 175
gen zu starren, senkte John den Blick, aber nur
bis zu der hellen Schleife, die den steifen Kragen
zusammenhielt. Dieser Kragen saß so eng, daß
die Ecken dem Minister ständig in die Wangen
stachen. Das vermehrte den selbstquälerisch- 180
korrekten Eindruck ebenso wie die viel zu engen
langen Hosen. Sie mochten eine schöne Gestalt
noch verschönern, aber Peels kurze Beine wurden durch sie noch kürzer. John begann ihn irgendwie zu mögen. „Mir ist nun nahegelegt wor- 185
den", fuhr Peel fort, „Sie der Königin für eine
Erhebung" – er stellte sich auf die Fußballen –
„zum Baronet vorzuschlagen. Nur wäre das ein
Affront gegen Lord Stanley und kommt auch aus
anderen Gründen nicht in Frage. Ich sehe eine 190
bessere Möglichkeit. Setzen wir uns!"
Er ist mir nicht unähnlich, dachte John. Für ihn
ist Ordnung keine Selbstverständlichkeit. Er hat
das Chaos im Kopf und muß sich schrecklich an-
strengen. Ein Bürgerlicher. Mühsam hat er sich 195
seinen eigenen Rhythmus erkämpft. Ich habe einen Bruder gesucht mein Leben lang – vielleicht
ist er wenigstens ein Vetter.
„Ich habe Ihre Schrift zur Schulgründung gelesen", sagte Peel. „Dr. Arnold gab sie mir in Ox- 200
ford. Langsamer Blick, starrer Blick, Panorama-
blick, ausgezeichnet! Der Gedanke der Toleranz,
aufgebaut auf der Verschiedenheit der individuellen Geschwindigkeit oder Geschwindigkeits-
phasen – sehr einleuchtend. Über die Schule sind 205

wir einig. Lernen und Sehen sind wichtiger als Erziehung. Ich habe zur Zeit ständig mit sendungsbewußten Erziehern zu tun, Anglikanern, Methodisten, Katholiken, Presbyterianern. Gemeinsam ist allen: Sehen spielt keine Rolle, der gottgefällige Charakter ist alles."

John fühlte sich erwärmt von so viel zustimmenden Worten. Noch immer blieb er wachsam. Als Theoretiker gelobt zu werden war nicht alles, was sich ein Praktiker wünschte.

„In die Schule muß mehr vom Geist unserer Navigatoren hinein", sagte Peel, „und weniger von dem der Prediger." Er zog die Uhr aus der Westentasche und hielt sie sich zum Ablesen an die rechte Kniescheibe. Weitsichtig also. John hatte schon davon gehört. „Um es kurz zu machen, Mr. Franklin: ich will eine neue Institution schaffen, einen Königlichen Beauftragten für Erziehung. Damit kann ich den vielen pädagogischen Ansprüchen entgegenkommen und sie zugleich im Schach halten. Die neue Stelle soll unter anderem für den Kinderschutz und die Einhaltung der Arbeitszeitbestimmungen zuständig sein. Sie soll Vereinheitlichungspläne prüfen und jährlich einen umfassenden Bericht über alle Schulen und die Lage der Jugend vorlegen. Dafür brauche ich jemanden, der nichts überstürzt, der keine persönlichen Ziele verfolgt, keine religiösen und weltverbessernden Interessen vertritt und sich unbeirrbar zeigt von Geschrei. Es muß einer sein, der einen guten Ruf und Integrität besitzt und dessen Ernennung nicht von einer der religiösen Gruppen als Provokation aufgefaßt werden kann. All das trifft auf Sie zu, Mr. Franklin!"

John merkte, daß er rot wurde, und gab sich Mühe, seiner Freude nicht ganz nachzugeben. Dieser Peel schien, wie er, aus eigener Notwendigkeit die Langsamkeit entdeckt zu haben. Er war offenbar bereit, ihr Geltung zu verschaffen. John meinte wie durch eine Wand ins Freie zu treten. Die Utopien seines Lebens waren wieder gegenwärtig: Kampf gegen unnötige Beschleunigung, sanfte, allmähliche Entdeckung der Welt und der Menschen. Eine sprechende Säule schien sich aus der Mitte des Meeres zu erheben, er sah Maschinen und Einrichtungen vor sich, die nicht der Ausnutzung, sondern dem Schutz der individuellen Zeit dienten, Reservate für

Sorgfalt, Zärtlichkeit, Nachdenken. Auch schienen ihm Schulen möglich, in denen nicht mehr das Leben unterdrückt und die Unterdrückung gelehrt wurde. Es gab kaum ein mächtigeres Reich als das britische, kaum einen mächtigeren Mann als dessen Premierminister und keinen angeseheneren als Robert Peel. Wenn dieser ein Bruder war …

„Lassen Sie sich Zeit mit Ihrer Antwort", sagte Peel und hielt abermals die Uhr ans Knie. „Und schweigen Sie darüber noch zu jedermann. Wenn Ashley von der Sache Wind bekäme …"

John wurde wieder wachsam. Lord Ashley, der Earl von Shaftesbury? Das war doch der, der für die Abschaffung der Kinderarbeit kämpfte. John nahm sich ein Herz und fragte: „Viel durchsetzen soll ich wohl nicht?"

„Wir haben uns vollkommen verstanden", antwortete der Premier. „Es geht darum, mit großer Würde auf der Stelle zu treten. Plötzliche Änderungen gerade auf diesem Gebiet würden viele Gefahren heraufbeschwören – aber wem sage ich das!"

„Sie brauchen jemanden, der für alles zuständig ist, aber nicht viel tut", überlegte John und stand auf. Sollte er die Augen zumachen und dem faulen Angebot zustimmen? Auszahlen würde es sich natürlich. Er ging zum Fenster. Trotz Peels spürbarer Ungeduld dachte er ausgiebig nach. Dann wandte er sich um: „Sie haben mir das Richtige angeboten, Sir Robert, aber aus den verkehrten Gründen und zum falschen Zweck. In der Tat, wir sollten darüber zu jedermann schweigen." Damit verbeugte er sich und ging.

Zum ersten Mal in seinem Leben brauchte John über alles Weitere nicht lange nachzudenken. Er ging direkt zur Admiralität und ließ den erstaunten Barrow wissen, daß er ab sofort wieder für ein seemännisches Kommando zur Verfügung stehe.

(Aus: Sten Nadolny: Die Entdeckung der Langsamkeit. Roman. 29. Auflage. Piper Verlag: München 1998, S. 9, 14–17 und 337–340)

1 Welche Entwicklung hat John Franklin durchgemacht? Wie kann diese bewertet werden?

2 Diskutieren Sie die angesprochenen pädagogischen Theorien zum Lernen und zur Entwick-

Einerseits scheint es, als ob mit der Beschleunigung der Informationsverbreitung und des Lebenstempos auch das Denken der Menschen sich beschleunigen müsse. Wenn allein in erhöhter
5 Geschwindigkeit der Informationsverarbeitung schon eine intelligente Anpassungsleistung läge, müssten wir in der Tat zu Schnelldenkern mutieren. Die wachsende Bedeutung des kritischen Denkens belegt andererseits, dass in der Ver-
10 langsamung von Erkenntnis- und Entscheidungsprozessen der Zugewinn an Intelligenz liegt. Die Prüfung von Angeboten oder die Analyse von Problemen braucht Zeit. Neben dem sorgfältigen kritischen Denken wird deshalb ei-
15 ne weitere Teilintelligenz immer bedeutsamer: das „langsame", intuitive Denken. Wir haben im Laufe der Evolution unterschiedlich schnelle, parallel zueinander arbeitende Erkenntnisprozesse entwickelt:
20 • Unser „sinnlicher Verstand" ist vorbewusst, instinktiv und besonders reaktionsschnell, er beinhaltet die Informationssysteme unserer fünf Sinne und sichert in vielen Situationen automatisch das richtige Ver-
25 halten.
• Was wir gemeinhin als das eigentliche, rationale Denken ansehen, also das Analysieren, Abwägen, Kalkulieren, Überlegen und Urteilen, ist der Denkmodus, in dem
30 wir am häufigsten „arbeiten". Von diesem Denkstil erwarten wir, dass er die meisten unserer Probleme lösen kann.
Neben diesen beiden existiert ein dritter Modus des Welterkennens und der Wissenverarbeitung:
35 das „Lernen und Denken durch Osmose", wie es der Psychologe Guy Claxton nennt.
Diese langsame, planlose und unbewusst arbeitende Form der Intelligenz ist heute ins Hintertreffen geraten – denn sie setzt all das voraus, was
40 wir uns nicht mehr leisten können: Zeit, Muße, Entspannung, Meditation, scheinbar absichtsloses Sinnieren und Träumen.
Keine dieser drei Denk- und Lernformen ist der anderen überlegen, wir brauchen alle drei glei-

chermaßen, und am effektivsten denken wir, 45 wenn sie sich ergänzen.
Langsames Denken ist die intuitive, osmotische Aufnahme von Informationen am Rande unseres Weges. Wir haben uns angewöhnt dieser Erkenntnisform zu misstrauen, obwohl sie gerade 50 in verzwickten, scheinbar unlösbaren Situationen oft die wertvollsten Dienste leistet. Die unbewusste Intelligenz, wie man sie auch nennen könnte, ist in hohem Maße kreativ, weil sie über Unmengen von „beiläufig" gespeicherten Infor- 55 mationen verfügt – und sie liefert erstaunlich praktische Lösungen.
Das bewusste Denken ist ungeduldig. Es strebt nach schnellstmöglichen Erklärungen und Lösungen. Der rastlose Intellekt sucht ungeduldig 60 nach Daten, noch mehr Daten – und drängt auf schnelle Ergebnisse, egal welche ...Sichtbare „Taten" sollen am Ende des Denkprozesses stehen.
Das osmotische Denken dagegen versenkt sich 65 in den „Stoff" und wartet ab, bis sich allmählich – „wie von selbst" – die unterschiedlichen Erfahrungen sortieren und ein Verständnis auftaucht.

(Aus: Heiko Ernst: Was wir morgen können müssen, in: Psychologie heute, April 1999, S. 23/24)

2.1.4   Robert Fulghum, Mit einem Lächeln leben lernen – Oder: Ein guter Ausgang …

Robert Fulghum lebt als freier Schriftsteller in den USA. In seinem Buch „Mit einem Lächeln leben lernen" geht es ihm um „ungewöhnliche Betrachtungen über gewöhnliche Dinge".

Aus den schluchtartigen Gängen eines Supermarktes ertönt etwas, das sich anhört wie ein kleineres Busunglück, gefolgt von Fliegeralarm. Wenn Sie hinter den mit Mopp und Besen bewaffneten Lehrjungen herliefen, würden Sie 5 zu einem jungen Vater, seinem dreijährigen Sohn, einem umgekippten Einkaufswagen und einem großen Teil des Konservenregals kommen – alles in einem großen Haufen auf dem Boden. 10
Das Kind, das auf einer Plastiktüte mit reifen Tomaten sitzt, erlebt, was sich hübsch als „er-

(Fee Schlapper: Gegenüberstellung. Porträts über die Zeit 1960–1984, in: Klaus Honnef, Zeit-Sprung. Fotografie im Zeit-vergleich: Kempe, Schlatter, Relang, Bönsel. Edition Marzona: Stadt Leinfelden-Echterdingen 1989, Düsseldorf 1989)

(Emotifs, © D. Logan/ H. Armstrong Roberts, 1988)

heblicher Flüssigkeitsverlust" bezeichnen ließe. Tränen, eine laufende Nase, Blut, das aus einem 15 kleinen Kratzer an der Stirn quillt, und Speichel, der aus dem weit geöffneten Mund rinnt; und dazu ein Geschrei, das einen Hund unters Bett jagen würde. Das Kind hat sich zudem die Hose nass gemacht und wird sich wahrscheinlich 20 übergeben, bevor diese kleine Tragödie den Tiefpunkt erreicht. Es hat diesen „Vorsicht, es kommt!"-Blick eines Kindes im Vorkotz-Stadium. Der kleine See von Konservensäften, der das Kind umgibt, macht der „Supermarktambulanz", die gerade am Unfallort eintrifft, die Rettung nicht leichter. 25

Das Kind ist nicht verletzt. Und der Vater hat Erfahrung mit der Nutzlosigkeit des Hör-auf-zu-brüllen-oder-ich-schmier-dir-eine-Syndroms und bleibt angesichts der Katastrophe bemerkenswert ruhig und gelassen. 30

Der Vater ist still, weil er daran denkt, von zu Hause zu türmen. Jetzt gleich. Einfach losgehen, ins Auto steigen, fortfahren, irgendwo nach Süden, seinen Namen ändern, sich einen Job als 35 Zeitungsverkäufer oder als Koch in einem die ganze Nacht über geöffneten Lokal suchen. Etwas – irgendwas –, wo er nichts mit Dreijährigen zu tun hat.

40 Sicher, eines Tages findet er das alles vielleicht amüsant, aber im geheimsten Winkel seines Herzens bedauert er, dass er Kinder hat; er bedauert geheiratet zu haben, bedauert erwachsen geworden zu sein, und vor allem anderen bedauert er,
45 dass er diesen eigenwilligen Sohn nicht gegen ein funktionierendes Modell eintauschen kann. Er will und kann all das niemandem sagen, niemals, aber es ist da und es ist nicht lustig. Der Lehrjunge und der Geschäftsführer und die
50 versammelten Zuschauer – sie alle sind schrecklich verständnisvoll und tröstend. Später sitzt der Vater auf dem Parkplatz in seinem Auto und hält das schluchzende Kind in den Armen, bis es einschläft. Er fährt nach Hause und trägt das
55 Kind in sein Bettchen und deckt es zu. Der Vater betrachtet das schlafende Kind lange Zeit. Der Vater türmt nicht von zu Hause.

15 Jahre später:

60 Derselbe Mann geht in meinem Wohnzimmer auf und ab, abwechselnd hemmungslos fluchend und weinend. In seiner Hand die Überbleibsel eines Briefes, der mehrmals zerknüllt und wieder auseinander gefaltet wurde. Der Brief
65 ist von seinem inzwischen achtzehnjährigen Sohn. Dem Stolz seines Vaters – vielmehr war er das bis zu heutigen Post. Der Sohn schreibt, er hasse den Vater und wolle ihn nie wieder sehen. Er werde von zu Hause ab-
70 hauen. Wegen seines schrecklichen Vaters. Der Sohn denkt, er habe als Vater versagt. Der Sohn denkt, der Vater sei ein Trottel. Was der Vater in diesem Augenblick von dem Sohn denkt, ist etwas unzusammenhängend,
75 aber es ist nichts gerade Nettes. Draußen ist ein herrlicher Tag, der erste Frühlingstag. Aber drinnen ist es mehr wie Apocalypse Now. Der alte graue Geist des Ödipus ist soeben durch sein Leben gestampft und der Mann
80 hat den ersten Tag eines neuen Stadiums seines Vaterseins erlebt. Eines Tages – eines fernen Tages – wird er vielleicht sogar hierüber lachen. Im Augenblick kennt er nur Schmerz. Er ist wirklich ein guter Mensch und ein prima
85 Vater. Die Beweise dafür sind überwältigend.

Und der Sohn ist ebenfalls erste Sahne. Ganz der Vater, heißt es.
„Warum passiert mir so was?", brüllt der Vater die Zimmerdecke an.
90 Nun, er hatte eben einen Sohn. Das sagte alles. Und es hatte keinen Zweck es ihm an dieser Stelle erklären zu wollen. Er musste es erst einmal selbst durchleben. Die Einsicht würde später kommen. Vorerst hieß es, einfach wie ein Esel im
95 Hagelschauer stehen und es über sich ergehen lassen.

Weitere 12 Jahre später:

Derselbe Mann und derselbe Sohn. Der Sohn
100 ist jetzt achtundzwanzig, verheiratet, hat selbst einen dreijährigen Sohn, Haus und Karriere mit allem Drum und Dran. Der Vater ist fünfzig. Dreimal wöchentlich sehe ich sie morgens gegen sechs zusammen joggen. Wenn sie eine belebte
105 Straße überqueren, sehe ich den Sohn in beide Richtungen blicken, eine Hand am Arm seines Vaters, um ihn vor Schaden zu schützen. Ich höre sie lachen, wenn sie hügelan in den Morgen hineinlaufen. Und wenn sie heimwärts sprinten,
110 läuft der Sohn nicht voraus, sondern im Tempo seines Vaters neben ihm her. Sie mögen sich sehr. Das sieht man. Sie sind sehr besorgt um einander – sie haben viel zusammen durchgemacht, aber jetzt ist alles gut.
115 Eine ihrer Lieblingsgeschichten heißt: Weißt du noch, damals im Supermarkt …

Heute:

Und dies ist eine immer während Geschichte.
120 Sie wurde tausende Male durchlebt über fünftausend Jahre hinweg und die Literatur ist voll von Beispielen – einschließlich jenes von Ödipus –, in denen sie tragisch ausgegangen ist. Die Söhne gehen fort, brechen alle Brücken hinter sich ab
125 und werden nie wieder gesehen. Doch manchmal (in den meisten Fällen, vermute ich) kommen sie von selbst zurück und schließen ihre Väter in die Arme. Auch dieser Ausgang ist uralt. Der Vater des verlorenen Sohnes könnte es Ih-
130 nen erzählen.

(Aus: Robert Fulghum: Mit einem Lächeln leben lernen. Ungewöhnliche Betrachtungen über gewöhnliche Dinge. Aus dem Amerikanischen von Margarete Längsfeld. Goldmann Verlag: München 1989, S. 80–83)

1 Welche Einsichten über Entwicklung und Lernen will Robert Fulghum in seiner Erzählung vermitteln? Können Sie zustimmen?

2 Wie sehen Sie selbst die Rolle von Vater und Sohn?

2.2 Das Modell psychosozialer Entwicklung nach Erik H. Erikson

Erik H. Erikson wurde 1902 in Deutschland geboren. Die von ihm erarbeitete Modellvorstellung von der psychischen Entwicklung des Menschen kann als eine Weiterführung der von
5 Sigmund Freud begründeten psychoanalytischen Entwicklungslehre verstanden werden, die sich ausführlich mit der gefühlsmäßigen Entwicklung speziell im Kindesalter befasst. Erikson richtet sein Erkenntnisinteresse jedoch weit über
10 das Kindesalter hinaus: Er entwirft ein Entwicklungsmodell mit insgesamt 8 verschiedenen Stadien, die von der Kindheit bis ins hohe Alter reichen und in denen jeweils ganz spezielle „Entwicklungsaufgaben" zu bewältigen sind.
15 In der Arbeit, die Erikson als Psychoanalytiker und Entwicklungspsychologe seit 1939 in den USA leistet, beschäftigt er sich besonders mit den Wechselwirkungen zwischen der individuellen Entwicklung einerseits und Strukturen der
20 gesellschaftlichen Umgebung andererseits: psychische und affektive Entwicklung versteht er demnach eng mit sozialen Komponenten verflochten. Die Aufgabenstellungen in den verschiedenen Lebensabschnitten beinhalten des-
25 halb stets sowohl affektive als auch soziale Momente, z. B. ist das im Säuglingsalter zu entwickelnde Urvertrauen an den gefühlsmäßigen Austausch mit der Bezugsperson gebunden, das Kind erwirbt sich damit jedoch eine Stabilität,
30 die das ganze Leben über „tragen" kann.
Gegenstand und Grundlage der Arbeiten von Erikson sind zum einen individuelle Fallgeschichten, d. h. Beobachtungen, die er in langen psychotherapeutischen Behandlungen machte
35 und aus denen er Rückschlüsse zog. Außerdem führte er an Kindern in den ersten Lebensjahren direkte Beobachtungen durch.
Mithilfe seines Ansatzes kann aufgezeigt werden, welche Entwicklungsschritte zu bewältigen sind
und in welche Richtung sie möglichst führen 40 sollten. Von besonderer Bedeutung erscheint darüber hinaus, dass Erikson – vor allem in seinen späteren Werken – sein Entwicklungsverständnis nicht allein auf Kindheit und Jugend einschränkt, sondern dass er davon ausgeht, dass 45 sich Menschen über den gesamten menschlichen Lebenslauf hinweg verändern und entwickeln können und dass sich diese Entwicklungen stets in Auseinandersetzung des Einzelnen mit seiner Umwelt vollziehen. 50

2.2.1 Hinführung: Interview mit einem jugendlichen Mörder

Das Interview, das von Volker Göhrum durchgeführt wurde, lässt einen jugendlichen Mörder nach Entlassung aus zehnjähriger Haft zu Worte kommen. Dessen Straftat dürfte mithilfe der Entwicklungstheorie von Erikson eine mögliche Deutung erfahren, die für Pädagogen bedenkenswerte Schlussfolgerungen enthält.

Hast du deiner Mutter nie vorgeworfen, dass sie dich allein gelassen hat, als du klein warst?
Nein, dazu habe ich sie im Grunde genommen gefürchtet.
Gefürchtet, warum? 5
Das weiß ich nicht. Ich hatte manchmal dieses kindliche Zärtlichkeitsbedürfnis. Wo ein Junge einfach schmusen möchte, ein bisschen zur Mutter kommen möchte, den Kopf an ihre Schulter legen möchte und so, einfach von ihr in 10 den Arm genommen werden. Sie schubste mich immer zur Seite. Sie mochte das nicht.
Hat deine Mutter dich geschlagen?
Nein, nie.
Bist du von anderen geschlagen worden als Kind? 15
Nein, auch nicht.
Oder sonst bestraft, ins dunkle Zimmer gesperrt?
Nein, solche Geschichten eigentlich nie.
Ne, ich meine, das Blöde war einfach – wenn der Freund kam, dann bekam ich Geld in die Hand 20 gedrückt und dann konnte ich den ganzen Tag lang fegen und spielen, ins Kino gehen. Hatte ich unterwegs Hunger, dann wollte ich nach Hause, klingelte natürlich bei uns, dann musste ich im Flur warten, dann bekam ich ganz kurz und rasch 25

eben eine Butterstulle geschmiert und dann musste ich schon wieder aus der Wohnung. Ja und dann kam ich abends spät in der Nacht wieder nach Hause.

30 *Hast du deine Mutter gehasst?*
Mh – ja.
Hast du sie richtig gehasst?
Das war einfach ein ohnmächtiger, ein kindlicher Hass, der gleichzeitig auch noch etwas anderes war. Irgendwo liebte ich sie ja auch noch.
35 Das war das Idiotische an der Geschichte. Irgendwie war ich ja noch eifersüchtig. Irgendwo hasste ich ja auch noch ihre Freunde.
Was nanntest du damals Liebe?
40 Ja, eine ganz säuische, eine ganz höhnische Anhänglichkeit. Diese Frau, irgendwo musste sie doch meine Mutter sein. Irgendwo gehörte sie doch auch zu mir. […]
Du sagtest, du fürchtetest dich.
45 Ja.
Was war das Furchterregende?
Auf der einen Seite war sie eine Frau. Auf der anderen Seite war sie aber von einer Oberflächlichkeit, von einer Kälte, ihr Sohn war nur dann gut,
50 wenn Freunde zu ihr kamen, dann zeigte sie ihren Sohn, dann tätschelte sie ihm das Haar, gab sie ihm Süßigkeiten, nahm sie ihn mit, dann durfte er Eis essen oder so. Sobald wir aber wieder allein waren, dann war ich überflüssig. […]
55 Ja, es wurde eigentlich von Jahr zu Jahr schlimmer. Ich wurde immer überflüssiger. Ich habe sehr früh gewusst, dass meine Mutter eine Abtreibung vorgenommen hatte, weil sie mich einfach nicht haben wollte. Das ging irgendwie
60 schief und dann kam ich dennoch.
Was hat deine Mutter denn gemacht, als du da warst? Wie war sie zu dir in deiner ersten Lebenszeit?
Sie war ja gar nicht da. Ich bin in einer Privatklinik zur Welt gekommen und dann hat sie mich
65 gleich zu fremden Leuten gegeben. Dort wäre ich fast verhungert. Und als ich ein Jahr alt war, da wurde ich von meiner Großmutter, die in Schlesien lebte, entdeckt, die nahm mich dann sofort zu sich, weil sie ja vorher überhaupt keine Ahnung gehabt hatte, dass meine Mutter über-
70 haupt ein Kind hatte. […]
Und das vorherrschende Gefühl deiner Mutter gegenüber war Furcht?
Furcht? Wovor? Ich meine, einfach Ablehnung.

Ich meine, Furcht, unbewusst hergeleitet von dem
75 *Wissen, dass sie dich damals nicht haben wollte, von der Abtreibung her. Oder darf man das nicht so sagen?*
Ach, man könnte eigentlich so sagen. Irgendwo.
80 Die Furcht war wohl mehr auf meiner Seite. Furcht vor der Vernichtung.
Glaubtest du, sie würde immer noch versuchen dich wegzubringen?
Ja, richtig. Weggeben, irgend so etwas.
85 *Warum wolltest du denn so gerne bei ihr sein?*
Weiß ich nicht. Es gibt ja nicht die Stimme des Blutes, das ist ja Quatsch, aber ich hatte wohl bis zum 14. Lebensjahr die Sehnsucht nach ihr, die Anhänglichkeit des Kindes zur Mutter, weil ich
90 in einer Illusion lebte, eine Mutter müsse dann auch eine richtige Mutter sein.
Aber das wusstest du ja nun, dass sie das nicht war. Außerdem hattest du Furcht vor ihr. Dachtest du, dass sie dich umbringen könnte?
95 Ja, das habe ich später, bevor diese Geschichte passierte, völlig angenommen.
Hattest du Grund zu der Annahme?
Das hätte ich für möglich gehalten. Aus der heutigen Sicht ist es natürlich völliger Unsinn.
100 Damals hielt ich es für möglich, durchaus für möglich. Ich schlief sogar mit meinem Fahrtenmesser unter dem Kopfkissen und so.
Du dachtest, sie würde dich irgendwie umbringen.
Ja, ich dachte, vielleicht vergiften.
105 *Dagegen ist das Fahrtenmesser ja nicht genug.*
Das ist richtig. Sie stellte mir, wenn ich in den Betrieb ging, Essen hin und dieses Essen schien mir – von heute gesehen wahrscheinlich Unsinn – dieses Essen schien mir bitter zu schmecken.
110 Nach kurzem Kosten schüttete ich das immer wieder weg.
Und das Fahrtenmesser nahmst du, weil du dachtest, sie würde dich tätlich angreifen im Schlaf?
Einfach kommen, irgendwas, ich weiß nicht –
115 totschlagen – ich hatte keine Ahnung – ich weiß nicht – ich weiß nur, dass ich damals, was ich damals wirklich gedacht hatte, aber irgendwie konfuses Zeug oder so.

(Aus: Volker Göhrum: Interview mit einem jugendlichen Mörder nach der Entlassung aus 10-jähriger Haft. In: Volker Göhrum und Eberhard Röhm. Zur Strafe. Angst, Schuld, Recht krimineller Jugendlicher. Heft 6 MRU Modelle für den Religionsunterricht. Calwer Verlag: Stuttgart und Kösel-Verlag: München 1975, S. 4 f.)

1 Analysieren Sie das Interview im Blick auf die zum Ausdruck kommende Mutter-Sohn-Beziehung.
2 Wie ist die Beziehung nach Erik H. Erikson zu deuten? Erarbeiten Sie sich dazu die folgenden Textpassagen.

2.2.2 Grundlagen des Entwicklungsmodells von Erikson

Wegen der engen Anlehnung des Erikson-Modells an der Vorstellung von Entwicklung bei Freud greift die folgende Darstellung zunächst knapp die psychosexuelle Entwicklung nach Freud auf.

Freuds [...] Stufen der psychosexuellen Entwicklung umfassen aufeinander folgende Arten der Befriedigung instinktbedingter Stimulation unterschiedlicher Körperzonen: Mund, Anus und Genitalien. 5

• Die primitivste Stufe der psychosexuellen Entwicklung ist die *orale Phase,* in welcher der Mund die primäre Quelle der Befriedigung ist – durch Nahrungsaufnahme, Stimulation und Kontaktaufnahme mit der Umwelt. Säuglinge und Kleinkinder verbringen [...] einen großen Teil ihrer Zeit damit, an Dingen zu saugen, die keine Nahrung abgeben – am Daumen oder am Finger, an Spielsachen oder an anderen Gegenständen. 15

- In der *analen Phase,* die im Alter von zwei Jahren folgt, wird die Befriedigung zuerst durch das Ausscheiden der Exkremente und dann durch deren Zurückhalten erlangt.

20 Die sozialen Anforderungen der meisten Kulturen stehen in Konflikt mit der Freude, die das Kind sowohl am Prozess als auch an den Produkten der Ausscheidung hat. Die Anforderungen der Gesellschaft unterdrücken und

25 regulieren im Laufe der Zeit die Freude des Kindes an dieser Stimulationszone.

- Die *phallische Phase,* von etwa 3 bis 5 Jahren, richtet sich auf die Untersuchung und Stimulation des eigenen Körpers, besonders

30 des Penis oder der Klitoris. Der Theorie Freuds entsprechend, richtet sich die sexuel-

le Liebe des Kindes während dieser Phase auf den gegengeschlechtlichen Elternteil.

- Während der *Latenzphase,* von 6 Jahren bis zur Pubertät, wird Befriedigung durch die 35 Erkundung der Umwelt und die Entwicklung von Fähigkeiten erlangt.
- Die Pubertät leitet die *genitale Phase* ein, welche auf die Aufnahme genital-sexueller Kontakte mit anderen vorbereitet. 40

Folgt man Freud, so führt zu viel Verwöhnung oder zu viel *Frustration* während einer der frühen Phasen zur *Fixierung,* einer Unfähigkeit die nächste Stufe der Entwicklung zu erreichen. Man bringt die orale Fixierung in Zusammenhang mit 45 Problemen psychischer Abhängigkeit von anderen Menschen, mit Drogensucht, mit zwanghaf-

Pablo Picasso: Mutter und Kind (1921).

tem Essen und sogar mit größerer Wortflüssigkeit und einer Neigung zum Sarkasmus. Anale Fixierung soll sture, zwanghafte, geizige und übertrieben reinliche Individuen hervorbringen.

Es gibt Klinische Psychologen, die Freuds Modell der psychosexuellen Entwicklung bei der Behandlung bestimmter psychischer Störungen nützlich finden. Andererseits hat Freud seine Theorie durch analytische Introspektion und auf der Basis von Interviews mit erwachsenen Menschen entwickelt, nicht indem er Kinder in diesen Stufen beobachtete. Versuche, seine Aussagen experimentell zu bestätigen, erbrachten bestenfalls widersprüchliche Ergebnisse.

Eriksons psychosoziale Entwicklungsstufen

Das *Stufenmodell* der psychosozialen Entwicklung nach Erik Erikson (1979) baut auch eher auf klinischer Beobachtung als auf experimenteller Forschung auf.

Psychosoziale Entwicklungsstufen bezeichnen die Haltungen sich selbst und anderen gegenüber, die man nacheinander im Laufe des Lebens einnimmt. Jede Stufe setzt ein neues Niveau sozialer Interaktion voraus. Ob das Individuum dabei erfolgreich war oder nicht, beeinflusst den Verlauf der weiteren Entwicklung auf positive oder negative Art. Im Unterschied zu Freud sieht Erikson Entwicklung als einen Prozess, der das ganze Leben lang dauert.

Nach Erikson besteht der Lebenszyklus aus acht aufeinander folgenden Stufen. Auf jeder dieser Stufen steht ein ganz bestimmter Konflikt zur Bearbeitung an [siehe Tabelle „Die Stufen der psychosozialen Entwicklung nach Erikson]. Obwohl der Konflikt andauert und nie ein für alle Mal gelöst wird, muss er auf einer bestimmten Stufe hinreichend bearbeitet werden, damit ein Mensch in der Lage ist die Konflikte der folgenden Stufen erfolgreich zu bewältigen.

Auf der ersten Stufe muss ein Kind zum Beispiel durch die Interaktion mit seinen Bezugspersonen ein *Urvertrauen* zur Umgebung entwickeln. Dieses Vertrauen stellt sich ganz natürlich ein, wenn eine starke und stabile Beziehung zu den Eltern besteht, die das Kind mit Nahrung, Wärme und körperlicher Nähe und Geborgenheit versorgen. Ein Kind jedoch, dessen Grundbedürfnisse nicht befriedigt werden, das erlebt, dass man sich nur gelegentlich mit ihm beschäftigt, dem Körperkontakt und Nähe vorenthalten werden und dessen erwachsene Bezugsperson häufiger gar nicht da ist, entwickelt möglicherweise ein grundlegendes Misstrauen, ein Gefühl der *Unsicherheit* und *Angst* – und ist nicht gerüstet für die Herausforderungen der nächsten Stufe.

Wenn es zu laufen und zu sprechen beginnt, erweitern sich die Möglichkeiten des Kindes, Gegenstände (und manchmal auch Menschen!) zu erforschen und zu manipulieren. Diese Aktivitäten sollten von einem Gefühl der *Autonomie* und des *Anerkanntseins* als fähige und wertvolle Person begleitet sein. Übertriebene Kontrolle oder Kritik auf dieser Stufe können dazu führen, dass stattdessen Selbstzweifel entstehen. Werden die Fähigkeiten des Kindes überfordert, wie zum Beispiel im Falle einer zu frühen oder zu strengen Sauberkeitserziehung, so fehlt ihm dadurch der Mut, seine Anstrengungen beim Bewältigen neuer Aufgaben aufrechtzuerhalten. Es kann durch solche Überforderung auch zu wilden Szenen der Konfrontation kommen, die die enge und schützende Eltern-Kind-Beziehung zerstören, die das Kind braucht, um Risiken eingehen und neue Herausforderungen annehmen zu können. Ein Zweijähriger, der darauf besteht, dass ein bestimmtes Ritual vollzogen wird, oder der das Recht verlangt irgendetwas ohne Hilfe tun zu dürfen, handelt aus einem Bedürfnis heraus seine Autonomie und seine Selbstständigkeit im Handeln zu bestätigen. Die Botschaft, die er vermittelt, lautet: „Behandelt mich nicht wie ein Baby – es sei denn, ich wünsche das!"

Gegen Ende der Vorschulzeit ist aus einem Kind, das zunächst zur unmittelbaren Umgebung und dann zu sich selbst ein Urvertrauen entwickeln konnte, eine Person geworden, die nun sowohl bei intellektuellen als auch körperlichen Aktivitäten die *Initiative* ergreifen kann. Die Reaktionen der Eltern auf die Aktivitäten, die das Kind von sich aus unternimmt, stärken entweder sein Gefühl für Freiheit und sein Selbstvertrauen, das es auf der nächsten Stufe braucht, oder sie versehen es mit *Schuldgefühlen* und dem Bewusstsein, ein dummer Eindringling in die Welt der Erwachsenen zu sein.

Während der Grundschuljahre wird das Kind,

Ungefähres Alter	Krise	Angemessene Lösung	Unangemessene Lösung
0–1 ½ Jahre	Vertrauen vs. Misstrauen	Stabiles (grundlegendes) Sicherheitsbewußtsein	Unsicherheit, Angst
1 ½–3 Jahre	Autonomie vs. Selbstzweifel	Selbstwahrnehmung als Handelnde(r), als fähig zur Körperbeherrschung, als Verursacher von Geschehnissen	Zweifel an der eigenen Fähigkeit zur Kontrolle von Ereignissen
3–6 Jahre	Initiative vs. Schuld	Vertrauen auf eigene Initiative und Kreativität	Gefühl fehlenden Selbstwertes
6 Jahre–Pubertät	Kompetenz vs. Minderwertigkeit	Vertrauen auf angemessene grundlegende soziale und intellektuelle Fähigkeiten	Mangelndes Selbstvertrauen, Gefühle des Versagens
Jugend (Adoleszenz)	Identität vs. Rollendiffusion	Festes Vertrauen in die eigene Person	Wahrnehmung des eigenen Selbst als bruchstückhaft; schwankendes unsicheres Selbstbewußtsein
Junges Erwachsenenalter	Intimität vs. Isolierung	Fähigkeit zur Nähe und zur Bindung an jemand anderes	Gefühl der Einsamkeit, des Abgetrenntseins; Leugnung des Bedürfnisses nach Nähe
Mittleres Erwachsenenalter	Generativität vs. Stagnation	Interesse an Familie, Gesellschaft, künftige Generationen, das über unmittelbar persönliche Belange hinausgeht	Selbstbezogene Interessen; fehlende Zukunftsorientierung
Höheres Erwachsenenalter	Ich-Integrität vs. Verzweiflung	Gefühl der Ganzheit, grundlegende Zufriedenheit mit dem Leben	Gefühl der Vergeblichkeit, Enttäuschung

das die Krisen der vorhergehenden Stufen erfolgreich bewältigt hat, bereit sein, vom zufälligen Erkunden und Ausprobieren zur systematischen Entwicklung seiner Fähigkeiten überzugehen.
150 Schule und Sport bieten Möglichkeiten intellektuelle und körperliche Fähigkeiten zu erlernen, die Interaktion mit Gleichaltrigen bietet Möglichkeiten zum Erwerb sozialer Kompetenzen. Weitere Chancen ergeben sich durch zusätz-
155 lichen Unterricht, organisierte Gruppenaktivitäten und individuelle Beharrlichkeit bei der Verfolgung eines Interesses. Sind diese Bemühungen erfolgreich, so resultieren daraus Gefühle der *Kompetenz*. Manche Kinder jedoch wer-
160 den eher zu Zuschauern als zu Akteuren oder

haben so viele Misserfolgserlebnisse, dass sie ein Gefühl der *Minderwertigkeit* erwerben, welches sie daran hindert, den Anforderungen der nächsten Stufen nachzukommen.

(Aus: Philip G. Zimbardo: Psychologie. Deutsche Bearbeitung von Siegfried Hoppe-Graff, Barbara Keller und Irma Engel. Hrsg. der deutschen Ausgabe: Siegfried Hoppe-Graff und Barbara Keller. 6., neu bearbeitete und erweiterte Auflage. Springer-Verlag: Berlin-Heidelberg 1995, S. 89–91)

1 Erläutern Sie die Entwicklungsmodelle von Freud und Erikson anhand selbst gewählter Beispiele.
2 Arbeiten Sie heraus, inwiefern Eriksons Modell gegenüber der Phasenlehre Freuds eine Weiterentwicklung darstellt.

Berthe Morisot:
Die Wiege (1872).
Öl auf Leinwand,
56 x 46 cm,

Paris, Musée d'Orsay

Berthe Morisot malte viele Bilder, auf denen ihre Schwester zu sehen ist, die mit dem Bruder von Edouard Manet verheiratet war. Als das Gemälde *Die Wiege* entstand, hatte die Schwester gerade ein Kind bekommen.

2.2.3 **Ein Modell der Bildinterpretation – Kunst im Pädagogikunterricht**

Auch wenn es nicht eine einzige Methode der Bildinterpretation gibt, verlangt *fachübergreifende* Unterrichtspraxis doch nach einem praktikablen Modell. Die idealtypische Phasenfolge ist als Leitfaden für die Bildbetrachtung im Pädagogikunterricht gedacht. Sie sollte flexibel gehandhabt werden, keinesfalls als eine einengende, starr festgelegte Abfolge von Schritten.

(1) Was sehe ich?
Spontane, unzensierte Wahrnehmung und erste Äußerungen; im Bild spazieren gehen, hier und dort verweilen mit ungelenkter Auf- merksamkeit; stilles Abtasten und „Lesen" des Bildes.

Unterschiedliche methodische Zugangsmöglichkeiten haben sich bewährt, z. B.:

- *Die Schreibmeditation:* Im Kurs wird ein Bild schweigend (in Gruppen) betrachtet. Wer zuerst seinen Eindruck äußern möchte, schreibt einen Satz auf ein vorbereitetes Blatt und reicht danach das Blatt an den Nachbarn weiter, der wiederum seinen Eindruck notiert oder zur Notiz Stellung bezieht. Das Blatt wandert so im Kreis, bis keiner mehr etwas eintragen möchte.

- *Bildentdeckung:* Zwei Kursteilnehmer sagen abwechselnd, was sie im Bild wahrnehmen. Es bleibt ihnen überlassen, ob sie Motive, Farben oder Kompositionselemente nennen. Alles, was sie sehen, darf aufgezählt werden. Die übrigen Schülerinnen und Schüler hören zu und ergänzen vielleicht – allerdings erst nach Abschluss der Bildentdeckung – die Beobachtungen der beiden. Unmittelbare Kommentare von anderen sind nicht erwünscht. Auf diese Art und Weise wird sorgfältiges Sehen gefördert, angeleitet. Die Methode verrät einiges über die Bildwirkung, aber genauso viel über die Lerngruppe.

- *Lücken füllen:* In dem Bild, das den Schülerinnen und Schülern ausgehändigt wird, fehlen entscheidende Bildelemente, die nun kreativ ergänzt werden müssen. Dieses Verfahren kann zum aufmerksameren Sehen anleiten, aber auch zur Identifikation mit dem Bildinhalt führen. Ist das Arrangement hergestellt, kann mit dem vollständigen Original verglichen werden.

- *Unterbrochene Bildbetrachtung:* Ein Bild wird vorgestellt, dann wird die Projektion abgestellt, es werden spontane Eindrücke geäußert, erneute Präsentation des Bildes, die bisherigen Äußerungen werden vertieft. Die Betrachtung kann nun durch Beobachtungsaufträge gesteuert werden.

- *Schriftliches Niederlegen spontaner Eindrücke:* Manche Bilder rufen ganz unterschiedliche Assoziationen hervor. Da Menschen in Gruppen dazu neigen, ihre eigene Wahrnehmung der anderer anzugleichen, ist es sinnvoll, wenn jeder jeweils für sich notiert, was gesehen wurde. So bleibt die Verschiedenheit der Wahrnehmung gewahrt, die Diskussion mag gegebenenfalls zu einem Konsens führen. Vorteil der Methode: Verlangsamung der Bildbetrachtung und damit Erhöhung der Aufmerksamkeit bei der ersten Beschäftigung mit dem Kunstwerk.

(2) Wie ist das Bild aufgebaut?

Analyse der Formensprache: Systematische Wahrnehmung und Benennung der „Syntax" des Bildes, seine Formen, seine Farben, Struktur und Rhythmus, einzelne Teile und der Zusammenhang des ganzen sichtbaren Formbestandes. Bewusstmachung der Bildordnung. Volle Außenkonzentration.
Dabei wären etwas zu bedenken:

- *Geometrischer Code:* Wie wird die Bildfläche durch Linien (Geraden, Kurven usw.) und Binnenflächen (Kreis, Dreieck usw.) gegliedert?

- *Farben-Code:* Welche Farb- bzw. Farbtonbeziehungen, Hell-Dunkel-Kontraste, Lichtführungen bestimmen die Komposition? Welche emotionale und symbolische Bedeutung haben die Farben?

- *Perspektivik:* Welche Position schreibt das Bild dem Betrachter durch seine perspektivische Konstruktion zu? Welche Positionen und Relationen nehmen die Bilddinge im Raum und der Betrachter zu ihnen ein?

- *Code der Landschaft und der Architektur:* Welche Bedeutung haben landschaftliche Bildelemente bzw. durch Naturbearbeitung entstandene Dinge auf dem Bild? Gibt es hier symbolische Konnotationen (z. B. bei Berg, Sonne, Regenbogen)?

- *Körpersprachlicher und kleidersprachlicher Code:* Gibt es äquivalente oder oppositionelle Beziehungen im Wahrnehmungsbereich menschlicher Figuren (Statur, Gestik, Mimik, Stellung im Raum, Kleidung)?

- *Code der Erzählweise:* Auf welche Art und Weise erzählt das Bild im visuellen Medium? Bezieht sich das Bild auf eine bereits bekannte Geschichte (durch Bildtitel, Kontext oder konventionalisierte ikonografische Muster)?

(3) Was löst das Bild in mir aus?

Innenkonzentration: Gefühle und Assoziationen. Auf welche Gestimmtheit zielt das Bild ab? An was erinnert es, z. B. Erziehungssituationen in der eigenen Biografie? Anziehend oder abstoßend?

(4) Was hat das Bild zu bedeuten?
Analyse des Bildgehaltes: Die „Semantik" des Bildes; sein pädagogischer Gehalt; seine Innovationen bzw. Verstärkungen pädagogischer Tradition. Die pädagogischen Lebenserfahrungen und Theorien, individuelle und epochale, die sich im Bild niedergeschlagen haben. Auf dieser Ebene geht es um das bessere Verständnis eines Kunstwerkes als sichtbarem Ergebnis einer bestimmten persönlichen oder zeitgeschichtlichen Entwicklung. Rückbindung des geistigen Gehalts an die sinnliche Gestaltung: der spezifische Gehalt, den das Bild dem Thema verleiht. In diesen Zusammenhang gehört auch die Biografie des Künstlers, soweit sie zum Verständnis des Kunstwerks hilfreich ist.

(5) Wo siedle ich mich auf dem Bild an? Als Educand, als Erziehender, als eine andere Gestalt?
Sich in das Bild hineinziehen, in die Geschichte verwickeln lassen. In welcher Figur finde ich mich am ehesten wieder? Wie behandelt das Bild mich als Betrachter, was erwartet es von mir? Bewirkt es Einverständnis oder Irritation? Oder kann es mich unmerklich verwandeln? Zieht es mich in seinen Bann? Überlasse ich mich ihm oder sträube ich mich? Bin ich ihm gewachsen oder überfordert es mich?

Unterschiedliche methodische Zugangsmöglichkeiten haben sich bewährt, z. B.:

* *Die Schreibmeditation:* Im Kurs wird ein Bild schweigend (in Gruppen) betrachtet. Wer zuerst seinen Eindruck äußern möchte, schreibt einen Satz auf ein vorbereitetes Blatt und reicht danach das Blatt an den Nachbarn weiter, der wiederum seinen Eindruck notiert oder zur Notiz Stellung bezieht.
Das Blatt wandert so im Kreis, bis keiner mehr etwas eintragen möchte.

* *Lücken füllen:* In einem Bild, das den Schülerinnen und Schülern ausgehändigt wird, fehlen entscheidende Bildelemente, die nun kreativ ergänzt werden müssen. Ist schließlich das entsprechende

Juris Dimiters, ohne Titel, 1992

Arrangement hergestellt, kann mit dem vollständigen Original verglichen werden.

Neben Methoden der Bildrezeption können im Pädagogikunterricht auch Methoden eigener künstlerischer Gestaltung Verwendung finden.

Beim Verstehen vieler – vor allem alter – Kunstwerke kann das Problem der Diachronizität bei der Interpretation erhebliche Schwierigkeiten bereiten. Wenn selbst etwas gestaltet werden kann, wird der Zugang erleichtert: Die eigenen Lebenskontexte gehen in die Bilder ein und eröffnen Identifikationsmöglichkeiten, die bei fremden Bildern nur selten erreicht werden können. Als einzelne Beispiele sind etwa zu nennen:

- *Ergänzungscollage:* Ein Bild wird auf weißen Karton geklebt, durch Malen oder Kleben wird eine neue Bildumgebung hergestellt, in der eigene Erfahrungen eingehen können. Die Methode eignet sich, um durch die Konfrontation traditioneller Motive mit heutiger Lebenswirklichkeit eine gegenseitige Erhellung von vorgegebenem Bild und Kommentar zu erreichen. Nachteil der Methode: große Zeitintensität.
- *Kunstausstellung:* Am Ende einer (problemorientierten) Unterrichtssequenz wird der Ertrag in einer Ausstellung fremder und vor allem auch eigener Bilder (und Texte) zum Thema festgehalten. So wird der Gesamtzusammenhang für die Gestaltenden wie für die Betrachtenden deutlicher werden.
- *Motivverfremdung:* Ein Kernstück des Bildes wird ausgeschnitten und in eine neue Bildumgebung eingefügt, die die Bildaussage verändert. Geeignet ist diese Methode zur Konfrontation von Überlieferung und heutiger Lebenswirklichkeit. Empfohlene Sozialform: Gruppenarbeit.

2.2.4 Der Lebenszyklus schreitet fort und geht zu Ende …

2.2.4.1 Entwicklungsaufgaben im Jugendalter

Von allen Aufgaben, die während des Jugendalters von Bedeutung sind, werden hier drei behandelt, die üblicherweise die Jugendlichen in den westlichen Gesellschaften beschäftigen:
(a) Annehmen der körperlichen Reife und der ausgereiften Sexualität;   5
(b) Neubestimmung sozialer Rollen, einschließlich der Loslösung von den Eltern; und
(c) Festlegung von Berufszielen.
Jedes dieser Anliegen ist Bestandteil der Gesamtaufgabe eine integrierte Identität aufzubauen.   10
Im Einklang mit Eriksons […] Beschreibung des sozialen Identitätskontextes kann jede dieser Aufgaben als ein spezieller Entwicklungspfad betrachtet werden, der es Jugendlichen ermöglicht   15
sich selbst in Bezug auf andere zu definieren.

Pubertät und Sexualität
Das erste konkrete Anzeichen für das Ende der Kindheit ist der *pubertäre Wachstumsschub.* […]   20
Zwei oder drei Jahre nach Einsetzen des Wachstumsschubs ist die Pubertät oder Geschlechtsreife erreicht. Bei den Mädchen entspricht die Pubertät der *Menarche,* das ist die erste *Menstruation.* […]   25
Ein Jugendlicher erwirbt seine persönliche Identität, indem er sich selbst als körperliches Wesen annimmt, d. h. indem er ein realistisches Bild seiner körperlichen Erscheinung entwickelt und sich dabei akzeptiert. Obwohl Attraktivität erwiesenermaßen auf allen Altersstufen einen Einfluss darauf hat, wie eine Person von anderen gesehen wird […], ist sich der Mensch doch besonders während der Adoleszenz seines Aussehens bewusst. Der Ausdruck *Körperkonzept* bezieht sich auf die subjektive Erfahrung des Aussehens des eigenen Körpers.   30 35
Dieses Konzept ist nicht nur davon abhängig, wie jemand objektiv aussieht, d. h. wie groß er ist und wie viel er wiegt, sondern auch davon, wie andere Menschen sein Aussehen bewerten, und davon, in welchem Verhältnis dieses zu allgemeinen Schönheitsidealen steht. Die einschnei-   40

denden körperlichen Veränderungen im Zuge der Pubertät und die erhöhte Bedeutung des Akzeptiertwerdens durch Gleichaltrige, besonders solche des anderen Geschlechts, können während der Adoleszenz zu einer gesteigerten, wenn nicht übertriebenen Beschäftigung mit dem eigenen Körperkonzept führen.

Die körperliche Reifung wird von einer neuen Bewusstheit für sexuelle Gefühle und Impulse begleitet. In einer umfangreichen Untersuchung amerikanischer Jugendlicher gab die Mehrheit der Mädchen und Jungen im Alter von 13 bis 18 Jahren an, sie beschäftigen sich in ihren Gedanken oft mit Sexualität […]. Dennoch fehlt es an Wissen und an offener Kommunikation über erste sexuelle Gefühle, sodass viele Jugendliche durch das Erwachen der Sexualität verwirrt und verängstigt sind. Das erschwert wiederum die erfolgreiche Integration der sexuellen Gefühle mit möglicherweise widersprüchlichen Anforderungen und Wertvorstellungen von Eltern und Gleichaltrigen. Die Entwicklung einer sexuellen Identität, die die Einstellung zur Sexualität festlegt und das Sexualverhalten bestimmt, wird somit eine wichtige Aufgabe des Jugendalters.

Sexuelle Identität zu entwickeln erfordert mehr, als sich für eine sexuelle Orientierung zu entscheiden und Erfahrungen zu sammeln. Jugendlichen steht es bevor, sich für persönliche Werte zu entscheiden, nach welchen sie ihr Sexualleben gestalten. Das kann bedeuten, dass sowohl die Moralvorstellungen von Gleichaltrigen als auch die der Eltern, die bis dahin möglicherweise als selbstverständlich übernommen wurden, hinterfragt werden. Diejenigen, die sich dafür entscheiden, sexuell aktiv zu werden, stehen vor der Aufgabe mit ihren sexuellen Beziehungen verantwortungsvoll umzugehen. Verantwortung für das eigene Sexualverhalten bringt es mit sich, dass man die unmittelbaren wie die späteren Konsequenzen der eigenen Handlungen überblickt und dass man sich den Bedürfnissen des Partners und den eigenen Bedürfnissen gegenüber sensibel verhält. Die hohe Inzidenzrate

don't walk away,
© Lothar van de Renne/Zensusa

von Teenagerschwangerschaften und sexuell übertragenen Krankheiten scheint zu belegen, dass viele Jugendliche sich sexuell betätigen, bevor sie fähig sind die zugehörige Verantwortung zu übernehmen. Man schätzt beispielsweise, dass über ein Drittel der Mädchen, die vorehelichen Geschlechtsverkehr haben, schwanger werden, bevor sie 19 Jahre alt sind [...].

Fazit: Eine der größten Aufgaben der Adoleszenz besteht darin, eine individuell verbindliche *Sexualmoral* zu entwerfen und danach zu handeln. Eine solche Moral sollte nicht nur die eigenen Maßstäbe, Wertvorstellungen und Präferenzen widerspiegeln, sondern sie sollte auch auf einem realistischen Verständnis der Konsequenzen des Sexualverhaltens ruhen. Es mag Jahre dauern dieser Aufgabe nachzukommen, in der Adoleszenz wird jedoch die Grundlage für eine gesunde sexuelle Identität geschaffen.

Soziale Beziehungen

Die Familienbande lockern sich während der Jugendzeit, da mehr Zeit außerhalb des Elternhauses verbracht wird. In den westlichen Gesellschaften bedeutet dies üblicherweise,

- dass nun weniger Anweisungen und Anleitungen durch Erwachsene vorgegeben werden,
- dass neue, möglicherweise widersprüchliche Wertvorstellungen entdeckt werden,
- dass ein starkes Bedürfnis nach Unterstützung und Anerkennung durch *Gleichaltrige* (peers) entsteht.

Wenn sich die Rolle des Jugendlichen in der Familie während dieser Zeit auch ändert, so bleiben die familiären Beziehungen doch wichtig. Die Adoleszenz ist vorwiegend eine Zeit der Erweiterung der sozialen Kontakte und der Entwicklung neuer sozialer Rollen. [...]

Während der Adoleszenz werden die Gleichaltrigen (peers) zu einer immer wichtigeren Quelle sozialer Kontakte und emotionaler Unterstützung. Es scheint jedoch, dass mit den Bedürfnissen nach engen Freundschaften und Anerkennung durch Altersgenossen auch die Angst vor möglicher Zurückweisung steigt.

Die Konformität mit den Werten und Verhaltensweisen der Gleichaltrigengruppe ist zwischen 12 und 13 Jahren am ausgeprägtesten. Die Beschäftigung mit der Anerkennung durch Gleichaltrige und mit der eigenen Popularität ist besonders bei Mädchen ganz offensichtlich, scheinen sie sich doch mehr für soziale Beziehungen zu interessieren als ihre männlichen Altersgenossen. Es ist allerdings bei Mädchen weniger wahrscheinlich als bei Jungen, dass sie sich an antisozialem Gruppenverhalten beteiligen [...]. Einsamkeit ist auch eine wichtige Erfahrung dieser Altersstufe – zwischen 15 und 25 Prozent aller Jugendlichen berichten, sie fühlten sich sehr einsam [...]. Jugendliche, die bei ihren Altersgenossen nicht beliebt sind, können dennoch wenigstens eine Freundschaft haben, aus der sie Unterstützung erhalten. Darüber hinaus scheinen die meisten Jugendlichen im Lauf der Adoleszenz immer mehr Gefallen an ihren Beziehungen zu Gleichaltrigen zu finden. Das beobachtete Absinken des Konformitätsniveaus während der späten Adoleszenz deutet darauf hin, dass die Aufgabe der Identitätsbildung schließlich doch eine gewisse Unabhängigkeit sowohl von den Altersgenossen als auch von den Eltern voraussetzt, sodass die erhöhte Abhängigkeit von Gleichaltrigen eine „normale" Phase darstellt.

Ein zentraler Bestandteil jugendlicher *Identitätsbildung* ist das Erlangen eines gewissen Maßes an psychischer Unabhängigkeit von den Eltern. Im Gegensatz zu populären Ansichten gibt es jedoch keinerlei empirische Belege für die Existenz eines „Generationenkonflikts" zwischen den Jugendlichen und der Welt der Erwachsenen. [...]

Der Prozess der Identitätsfindung wird durch eine unterstützende familiäre Umwelt erleichtert, in der die Eltern die Bedürfnisse ihrer Kinder nach wachsender Unabhängigkeit *und* fortgesetzter Verbundenheit respektieren. Das bestätigen sowohl empirische Untersuchungen als auch klinisches Material. Beide liefern Belege dafür, dass zu wenig elterliche Kontrolle und zu geringes emotionales Engagement die Entwicklung der Autonomie genauso schädlich beeinflussen wie ein Übermaß an Kontrolle und Engagement [...].

Zeigen Jugendliche Verhaltensweisen, die die Eltern nicht teilen oder gutheißen, so kann das eine konkrete Maßnahme zur Erlangung von Un-

abhängigkeit und zur Bestätigung der Solidarität
190 mit den Altersgenossen sein. Wie bereits ange-
deutet, ist der Einfluss der Gleichaltrigen jedoch
nicht allumfassend. Während sich Jugendliche
sehr von ihren Eltern unterscheiden mögen, was
ihre Präferenzen für Musik, Mode und andere
195 Fragen des persönlichen Geschmacks angeht, so
sind ihre grundlegenden Werte doch den elterli-
chen ähnlich [...]. Wenn Konflikte entstehen, so
drehen diese sich meistens um eher oberflächli-
che Aspekte der Jugendkultur.
200 Manchmal allerdings stehen im Zentrum des
Konflikts bedeutsamere Formen von „Problem-

verhalten", wie Trinken, unerlaubter Drogen-
konsum und verantwortungsloser Umgang mit
Sexualität. Richard Jessor, eine bekannte Autorität zur Frage jugendlicher Verhaltensstörun- 205
gen, vermutet: „Den Umgang mit Alkohol, Drogen und Sexualität zu lernen, ist zu einer neuen
Entwicklungsaufgabe geworden, mit der sich alle Jugendlichen konfrontiert sehen, weil sie Teil
des normalen Aufwachsens in der gegenwärti- 210
gen amerikanischen Gesellschaft ist." [...]
Durch den gleichzeitigen Einfluss von Eltern
und Gleichaltrigen geraten Jugendliche zuweilen
len in Konflikte, die als Spiegelung des dynami-

schen Prozesses der Ablösung von den Eltern bei gleichzeitigem Aufbau der Identifikation mit Gleichaltrigen interpretiert werden können.

Im Allgemeinen allerdings haben Eltern und Altersgenossen komplementäre Funktionen und tragen zur Erfüllung unterschiedlicher Bedürfnisse im Leben des Jugendlichen bei [...]. Identitätsbildung bedeutet letzten Endes das Eingehen von Verpflichtungen, die sowohl auf die Welt der Eltern als auch auf die der Gleichaltrigen abgestimmt sind, aber mehr sind als bloße Widerspiegelungen der sozialen Anforderungen.

Berufswahl

Folgt man Erikson, so ist die Entscheidung für einen bestimmten Berufsweg das Kennzeichen der jugendlichen Identitätsbildung. Die Berufswahl schließt Aufgaben ein, die für alle Aspekte der Identitätsbildung zentral sind: Einschätzung der eigenen Fähigkeiten und Interessen, Kenntnis realistischer Alternativen und die Fähigkeit die „beste" Entscheidung zu treffen und ihr zu folgen.

Durch die Berufswahl kann der Jugendliche sich sowohl von den Werten der Eltern und der Gesellschaft unabhängig machen als auch deren Übernahme bestätigen. Das Bewusstsein zeitlicher Kontinuität und der Verbundenheit mit der eigenen sozialen Umwelt trägt entscheidend dazu bei, dass jemand ein Bewusstsein stabiler persönlicher Identität erlangt. Die Aufgabe sich für einen Berufsweg zu entscheiden, kann jedoch durch widrige soziale und ökonomische Bedingungen, die außerhalb der persönlichen Kontrolle liegen, untergraben werden.

Man hat viele Persönlichkeitsfaktoren gefunden, die Berufspläne und Berufserfolg beeinflussen [...]. Unter anderem hat man die Intelligenz, spezielle Fähigkeiten und Interessen, den Schulerfolg, die Stellung in der Geschwisterreihe und die Leistungsmotivation untersucht.

Den stärksten Einfluss auf die Berufswahl und den Berufserfolg hat jedoch der sozioökonomische Hintergrund: Je höher der sozioökonomische Status der Familie des Jugendlichen, umso wahrscheinlicher ist es, dass er eine akademische Ausbildung anstrebt und auch abschließt, und umso höher werden sein beruflicher Ehrgeiz und sein Berufserfolg sein. [...]

Die Entscheidungen bezüglich Ausbildung und Berufswahl, die in der späteren Adoleszenz getroffen werden, können künftige Wahlmöglichkeiten entscheidend beeinflussen; wie alle Aspekte der Identität betrachtet man die berufliche Identität jedoch am besten im Kontext des gesamten Lebenszyklus. Berufswahl ist kein diskretes Ereignis, eine Entscheidung, die einmal, nach Abschluss der Schule oder mit der Wahl des Studienfaches, getroffen wurde und fürderhin gilt. Eher handelt es sich um einen vorsichtigen ersten Schritt zu einem lebenslangen Prozess, der mehrere Arbeitsplatzwechsel, Phasen der Arbeitslosigkeit oder Umschulung oder gar Berufswechsel beinhalten kann.

(Aus: Philip G. Zimbardo: Psychologie. Deutsche Bearbeitung von Siegfried Hoppe-Graff, Barbara Keller und Irma Engel. Hrsg. der deutschen Ausgabe: Siegfried Hoppe-Graff und Barbara Keller. 6., neu bearbeitete und erweiterte Auflage. Springer Verlag: Berlin-Heidelberg 1995, S. 93–97)

1 Setzen Sie sich mit den Ausführungen zu Erikson auseinander und diskutieren Sie mögliche pädagogische Schlussfolgerungen.

2 Führen Sie – auf dem Hintergrund der Überlegungen zu Erikson – eine Befragung unter Jugendlichen durch, die Identitätsprobleme im Jugendalter zum Inhalt hat, indem Sie
- zunächst einen Fragenkatalog (mögliche Themenbereiche: Sexualität, Loslösung von den Eltern, Einnehmen neuer Rollen, Festlegung von Berufszielen) erarbeiten!
- die Befragung unter Mitschülerinnen und Mitschülern vornehmen.
- die Ergebnisse auswerten und auf ihre Relevanz hin überprüfen und im Kurs diskutieren.

3 Welche pädagogischen Maßnahmen halten Sie angesichts der Befragungsergebnisse für sinnvoll, um die Identitätsbildung von Jugendlichen zu stärken?

2.2.4.2   Das Erwachsenenalter

Der Übergang zum jungen Erwachsenenalter ist gekennzeichnet durch Entscheidungen über die Fortsetzung der Ausbildung, den Berufsweg und, für viele, den Lebensgefährten.

Erikson bestimmt als wichtigste Aufgabe des jungen Erwachsenenalters die Intimität, d.h. die

Fähigkeit zur festen Bindung – sexuell, emotional, moralisch – an eine andere Person. *Intimität*
setzt Offenheit voraus, Mut, moralische Stärke
10 und gewöhnlich auch die Fähigkeit etwas aufzu-
geben und Kompromisse bei den Vorlieben zu
schließen. Intimität kann nicht nur in der Ehe,
sondern auch in anderen engen Beziehungen
auftreten.
15 Erikson beschreibt in seinem Werk in Einzelheiten junge Erwachsene, die ein klares und stabiles
Identitätsbewusstsein aufbauen und sich so darauf vorbereiten, sich den Risiken und Möglichkeiten der Intimität zu stellen. Der Schritt von
20 der Identität zur Intimität entspricht jedoch
möglicherweise nicht den gegenwärtigen Realitäten. Die meisten Menschen werden schon
während der Teenagerjahre sexuell aktiv und beginnen sich mit Fragen der Intimität zu befassen.
25 Außerdem hat es in den letzten Jahren unter jungen Leuten Trends zur Ehe ohne Trauschein und

zu einem späteren Zeitpunkt der Eheschließung
gegeben [...]. Diese Entwicklungen lassen vermuteten, dass die Menschen sich oft mit der
Identitätsfindung, wie etwa bei der Berufswahl, 30
innerhalb intimer Beziehungen herumschlagen
und dass sie sich, umgekehrt, mit Fragen der Intimität beschäftigen, lange bevor sie eine persönliche Identität aufgebaut haben. Wie die
Scheidungsraten zeigen, ist die Ehe selbst, der 35
Prototyp des erfolgreichen Abschlusses der Suche nach Intimität, mehr als die einmalige Bewältigung einer Aufgabe, die im jungen Erwachsenenalter erledigt wird. In den Vereinigten
Staaten endet die Hälfte, in der Bundesrepublik 40
ein Drittel aller Ehen mit der Scheidung [...]. Dadurch werden viele Erwachsene zu späteren Zeit-
punkten im Laufe des Lebens gezwungen ihre
Vorstellungen von dem, was Intimität ist und
wie ihre entsprechenden Fähigkeiten beschaffen 45
sind, erneut zu prüfen. Dies ist ein weiteres Bei-

spiel dafür, wie soziale Strömungen den Verlauf individueller Entwicklungen beeinflussen.

Die Alternative zur Intimität liegt nach Erikson in der Isolation, dem Fehlen eines stabilen Gefühles der Verbundenheit, einem Gefühl tiefer Einsamkeit. Diejenigen, die einen Partner finden, der sie unterstützt, mit dem sie persönliche Gefühle, Ängste und Erfolge teilen können, sind meist sowohl glücklicher als auch körperlich gesünder als die, denen das nicht gelingt.

Aus vielen Teilgebieten der Psychologie ist bekannt, dass alles, was Menschen von sozialer Unterstützung *isoliert,* sie einer erhöhten Anfälligkeit für körperliche und seelische Probleme aussetzt.

Für diejenigen, die die Herausforderungen von Identität und Intimität erfolgreich bewältigten, bietet sich die nächste Chance – und Herausforderung – die *Zeugungsfähigkeit (Generativität).* Im Mittelpunkt der Interessen steht nun eine Verpflichtung jenseits der eigenen Person – für eine Familie, eine berufliche Arbeit, die Gesellschaft, Generationen der Zukunft. Dies ist typischerweise der entscheidende Entwicklungsschritt im vierten und fünften Lebensjahrzehnt. Diejenigen, denen es nicht gelungen ist. ihre Krisen um Identität und Intimität erfolgreich zu bewältigen, sind in diesem Lebensabschnitt möglicherweise immer noch damit beschäftigt, vielleicht mit einem wachsenden Gefühl der Unsicherheit und des Versagens. […]

Der Prozess des Sterbens

Das Alter wird begleitet von der Gewissheit sterben zu müssen. Die Erkenntnis, dass […] die Tage, die man hat, gezählt sind, kann einen bedeutenden Einfluss auf die seelische Gesundheit und auf das Verhalten haben. Je nachdem, welche Strategien eine Person entwickelt hat, um das Wissen um die eigene Sterblichkeit zu verkraften, kann sie Lebensziele mit neuer Energie angehen, versuchen die verbleibende Zeit mit allen Kräften auszuschöpfen oder mit Verleugnung (Nicht-wahr-haben-Wollen) und anderen Abwehrstrategien reagieren.

(Aus: Philip G. Zimbardo: Psychologie. Deutsche Bearbeitung von Siegfried Hoppe-Graff, Barbara Keller und Irma Engel. Hrsg. der deutschen Ausgabe: Siegfried Hoppe-Graff und Barbara Keller. 6., neu bearbeitete und erweiterte Auflage. Springer Verlag: Berlin-Heidelberg 1995, S. 97–98/ 102)

Pablo Picasso: Der Tod des Harlekin (1906)

103

1 Erläutern Sie die im Textauszug angesprochenen Gedanken, indem Sie diese auf das folgende Schema beziehen. Suchen Sie dabei auch
nach Beispielen, die Eriksons Entwicklungstheorie stützen.
2 Johannes Bilstein schreibt: „Die Kritik an Erikson hat sich vor allem darauf bezogen, dass er
allzu harmonistisch das Zusammenwirken von
individueller Entwicklung und gesellschaftlichen Anforderungen schildert. Die Konflikt-
möglichkeiten zwischen den beiden – z. B. in
der Familie – wie auch die Frage, ob denn die
Ansprüche und Rollenerwartungen immer
gerechtfertigt sind, würden dagegen vernachlässigt …" (Johannes Bilstein: Entwicklung –
Erziehung – Sozialisation. Ernst Klett Verlag:
Stuttgart 1982)
Ist die geäußerte Kritik berechtigt?

Psychosoziale Krisen	Umkreis der Beziehungs-personen	Elemente der Sozial-ordnung	Psychosoziale Modalitäten	Psychosexuelle Phasen
Vertrauen gg. Misstrauen	Mutter	Kosmische Ordnung	Gegeben bekommen, geben	Oral … (Einverleibungs-modi)
Autonomie gg. Scham, Zweifel	Eltern	Gesetz und Ordnung	Halten (Festhalten) Lassen (Loslassen)	Anal … Muskulär …
Initiative gg. Schuldgefühl	Familienzelle	Ideale Leitbilder	Tun (Drauflosgehen) „Tun als ob" (Spielen)	Infantil-genital Lokomotorisch (eindringend, einschließend)
Werksinn gg. Minderwertig-keitsgefühl	Wohngegend Schule	Techno-logische Elemente	Etwas „Richtiges" machen, etwas mit anderen zusammen machen	Latenzzeit
Identität und Ablehnung gg. Identitäts-diffusion	„Eigene" Gruppen, „die Anderen" Führer-Vorbilder	Ideologische Perspektiven	Wer bin ich (Wer bin ich nicht) Das Ich in der Gemeinschaft	Pubertät
Intimität und Solidarität gg. Isolierung	Freunde, sexuelle Partner, Rivalen, Mitarbeiter	Arbeits- und Rivalitäts-ordnungen	Sich in anderen verlieren und finden	Genitalität
Generativität gg. Selbstabsorption	Gemeinsame Arbeit Zusammenleben in der Ehe	Zeitströmungen in Erziehung und Tradition	Schaffen Versorgen	
Integrität gg. Verzweiflung	„die Menschheit" „Menschen meiner Art"	Weisheit	Sein, was man geworden ist, wissen, dass man einmal nicht mehr sein wird	

(Aus: Erik H. Erikson: Wachstum und Krisen der gesunden Persönlichkeit. In: Erik H. Erikson, Identität und Lebenszyklus.
Drei Aufsätze. Suhrkamp: Frankfurt/M. 1966, S. 214–215)

Pieter Bruegel (1525/30–1569): Die niederländischen Sprichwörter (1559).

Staatliche Museen zu Berlin – Preußischer Kulturbesitz – Gemäldegalerie

2.3 Jean Piagets Stufenmodell der kognitiven Entwicklung

Jean Piaget (1896–1980), Biologe, Erkenntnistheoretiker und Psychologe, gilt als einer der bedeutendsten Erforscher kindlicher Intelligenz. Die Theorien Piagets legen ein „aktives" Erziehungskonzept nahe, das primär von der Welt des Kindes und seinen Aktivitäten und nicht von der des Erwachsenen ausgeht.

2.3.1 „Die gerettete Zunge" – Der Dichter Elias Canetti erzählt aus seiner Jugend

Eines Tages war der Gartenhof voller Rauch, einige unserer Mädchen liefen auf die Straße und kamen bald darauf aufgeregt zurück, mit der Nachricht, dass ein Haus in der Nachbarschaft
5 brenne. Es stehe schon ganz in Flammen, es

brenne ganz herunter. Gleich leerten sich die drei Häuser um unseren Hof und mit Ausnahme der Großmutter, die sich nie von ihrem Sofa erhob, rannten alle Bewohner hinaus in die Richtung des Feuers. Das geschah so rasch, dass man 10 mich vergaß. Mir wurde ein wenig bang so ganz allein, auch zog es mich selbst – vielleicht zum Feuer, vielleicht noch mehr in die Richtung, in die ich alle laufen sah. Ich lief also zum offenen Hoftor hinaus auf die Straße, die mir verboten 15 war, und geriet in den eiligen Strom der Menschen. Zum Glück sah ich bald zwei unserer größeren Mädchen und da sie um nichts in der Welt ihre Richtung geändert hätten, nahmen sie mich in die Mitte und zogen mich rasch fort. In 20 einiger Entfernung vom Feuer blieben sie stehen, vielleicht, um mich nicht in Gefahr zu bringen, und da sah ich zum ersten Mal ein brennendes Haus. Es war schon weit heruntergebrannt, Balken stürzten ein und Funken sprühten. Es ging 25 gegen Abend, es wurde allmählich dunkel und

das Feuer schien immer heller. Aber was mir weit
mehr Eindruck machte als das brennende Haus,
waren die Menschen, die sich darum bewegten.
30 Sie sahen klein und schwarz aus dieser Entfernung aus. Es waren sehr viele und sie rannten alle durcheinander. Manche blieben in der Nähe
des Hauses, manche entfernten sich und diese
trugen alle etwas auf dem Rücken. „Diebe!", sag-
35 ten die Mädchen, „das sind Diebe! Sie tragen Sachen aus dem Haus fort, bevor man sie erwischt!"
Sie waren darüber nicht weniger aufgeregt als
über das Feuer und als sie immer wieder „Diebe!"
riefen, teilte sich ihre Aufregung mir. Uner-
40 müdlich waren die kleinen schwarzen Figuren,
tief gebückt bewegten sie sich in alle Richtungen
davon. Manche hatten Bündel auf die Schultern
geworfen, andere liefen gebückt unter der Last
eckiger Gegenstände, die ich nicht erkennen
45 konnte, und wenn ich fragte, was sie trügen, wiederholten die Mädchen nur immer: „Diebe! Das
sind Diebe!"
Dieser Anblick, der mir unvergesslich blieb, ist
mir später in die Bilder eines Malers aufgegan-
50 gen, sodass ich nicht mehr sagen könnte, was ursprünglich war und was in ihnen dazu kam. Ich
war neunzehn, als ich in Wien vor den Bildern
Bruegels stand. Ich erkannte auf der Stelle die vielen kleinen Menschen jenes Feuers aus der Kind-
55 heit. Die Bilder waren mir so vertraut, als hätte
ich mich immer unter ihnen bewegt. Ich verspürte eine ungeheure Anziehung von ihnen
und ging täglich hin. Der Teil meines Lebens, der
mit jenem Feuer begann, setzte sich unmittelbar
60 in diesen Bildern fort, als wären keine fünfzehn
Jahre dazwischen gelegen. Bruegel ist mir der
wichtigste Maler geworden, aber ich habe ihn
mir nicht wie vieles Spätere durch Betrachtung
oder Nachdenken erworben. Ich habe ihn in mir
65 vorgefunden, als hätte er schon lange, sicher,
dass ich zu ihm kommen müsse, auf mich gewartet.

(Aus: Elias Canetti: Die gerettete Zunge. Geschichte einer
Jugend. Hanser: München, Wien 1977)

1 Elias Canetti berichtet von seiner Erfahrung mit
der Kunst Bruegels. Wie ist ihm der Zugang zu
den Bildern Bruegels gelungen?
2 Viele Menschen finden kaum oder nur sehr
schwer einen inneren Bezug zur Kunst. Berichten Sie von Beispielen und überlegen Sie,
welche Gründe dafür vorhanden sein könnten.
3 Entwickeln Sie Hypothesen dafür, dass es
einmal zu einem unmittelbaren Verstehen von
Phänomenen (z. B. einem Kunstwerk, aber
auch von unterschiedlichsten Vorgängen)
kommen kann, ein andermal aber nicht dazu
kommt. Beziehen Sie sich dabei auch auf die
folgenden Anmerkungen zu kindlichen Denk-
vorstellungen, wie sie von Hellgard Rauh auf-
gezeichnet wurden.

Stellen Sie sich einmal vor, Sie sollten mit Zahlen
logisch umgehen; aber die Zahlen ändern plötzlich dadurch, dass Sie mit ihnen umgehen, ihre
absolute Wertigkeit: 3 ist nicht mehr drei, wenn
es Teil der Menge 6 ist; 3 ist mehr, wenn es aus ei- 5
ner großen Menge stammt, als wenn es aus einer
kleinen Menge stammt. – Ein Viereck ist nicht
mehr als Viereck, sondern ein ganz anderer Gegenstand, wenn es auf der Spitze steht. – Ein
Draht ist nicht mehr derselbe, wenn er verbogen 10
wird, und zwar vor Ihren Augen! – Eine Katze
kann sich ohne weiteres in ein Kaninchen verwandeln oder in einen Hund. – Sogar für Sie
selbst steht nicht fest, ob Sie Ihre Geschlechtszu-
gehörigkeit stets behalten. – Und Altern tun Sie 15
nach ganz individuellem Tempo.
Möglicherweise existieren für Sie Menschen und
Dinge nur so lange, wie Sie sie wahrnehmen, und
lösen sich z. B. hinter einem Schirm oder unter
einer Decke auf bzw. verlieren ihre Identität bei 20
kleinen äußeren Veränderungen.
Das klingt wie ein utopischer Gruselroman. In einer solchen Welt, in der nichts sicher ist, nichts
vorhersagbar ist, könnten wir auf die Dauer nicht
leben. Ständig müssten wir mit Überraschungen 25
rechnen. Dabei könnten wir Überraschungen als
solche gar nicht erkennen, weil wir ja auch keine
Regel haben, von denen sie sich als Ausnahme
unterscheiden.
Mit großer Sicherheit war aber auch Ihr Denken 30
einmal so oder ähnlich. Denn die aufgezählten
Beispiele stammten aus Untersuchungen mit
Kindern und charakterisieren kindliches Denken auf verschiedenen Entwicklungsniveaus.

(Aus: Hellgard Rauh: Entwicklung des Denkens. In: Funk-
kolleg Pädagogische Psychologie 1. Hrsg. von F. E. Weinert
u. a. Fischer Taschenbuch-Verlag: Frankfurt 1974, S. 215)

2.3.2 Grundbegriffe der Theorie

Der folgende Textauszug, in dem wichtige Grundbegriffe der Theorie von Piaget erläutert werden, ist einem amerikanischen Psychologielehrbuch entnommen. Die Autoren beschreiben dort, wie der Entwicklungsprozess intellektueller Fähigkeiten verstanden werden kann. Der unmittelbar anschließende Text von Kurt Müller bietet Beispiele zur Verdeutlichung der Begriffe „Schema", „Assimilation" und „Akkommodation". Es empfiehlt sich beide Text in unmittelbarem Zusammenhang zu erarbeiten.

Kinder entwickeln mit der Zeit immer komplexere intellektuelle Fähigkeiten dadurch, dass sie fortlaufend ein Gleichgewicht anstreben auf der einen Seite zwischen dem, was sie gegenwärtig
5 wahrnehmen, wissen und verstehen, und auf der anderen Seite dem, was für sie aus irgendeinem neuen Phänomen, einer neuen Erfahrung oder einem neuen Problem ersichtlich wird. Wenn die gegenwärtig in ihnen vorhandenen Bedin-
10 gungen dazu ausreichen, mit der neuen Situation fertig zu werden, so bleibt das Gleichgewicht ungestört. Wenn sie nicht ausreichen, dann ist in irgendeiner Form intellektueller Aufwand notwendig, damit das Gleichgewicht wieder her-
15 gestellt wird. Das heißt, der Organismus muss sich an seine Umwelt anpassen.
Die Anpassung nimmt zweierlei Formen an, die simultan auftreten: Assimilation und Akkommodation. Assimilation ist der Prozess, über den
20 das, was wahrgenommen wird, so verändert wird, dass es zu den gegenwärtig vorhandenen kognitiven Strukturen passt; Akkommodation ist dagegen der Prozess, über den die kognitiven Strukturen so verändert werden, dass sie zu dem
25 Wahrgenommenen passen. […]
Assimilation kann auch mit den Vorgängen des Kauens und Verdauens von Nahrung verglichen werden, die dazu dienen, diese Nahrung in etwas zu verwandeln, das für den Körper nutzbar wird.
30 Über die Assimilation werden neue Ideen so verwandelt, dass sie in die vorhandene kognitive Struktur passen. Die Akkommodation kann mit den Maßnahmen verglichen werden, die der Körper beim Essen und Verwerten von Nahrung
35 trifft, wie z. B. dem Öffnen des Mundes, den Kon-

traktionen der Schlundmuskulatur, des Ösophagus und des Magens und der Sekretion von Verdauungssäften. Auf die gleiche Weise muss eine vorhandene kognitive Struktur modifiziert, er-
40 weitert oder verfeinert werden, damit sie mit einer bislang neuen oder ungewöhnlichen Idee fertig wird.
Assimilation und Akkommodation sind unter Umständen schwierig auseinander zu halten. Sie finden gleichzeitig statt, sie stellen bei der Verar-
45 beitung von Ideen, bei dem Prozess, über den ein Gleichgewicht zwischen dem Menschen und seiner Umwelt aufrechterhalten wird, zwei Seiten ein und derselben Münze dar. Wenn wir interpretieren, Konstruktionen und Strukturen er-
50 richten, dann verändern wir die Struktur eines realen Ereignisses, um zu erreichen, dass es zu unserer vorhandenen kognitiven Struktur passt. Das bezeichnen wir als Assimilation. Wenn wir die vorhandenen Vorstellungen so zurecht-
55 rücken, z. B. wenn wir uns eine Erinnerung ins Gedächtnis rufen, eine Ähnlichkeit oder eine Analogie deutlich machen, um so einem realen Ereignis Sinn zu verleihen, dann akkommodieren wir.
60 Die Auswirkungen der Assimilations- und Akkommodationsprozesse auf die beteiligten kognitiven Strukturen sind ziemlich dauerhaft. Als Prozesse, über die sich ein Organismus an seine kognitive Umwelt anpasst, sind sie den bio-
65 logischen Prozessen der Anpassung vergleichbar, die auf die körperliche Struktur und Funktion eines Organismus Auswirkungen haben. Das kognitive Schema eines Kindes, d. h. seine kognitive Organisation und Struktur, ändert
70 sich also in Abhängigkeit von seinen Erfahrungen. […]

(Aus: N. L. Gage/David C. Berliner: Pädagogische Psychologie. Übersetzt und herausgegeben von Gerhard Bach.
75 5. vollst. überarb. Auflage. Psychologie Verlags Union: Weinheim 1996, S. 114–116)

Beispiele:

Das Kind sieht in seiner Umgebung kleine, wu-
80 schelige, vierbeinige Lebewesen, die bestimmte Laute von sich geben. Beim Anblick dieser Lebewesen sagt die Mutter jedes Mal „wauwau".
Das Kind bildet ein kognitives Schema (eine Primitivkategorie), in das alle vierbeinigen, sich be-

85 wegenden Wesen eingeordnet werden: das Wauwau-Schema. [...]
Unter Assimilation versteht Piaget die Anglei-
chung neuer Wahrnehmungen, Informationen
und Erfahrungen an ein bestehendes Schema.
90 Man könnte auch sagen: Assimilation ist Einpassung von Neuem in eine vorhandene Ordnungs-
struktur.
Verdeutlichen wir uns dies am Beispiel. Das
Kleinkind verfügt über das Wauwau-Schema. Ei-
95 nes Tages kommt es an einer Wiese vorbei, zeigt
auf eine Kuh und sagt: „Wauwau." Das Kind hat
also den neuen Eindruck seinem Wauwau-Schema assimiliert, das Erlebnis „Kuh" wurde dem alten Schema „Wauwau" eingepasst. [...]

Derek. Erster Versuch. Angst, Misserfolg.

100 Später geht das Kind durch den zoologischen
Garten und sieht dort eine Menge neuer Tierfor-
men; es lernt Lebewesen kennen, die lange Häl-
se, die keine Beine, zwei Beine oder vier Beine haben, die brüllen, pfeifen, klettern oder fliegen.
105 Das bestehende Wauwau-Schema kann diese
neuen Formen nicht mehr „verdauen", nicht
mehr assimilieren. Es muss sich selbst den neuen
Eindrücken angleichen; muss sich akkommodieren. Die Bezeichnung Akkommodation ist der
110 Optik entnommen: dort versteht man unter Akkommodation die Anpassung der Linse des Auges an die Entfernung, damit die Gegenstände
auf der Netzhaus scharf abgebildet werden. [...]

(Aus: Kurt Müller: Telekolleg für Erzieher. Psychologie II.
TR-Verlagsunion: München 1975, S. 88 f.)

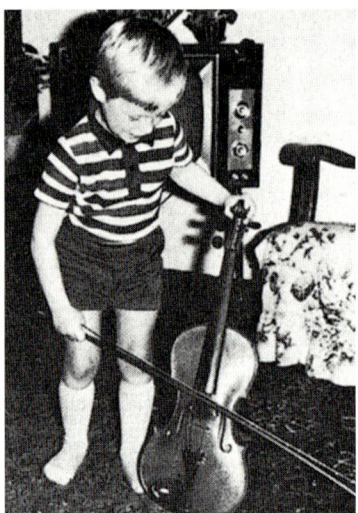

Derek. Zweite Idee. Teilerfolg
und Fortfall der Angst.

1 Erläutern Sie die nach Piaget innerhalb des Ent-
wicklungsprozesses bedeutsamen Vorgänge:
Streben nach Gleichgewicht, Assimilation,
Akkommodation.
2 Nehmen Sie Stellung zu dem Satz: „Akkommodation ist streng genommen ... immer Assimilation." (L. Montada nach: H. M. Trautner,
Lehrbuch der Entwicklungspsychologie,
Band 1, Hogrefe 1978, S. 327)

2.3.3 Derek

Mary Sime beobachtete Kinder jahrelang durch die
Brille der Theorien Piagets. Reaktionen Dereks, die
er beim ersten Anblick einer echten Geige im Alter
von drei Jahren und neun Monaten zeigte:

Derek. Völlige Zufriedenheit.

Derek war in diesem Alter fernsehsüchtig. Deshalb erkannte er die Geige als etwas, was unter sein Kinn gehörte: Es blieb jedoch während des kurzen Zeitraums, indem er sich in dieser Haltung abmühte, ein ängstlicher Ausdruck auf seinem Gesicht, bevor er eine bessere Idee hatte.

Als Kontrabass gab das neue „Spielzeug" immerhin Töne von sich und so machte seine Angst einem flüchtigen Interesse Platz.

Reines Entzücken zeigte sich in dem Moment auf seinem Gesicht, als er sein Spielzeug zu einer Gitarre machte. Seine Freude war vollständig und andauernd. Er hatte das Spielzeug sich und sich dem Spielzeug angepasst.

„Das Kind ist der Architekt seines eigenen Wachstums", sagt Nathan Isaacs [...] Jede Erfahrung wie diejenige, die Derek mit der Geige machte, [...] wird ein Teil des internalisierten Modells seiner Welt.

(Abbildungen und Text aus: Mary Sime: So sieht ein Kind die Welt. Piaget für Eltern und Erzieher. Walter-Verlag: Olten und Freiburg i. Br. 1978, S. 10 f.)

1 Zeigen Sie anhand der Bilder auf, inwiefern Derek ein Streben nach „Gleichgewicht" zeigt.
2 Erläutern Sie, wie Derek die Geige sich anzupassen versucht (Assimilation).
3 Wo lässt sich ein Anpassungsvorgang Dereks selbst an sein Spielzeug beobachten (Akkommodation)?

The Not-Teeth-Brush,
© Rex/McEnery, 1990

Das Bild –
Beispiel für Streben nach Gleichgewicht, Akkommodation, Assimilation oder ...?

2.3.4 Die Stufenlehre

Die Psychologen Gage und Berliner geben in ihren Ausführungen über die Stufenlehre Piagets einen zunächst recht schwer verständlich erscheinenden Überblick.
Sie können sich die Lektüre durch Gebrauch des Glossars erleichtern.

Piaget unterscheidet in der intellektuellen Entwicklung generell vier Hauptstufen: die sensomotorische, die präoperationale (die er nochmal in eine präoperationale und eine intuitive unter-
5 teilte), die konkret-operationale und die formaloperationale. [...]
Die Zuordnung eines bestimmten Lebensalters zu jeder einzelnen Stufe ist nicht streng, sondern als Annäherung aufzufassen. Die Übergänge zwi-
10 schen den einzelnen Stufen sind nicht abrupt, sondern fließend. Ein Kindes kann z. B. in einigen Bereichen noch präoperational denken, während es in anderen bereits logisch denken kann. [...]
15 Die sensomotorische Stufe erstreckt sich in etwa über die ersten beiden Lebensjahre. [...]
Das Kind lernt,
* sich selbst als von den Objekten seiner Umwelt getrennt wahrzunehmen
20 * sich der Stimulation durch Licht und Geräusche zuzuwenden
* den Versuch zu unternehmen interessante Erfahrungen auszudehnen
* Dinge durch Manipulation zu bestimmen
25 * ein Objekt trotz seiner Ortsveränderungen oder trotz der Veränderungen des eigenen Blickwinkels als konstant zu betrachten. [...]
Auf der zweiten, der *präoperationalen Stufe,* die sich etwa vom dritten bis zum fünften Lebens-
30 jahr erstreckt, gebraucht das Kind eifrig seine Sprache. Es verhilft sich so selbst zur Entwicklung von Konzepten. Es entwickelt seine eigenen Konzepte, die häufig zunächst falsch sind und an der Realität überprüft werden müssen. [...]
35 Auf der präoperationalen Entwicklungsstufe
* ist das Kind ausgesprochen selbstbezogen und meist nicht dazu im Stande, bei der Wahrnehmung der physischen Welt den Standpunkt eines anderen Menschen einzu-
40 nehmen

* kann das Kind Objekte auf der Grundlage eines einzelnen, deutlich sichtbaren Merkmals klassifizieren
* ist das Kind nicht dazu im Stande, festzustel- 45 len, dass Objekte, die in einer Hinsicht ähnlich sind, sich in anderer Hinsicht unterscheiden können
* ist das Kind dazu im Stande, Dinge nach einem Kriterium, einschließlich eines Kriteriums, das sich auf Veränderungen bezieht, 50 einander zuzuordnen
* kann das Kind Dinge in eine Reihenfolge bringen, jedoch keine Schlüsse über Dinge ziehen, die nicht unmittelbar nebeneinander in der Reihenfolge liegen. 55
Wenn z. B. vorgegeben ist: Hans ist größer als Jakob und Jakob ist größer als Fritz, dann kann das Kind nicht angeben, ob Hans größer ist als Fritz. Ein derartiger Schluss ist auf der präoperationalen Stufe noch nicht 60 möglich. [...]
In der *intuitiven Phase* der präoperationalen Stufe, die sich vom fünften bis zum achten Lebensjahr erstreckt, kommt das Kind zu Schlussfolgerungen, die von vagen Eindrücken und von 65 Beurteilungen ausgehen, die sich eng an Wahrnehmungen anlehnen und nicht in Worte gefasst werden. Diese Schlussfolgerungen bilden allmählich eine Grundlage für ein mehr logisches und rationales Verständnis. [...] 70
Auf dieser intuitiven präoperationalen Entwicklungsstufe
* erwirbt das Kind die Fähigkeit Klassen oder Kategorien von Objekten zu bilden, ist sich dieser Klassen oder Kategorien jedoch nicht 75 bewusst
* entwickelt das Kind die Fähigkeit logische Beziehungen mit zunehmender Komplexität zu verstehen
* entwickelt das Kind die Fähigkeit mit 80 Zahlenbegriffen zu arbeiten
* eignet sich das Kind das *Prinzip der Erhaltung* an, d. h. die Vorstellung, dass ein Gegenstand gleich groß oder schwer bleibt, unabhängig von Veränderungen in der Form 85 oder der Anzahl der Teile, in die er geteilt wird.
Die Erhaltung der Masse wird mit fünf Jahren, die des Gewichts mit sechs Jahren, die

des Volumens mit sieben Jahren erreicht. Bis zur vollständigen Beherrschung dieser Konzepte kann es jedoch noch ein bis zwei Jahre dauern. […]

Auf der *Stufe der konkreten Operationen,* die sich ungefähr vom achten bis zum zwölften Lebensjahr erstreckt, entwickelt das Kind die Fähigkeit verschiedene logische Operationen durchzuführen, jedoch nur mit konkreten Dingen […]

Während dieser Stufe erwirbt das Kind die Fähigkeit mit Klassifikationssystemen […] umzugehen. Das heißt, es wird dazu fähig, mit komplexen logischen Denkabläufen wie den folgenden umzugehen:

- Komposition: Die Denkmöglichkeit, dass immer dann, wenn zwei Elemente eines Systems kombiniert werden (z. B. Autos mit Kolbenmotor, A, und andere Autos, A'), ein weiteres Element des Systems resultiert (d. h. Autos, B). Oder wenn Autos (B) und andere Transportmittel (B') kombiniert werden, dann resultieren Transportmittel (C).
- Austauschbarkeit: Die Denkmöglichkeit, dass die Summe unabhängig von der Reihenfolge ist, in der Dinge addiert werden. Also im obigen Beispiel: A + A' = B und A' + A = B.
- Reversibilität: Die Denkmöglichkeit, dass man nicht nur nicht Autos (B') mit Autos (B) addieren kann und dabei Transportmittel (C) erhalten, sondern dass man auch Nicht-Autos von Transportmitteln subtrahieren kann und dann Autos erhält. […]

Dass es auf dieser Stufe noch gewissen Beschränkungen unterworfen ist, liegt darin begründet, dass es noch konkrete Darstellungen braucht, mit denen es seine Denkabläufe verknüpfen kann. Das sieben bis elf Jahre alte Kind hat noch seine Probleme mit hochabstrakten Denkabläufen. […]

Auf der *Stufe der formalen Operationen,* die etwa das Alter von 11 bis 14 Jahren umfasst, erwirbt das Kind – bzw. jetzt der Jugendliche – die Fähigkeit logisches Denken mit Abstraktionen durchzuführen; d. h., er kann das, was „möglich" ist, ebenso gut logisch durchdenken wie das, was „hier und jetzt" gegeben ist. Wissenschaftliches Denken ist jetzt möglich. Er kann Schlüsse ziehen, Interpretationen vorschlagen und Hypothesen entwickeln. Sein Denken ist nun flexibel und wirkungsvoll geworden.

Er kann auf dieser Stufe

- alle logischen Möglichkeiten erarbeiten, ohne dass er dabei festlegen muss, welche Möglichkeit tatsächlich in der realen Welt vorkommet; mit dieser Fähigkeit ist nicht gemeint, dass lediglich die Möglichkeit zur Vorstellungskraft vorhanden ist; vielmehr ist damit die gesetzmäßige und systematische Darstellung logischer Alternativen gemeint.
- eine Kombinationsanalyse von Möglichkeiten durchführen. Wenn also zwei mögliche Ursachen, C_1 und C_2, und ein Ergebnis, r, gegeben ist, kann der Schüler folgende Möglichkeiten formulieren:
  - entweder C_1 oder C_2 ist die Ursache von r,
  - sowohl C_1 als auch C_2 sind die Ursachen von r,
  - weder C_1 noch C_2 sind Ursache von r,
  - C_2 kann die Ursache von r sein, nicht jedoch C_1
  - C_1 und C_2 können zusammen die Ursache von r sein, aber keines für sich allein,
  - C_1 kann die Ursache von r sein, jedoch nur, wenn C_2 abwesend ist usw.
- kann auf dieser Stufe in logischen Sätzen denken; er kann z. B. Sätze derart, wie sie eben über C_1, C_2 und r aufgestellt wurden, nehmen und sie miteinander kombinieren und zu neuen Sätzen höherer Ordnung zusammensetzen, z. B.: „Entweder S_1 oder S_2 kann wahr sein, jedoch nicht beide."
- von Sätzen, die sich inhaltlich auf bestimmte Objekte, z. B. Ton oder Perlen, beziehen, auf viele andere Inhalte generalisieren, z. B. auf Wasser, Holzstücke, Schachfiguren, physische Objekte allgemein, alle Flüssigkeiten und alle numerisch abgrenzbaren Quantitäten.

(Aus: N. L. Gage/D. C. Berliner, Pädagogische Psychologie. Übers. u. hrsg. von Gerhard Bach. 5. vollständig überarbeitete Auflage 1996; © Psychologie Verlags Union: Weinheim 1996, S. 104–112)

Experimente und Aufgaben

A.

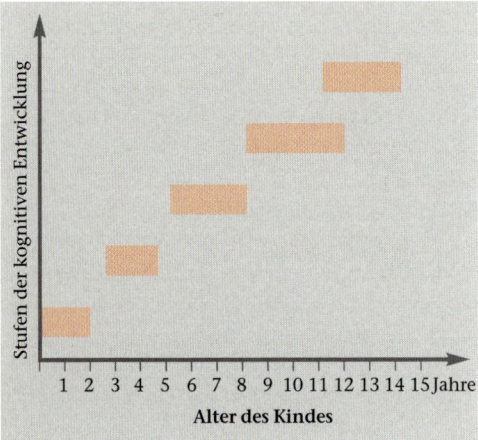

Piagets Stufenmodell der kognitiven Entwicklung bezogen auf verschiedene Altersbereiche

B.

Am bekanntesten sind von den Experimenten Piagets und seiner Mitarbeiter die Umfüllversuche.

Ein Kind wird gefragt, ob in beiden Gläsern gleich viele Perlen sind.

Der Inhalt wird vor den Augen des Kindes in ein höheres Glas umgeschüttet.

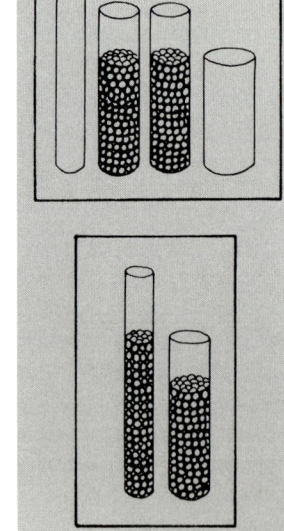

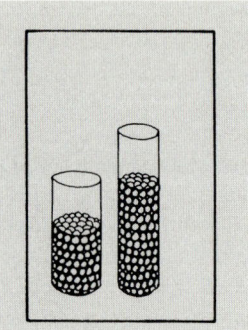

Der Inhalt wird vor den Augen des Kindes in ein breiteres Glas umgeschüttet.

(Abbildungen aus: Felix Novak u. a.: Psychologie 2, Hueber-Holzmann Verlag: München 1977, S. 97)

1 Die Menge der Perlen hat sich für das Kind durch das Umschütten in ein höheres Glas oder ein breiteres Glas verändert, obgleich das Vergleichsglas unverändert bleibt. Versuchen Sie dieses Ergebnis kindlichen Denkens zu erklären. Orientieren Sie sich dabei am Text von Gage und Berliner.

2 Wie alt könnte das Kind sein, wenn die Frage nach „mehr", „weniger" oder „gleich" nicht korrekt beantwortet wird? Versuchen Sie mit jüngeren Geschwistern oder Kindern aus dem Bekanntenkreis das kleine Experiment nachzuvollziehen (statt der Perlen können Sie auch Wasser nehmen).

C.

Als Nächstes ein Beispiel zur *Vorstellung von Zeit und Alter*, wie die 4^1/$_2$-jährige Rose sie äußerte:

E: *„Wie alt ist deine Schwester Erika?"*
R: „Weiß ich nicht."
E: *„Ist sie noch ein Baby?"*
R: „Nein, sie kann schon laufen."
E: *„Wer ist denn älter von euch beiden?"*
R: „Ich."
E: *„Warum meinst du das?"*
R: „Weil ich größer bin."
E: *„Und wenn Erika einmal in die Schule geht, wer von euch beiden wird dann älter sein?"*
R: „Weiß ich nicht."
E: *„Und wenn ihr einmal beide große Fräulein seid, wird dann eine älter sein als die andere?"*
R: „Ja."
E: *„Wer von euch beiden?"*
R: „Weiß nicht."
E: *„Ist deine Mama älter als du?"*
R: „Ja."

E: *„Ist deine Großmutter älter als deine Mama?"*
R: „Nein."
E: *„Sind sie gleichaltrig?"*
R: „Ich glaube ja."
E: *„Ist denn deine Großmutter nicht älter als deine Mama?"*
R: „Oh nein!"
E: *„Wird deine Großmutter jedes Jahr älter?"*
R: „Sie bleibt immer gleich."
E: *„Und deine Mama?"*
R: „Auch gleich."
E: *„Und du?"*
R: „Ich? Nein, ich werde älter."
E: *„Und deine Schwester?"*
R: „Sie auch."

(Aus: G. Petter: Die geistige Entwicklung des Kindes im Werk von Jean Piaget. Huber Verlag: Bern 1966, S. 171. Mit leichter Verbesserung der Übersetzung in: Funk-Kolleg Pädagogische Psychologie, Bd. 1. Hrsg. von F. E. Weinert u. a.. Fischer-Tb 6115, Fischer Taschenbuch Verlag: Frankfurt/M. 1978, S. 218)

1 Interpretieren Sie den vorliegenden Dialog, indem Sie ihn auf die Denkentwicklung des Kindes beziehen.
2 „Petra ist größer als Monika; Petra ist kleiner als Ulrike; wer ist die Größte?" Welche Voraussetzungen sind nötig, um die vorliegende Frage richtig zu beantworten?

D.
Ausgangsstellung

Transformation 1

Transformation 2

Transformation 3

(Aus: Hellgard Rauh, a. a. O., S. 218)

Zunächst legt man zwei Reihen von je 7 Stäbchen genau parallel nebeneinander und lässt sie zählen (Ausgangsstellung). Anschließend verändert man die Zwischenräume zwischen den Stäbchen der einen Reihe (Transformation 1). Man kann auch eine Reihe teilen (Transformation 2) oder die Stäbchen einer Reihe quer stellen (Transformation 3). Zwischen jeder Transformation wird die Ausgangslage wieder hergestellt.

In jeder Position werden die Kinder gefragt, wo „mehr" bzw. „weniger" Stäbchen sind. Nach falscher Antwort kann man die Stäbchen noch einmal durchzählen lassen, was allerdings bis zu einer bestimmten Entwicklungsstufe (Alter) nichts an einer Wiederholung der falschen Antwort ändert, sobald die Frage noch einmal gestellt wird.

(Text nach: Hellgard Rauh: Entwicklung des Denkens. In: Funk-Kolleg Pädagogische Psychologie. Bd. 1. Hrsg. von F. E. Weinert u. a.. Fischer-Tb 6115, Fischer Taschenbuch Verlag: Frankfurt/M. 1978, S. 218)

1 Versuchen Sie mit jüngeren Geschwistern oder Kindern aus dem Bekanntenkreis das kleine Experiment nachzuvollziehen. Statt der Stäbchen können Sie auch Streichhölzer verwenden.
2 Wie wird ein 4 Jahre altes Kind auf die Frage: „Wo sind mehr/weniger Streichhölzer?" reagieren, wie ein 6 Jahre altes Kind?
Begründen Sie Ihre Auffassung mithilfe der Stufenlehre Piagets.

E.
Dem Kind wird eine Modelllandschaft (Abb. S. 114 gezeigt. Aus mehreren Bildern soll es zunächst dasjenige herausfinden, das seiner eigenen Blickrichtung entspricht, anschließend diejenigen, die den Blickrichtungen einer Puppe entsprechen, die verschiedene Standpunkte einnimmt.

1 Um welches Problem ging es wohl Piaget bei der Durchführung dieser Versuchsanordnung?
2 Ab welcher Phase ist dieses Problem wahrscheinlich zu lösen?

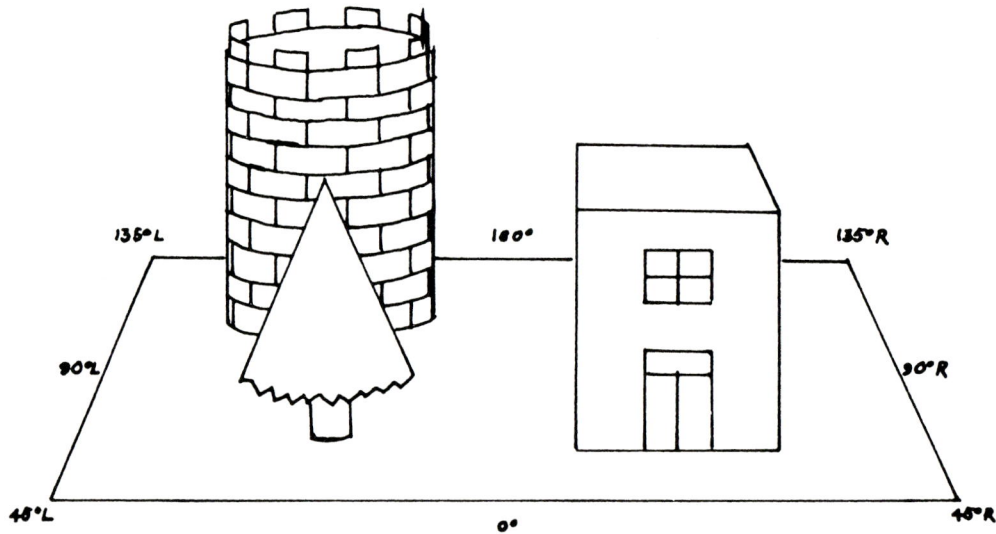

Versuchsanordnung zum Raumegozentrismus

(Nach: J. Youniss und A. de Shazo Robertson: Child Development, 1970, 41, S. 218. In: Funkkolleg Pädagogische Psychologie. Studienbegleitbrief 3. Beltz Verlag: Weinheim und Basel 1972, S. 103)

2.3.6 Zur Kritik der kognitiven Entwicklungslehre Jean Piagets

Bei aller Anerkennung der Leistungen Piagets sind doch auch vereinzelte kritische Stimmen zu vernehmen, die sich in ihrer Stoßrichtung gelegentlich stark voneinander unterscheiden.

a) Die Bedeutung von Piagets Beitrag zur genauen Erforschung der Entwicklung kognitiver Prozesse bei Kindern ist unbestritten. Die Fragen, die er stellte, die Phänomene, die er untersuchte,
5 die Begriffe, die er prägte, um seine Einsichten zu formulieren, sind von bleibender Bedeutung. Seine Theorie des dynamischen Wechselspiels von Assimilation und Akkommodation wird allgemein als Beschreibung der Prozesse der geisti-
10 gen Entwicklung anerkannt.
Die Sequenz der vier globalen *Entwicklungsstufen* fand auch die Unterstützung anderer Wissenschaftler.
Mit seinem Stufenmodell schuf er ein Vorbild für
15 jegliche psychologische Theoriebildung über Entwicklungsprozesse.
Andererseits scheint es, dass Piaget die kognitiven Fähigkeiten von Kindern unterschätzt hat. Dafür lassen sich drei Gründe nennen:

(1) Da ihm moderne Untersuchungstechniken 20 nicht zur Verfügung standen, war er auf einfachere Methoden der Beobachtung leicht zugänglichen Verhaltens angewiesen.
Um zum Beispiel die Vorstellungen von Kleinkindern zur Objektpermanenz zu untersuchen, 25 beobachtete er, ob und wie sie nach versteckten Gegenständen suchten […]. Das heißt, die Kinder mussten zweierlei leisten: Sie mussten erstens „wissen", dass ein Gegenstand weiterexistierte, auch wenn er außer Sicht geriet. Zweitens 30 mussten sie auch die sensomotorischen Fähigkeiten besitzen, um den versteckten Gegenstand suchen zu können. Die zweite Anforderung, die nichts mit der Objektpermanenz zu tun hat, kann dazu führen, dass das Wissen des Kindes 35 über Objekte unterschätzt wird […]. […]

(2) Ein anderer Grund für Piagets Unterschätzung der kognitiven Kompetenz von Kindern liegt darin, dass er sich bei älteren Kindern stark 40 auf die Beschreibung verließ, die sie selbst für ihre Denkprozesse gaben.
Kinder können aber durchaus etwas verstehen, ohne dass sie in der Lage sind, es auch zu erklären. Es ist nicht überraschend, dass andere 45 Wissenschaftler Piagets Entdeckungen ergänzen

114

	Angenommen, du fängst hiermit an:	→	Dann veränderst Du die Situation so:	→	Die Frage, die dem Kind zu stellen ist, ist
(a) Erhaltung der Masse	A B	Rolle die Tonkugel B aus	A B		Welche ist größer, A oder B?
(b) Erhaltung des Gewichts	A B	Rolle die Tonkugel B aus	A B		Welche wird mehr wiegen, A oder B?
(c) Erhaltung des Volumens	A B	Nimm die Tonkugel aus dem Wasser und rolle die Tonkugel B aus	A B		Wenn ich den Ton wieder in die Wasserbehälter lege, in welchem Behälter wird das Wasser höher ansteigen?

und, in einigen Fällen, infrage stellen. Zum Beispiel gibt es immer mehr Belege dafür, dass Kinder früher über einige kognitive Fähigkeiten
50 verfügen, als Piaget es für möglich hielt [...]. Wenn man Kinder im Vorschulalter ein Verständnis von Ursache-Wirkungs-Zusammenhängen durch nonverbales Verhalten anstelle von verbalen Äußerungen mitteilen lässt, so zei-
55 gen sie ein viel differenzierteres Kausaldenken, als man aufgrund der Lektüre von Piagets Interviews mit Kindern erwartet hätte [...].
Die Versuche, Piagets übergroßes Vertrauen auf die verbalen Berichte der Kinder zu korrigieren,
60 hatten ein weiteres unerwartetes, dennoch wichtiges Ergebnis. Sie haben uns auf die prinzipielle

(Nach: N. L. Gage/J. G. Berliner, a. a. O., S. 109)

Wovon hängt die richtige Beantwortung der gestellten Aufgabe ab?
Beziehen Sie sich bei der Beantwortung der Frage auf den Text. 2. 3. 4!

Diskrepanz zwischen dem, was Kinder über ihre Denkprozesse berichten, und dem, was sie im nichtverbalen Verhalten zeigen, hingewiesen. [...] 65

(3) Ein dritter Grund dafür, dass die Kompetenz von Kindern bei Piagets Aufgaben möglicherweise unterschätzt wurde, liegt darin, dass in diesen

70 Aufgaben fast immer die Realität von Regeln und Begriffen (Konzepten) gegen den Augenschein ausgespielt wurde.

Man kann das an der Umschüttaufgabe (Aufgabe zur Invarianz von Flüssigkeiten, s. oben) ver-
75 deutlichen. In dieser Aufgabe besagt die konzeptuelle Realität, dass das Volumen einer Flüssigkeit dadurch nicht verändert wird, dass man sie von einem Behälter in einen anderen gießt. Schüttet man die Flüssigkeit aus einem breiten in
80 ein schmales Glas, wodurch der Flüssigkeitsspiegel höher zu liegen kommt und die Flüssigkeitssäule schmaler und länger wird, so sind solche Veränderungen irrelevant für Einschätzungen des Volumens. Kleine Kinder jedoch neigen da-
85 zu, Volumen nach der Höhe einzuschätzen, und so werden sie dazu verleitet anzunehmen, das schmale Glas enthalte mehr Flüssigkeit als das breite. Um zeigen zu können, dass sie die Erhaltung des Volumens verstanden haben, müssen
90 Kinder nicht nur die Realität der Regeln und Begriffe beherrschen, sie müssen zusätzlich den zwingenden Augenschein ignorieren (Flavell 1985).

Ohne diesen „überwältigenden" Augenschein
95 zeigen Kinder manchmal ein viel besseres Verständnis für die Realität der Begriffe. [...]

Kurz gesagt, besteht eine wichtige Einsicht aus neueren Arbeiten zur kognitiven Entwicklung darin, dass es wichtig ist, zwischen Kompetenz
100 und Performanz zu unterscheiden. Um zu einem Verständnis der kognitiven Kompetenz sehr kleiner Kinder zu gelangen, ist es notwendig, „kinderfreundliche Aufgaben" zu benutzen, in denen irrelevante Anforderungen gering gehalten
105 werden.

(Aus: Philip G. Zimbardo: Psychologie. Deutsche Bearbeitung von Siegfried Hoppe-Graff, Barbara Keller und Irma Engel. Hrsg. der deutschen Ausgabe: Siegfried Hoppe-Graff und Barbara Keller. 6., neu bearbeitete und erweiterte Auflage. Springer Verlag: Berlin-Heidelberg 1995, S. 77–80)

1 Charakterisieren Sie die zum Ausdruck kommende Kritik bei Zimbardo. Wird der Ansatz von Piaget grundsätzlich infrage gestellt?

2 Vergleichen Sie die Kritik von Philip G. Zimbardo mit der folgenden von Guy Claxton.

b) Um die gemächlichen Denk- und Erfahrungsweisen zu erschließen, muss man den Mut haben abzuwarten. Wissen erwächst aus Nicht-Wissen und ist eine Reaktion darauf. Lernen –
5 der Prozess, um zu Wissen zu gelangen – erwächst aus dem Gefühl im Unklaren zu sein. Lernen will diese Ungewissheit vermindern, indem Fremdes zu Vertrautem gemacht wird, was auf eine Art ambivalent ist, denn Lernen muss
10 Ungewissheit auch zulassen können, und zwar als Brutstätte, in der Ideen keimen und Antworten ersonnen werden. Überwiegt eine der beiden Seiten, ist das seelische Gleichgewicht gestört. Wird Nicht-Wissen untätig hingenommen, geht
15 die aktive Suche nach Bedeutungsinhalten und Beherrschung der Dinge verloren, was zu Fatalismus und Abhängigkeitsdenken führen kann. Wächst sich dagegen der Drang nach Wissen und Klarheit übermäßig aus und untergräbt die
20 geistige Fähigkeit auch unklare Gedanken zuzulassen, stoßen Demagogie und Lehrsätze auf offene Türen, Meinungen und Überzeugungen, an denen man festhalten kann, die den Anforderungen vielleicht nicht so ganz entsprechen,
25 aber immerhin den Wissensdurst stillen.

Der Hauptgrund für den Rückgang der langsamen Erkenntniswege liegt vielleicht aber auch darin, dass wir als Kulturgemeinschaft den Sinn für die unbewusste Intelligenz verloren haben,
30 zu der die ruhigeren Denkweisen Zugang schaffen, ein Verlust, für den gemeinhin René Descartes verantwortlich gemacht wird. Wenn wir unserem viel beschäftigen, bewussten Verstand einmal die Zeit gönnen still und schweigend zu
35 verharren, zu warten auf etwas, das aller Voraussicht nach einer Quelle jenseits seines Wissenshorizontes und seiner Kontrolle entspringen wird, so muss unser Verstand zumindest die Existenz einer solchen Quelle anerkennen. Die mo-
40 derne westliche Kultur hat das intelligente Unbewusste – den Unterverstand, wie ich es bisweilen bezeichne – derart vernachlässigt, dass wir nicht einmal mehr wissen, dass wir es haben, uns nicht erinnern, zu was es gut ist, und es da-
45 her bei Bedarf auch nicht finden können. Wir halten das Unbewusste nicht für eine wertvolle Quelle, sondern – falls wir überhaupt darüber nachdenken – für ein ungebändigtes und unkontrollierbares „Ding", das unseren Verstand
50 und unser kontrolliertes Denken bedroht und im gefährlichen freudianischen Verlies unserer See-

116

le zu Hause ist. Stattdessen schenken wir dem bewussten, überlegten, zielgerichteten Denken – der D-Denkweise – ausschließlich Glauben. [...]

Der noch unentwickelte Verstand von Kindern muss sich eher auf die unbewusst als auf die bewusst ablaufenden geistigen Tätigkeiten verlassen. Babys lernen die Menschen zu erkennen, die für sie von Bedeutung sind, und sie lernen am festen, familiären Tagesablauf immer mehr teilzuhaben – Badezeit, Essenszeit, Schlafenszeit –, und das lange bevor sie sich zu ihrem Tun äußern oder es reflektieren können. Laufen lernen sie durch die Trial-and-error-Methode; aus dem Wechselspiel zwischen dem Muskelapparat von Schultern, Rumpf und Beinen und den Sinnesorganen für Sehvermögen, Tast- und Gleichgewichtssinn ergeben sich mit der Zeit tausende von automatischen Bewegungen. Sprechen lernen sie, indem sie die Sprache ihres Kulturkreises hören, ohne dabei über bestimmte grammatische Kenntnisse zu verfügen. Sie entwickeln Techniken, mit denen sie Dinge zueinander ins Verhältnis setzen, ohne dafür in einem Lehrbuch nachschlagen zu müssen. Und wenn sie dann älter werden, lernen sie Rad fahren, Geige spielen, Fußball spielen, Rendezvous zu haben, Essen zu machen, einzukaufen, zu fliegen und zu lieben, ohne vernünftig erklären zu können, wie es sich mit all den Dingen verhält, warum sie tun, was sie tun, oder wie sie all das erlernt haben.

Das meiste, was wir an brauchbarem Wissen im Laufe unseres Lebens erwerben, sind nicht explizite, bewusste Kenntnisse, sondern implizites, intuitives Wissen. Es geht uns in erster Linie nicht darum, dass wir im Stande sind, über das zu reden, was wir tun, sondern es geht darum, es schlicht und einfach zu tun – gekonnt, mühelos, weitgehend unbewusst und ohne darüber nachdenken zu müssen. Und die dazugehörige Art und Weise von Lernen, die, mit der wir dieses intuitive Wissen erlangen – „Lernen durch Osmose", wie ich es bezeichne –, legen wir nicht einfach mit der Zeit ab. Es ist unser biologisches Erbe in der Lage zu sein mit Hirn und Verstand fast unmerkliche Regelmäßigkeiten in den durch Erfahrung erworbenen Kenntnissen aufzuspüren und sie als Leitfaden zur Entfaltung und Entwicklung von wirksamen Handlungsmustern nutzen zu können. Diese elementare Befähigung wird durch das Ausbilden von komplizierteren Lernmethoden ergänzt, nicht aber ersetzt. Die Präsenz der unbewussten Intelligenz, die nicht vom bewussten, klaren Verstand überlagert wird, fällt bei Tieren und kleinen Kindern viel mehr auf, doch ist es ein Fehler zu meinen, dass wir mit dem Älterwerden über sie hinauswachsen.

Dennoch wird dieser Fehler gemacht und das ist teilweise das Verdienst des Schweizer Experimentalpsychologen – oder „Entwicklungsepistemologen", wie er sich lieber bezeichnet – Jean Piaget. Die Fähigkeit diese intuitive Erfahrenheit vollkommen zu beherrschen, nannte Piaget „sensorisch-motorische Intelligenz". Er behauptete, dass sie während der ersten beiden Lebensjahre von höchster Bedeutung sei, mit der Zeit aber von anderen, stärkeren, abstrakten und in zunehmendem Maße auch intellektuellen Erkenntnisweisen eingeholt und verändert werden. In seiner außerordentlich einflussreichen „Entwicklungsstufen-Theorie" pflichtet Piaget stillschweigend der im Erziehungswesen verbreiteten Ansicht bei, dass die D-Denkweise die höchste Form von Intelligenz wäre. Durch den nachhaltigen Einfluss, den seine Betrachtungsweise auf ganze Erziehungsgenerationen hatte, half er ungewollt mit, dass die Schulen – auch bereits Vorschulen und Kindergärten – ihre Aufgabe vorwiegend darin sahen, Kinder davon abzubringen, sich auf ihre Sinne und ihre Intuition zu verlassen, als sie vielmehr so schnell wie möglich zu verstandesgesteuerten Welterklärern zu machen.

(Aus: Guy Claxton: Der Takt des Denkens. Über die Vorteile der Langsamkeit. Aus dem Englischen von Regina Schneider. Ullstein Verlag: Berlin 1998, S. 22–23 und 46–47)

1 Welchen Fehler wirft Guy Claxton dem Entwicklungsepistemologen Jean Piaget vor? (Siehe auch Abschnitt 2. 1. 3!)

2 Hat Guy Claxton mit seinem Vorwurf Piaget gegenüber Recht?

3 Beurteilungen Sie die pädagogische Bedeutung des Entwicklungsmodells von Piaget. Beziehen Sie gegebenenfalls pädagogische Schlussfolgerungen, die Hanns Martin Trautner im Blick auf die Praxis sieht, mit in Ihre Stellungnahme ein:

(1) Prinzipiell ist bei Maßnahmen der Erziehung und Unterrichtung von den jeweils gegebenen Denkstrukturen des Kindes auszugehen.

(2) Anstelle von oder zusätzlich zu verbalen Unterweisungen sollte möglichst viel Gelegenheit zur aktiven Manipulation mit Gegenständen gegeben werden.

(3) Optimale Bedingung für Lernen ist die Gewährleistung mittlerer Grade der Abweichung vom Vertrauten.

(4) Jeder hat möglichst nach seinem individuellen Tempo zu arbeiten.

(5) Die geistige Entwicklung wird durch soziale Interaktion und Kommunikation gefördert. Frontalunterricht ist demnach eine wenig förderliche Lernbedingung.

(6) Große Bedeutung für die geistige Entwicklung kommt dem „spontanen" oder beiläufigen außerschulischen Lernen zu.

(Aus: Hanns Martin Trautner: Lehrbuch der Entwicklungspsychologie. Bd. 1. Verlag für Psychologie: D. Hogrefe Göttingen 1978, S. 360 f.)

---

4 Überlegen und diskutieren Sie, inwiefern neben der Entwicklung kognitiver Intelligenz auch die Entwicklung emotionaler Intelligenz pädagogisch erforderlich ist. Beziehen Sie sich dabei auf die folgende Einteilung emotionaler Intelligenz nach Daniel Goleman.

Die fünf Dimensionen der emotionalen Intelligenz

Selbstbewusstheit   Die Fähigkeit eines Menschen seine Stimmungen, Gefühle und Bedürfnisse zu akzeptieren und zu verstehen und [...] deren Wirkung auf andere einzuschätzen.
Merkmale: Selbstvertrauen; realistische Selbsteinschätzung; selbstironischer Humor.

Selbststeuerung   Die Fähigkeit „kurzschlüssige", jähzornige Impulse oder Stimmungen zu kontrollieren oder umzuleiten; Tendenz Urteile greifen zu lassen und erst zu denken, bevor man handelt.
Merkmale: Glaub-/Vertrauenswürdigkeit und Integrität; offen gegenüber Veränderungen; Fähigkeit mit unklaren oder mehrdeutigen Situationen umgehen zu können.

Motivation   Begeisterungsfähigkeit für die Arbeit, sich selbst unabhängig von finanziellen Anreizen oder Status anfeuern können. Die Einstellung Ziele ausdauernd und mit Hingabe zu verfolgen.
Merkmale: Hohe Leistungsbereitschaft; Optimismus, auch wenn es einmal schief geht; Identifizierung mit dem Unternehmen.

Empathie   Die Fähigkeit emotionale Befindlichkeiten anderer Menschen zu verstehen und angemessen darauf zu reagieren.
Merkmale: Erkennen und Fördern der Fähigkeiten anderer; kulturübergreifende Sensibilität; Dienst am Kunden und Geschäftspartner.

Soziale Kompetenz   Die Fähigkeit Kontakte zu knüpfen und tragfähige Beziehungen aufzubauen; gutes Beziehungsmanagement und Netzwerkpflege.
Merkmale: Das Wissen, wie man andere für einen neuen Weg gewinnt; die Kompetenz Teams zu bilden und zu führen; Überzeugungskraft.

(Aus: Daniel Goleman: Intelligenz mit viiiel Gefühl, in: Psychologie heute. April 1999, S. 29)

2.4   Moralische Entwicklung nach Lawrence Kohlberg

In Anlehnung an die Entwicklungslehre Jean Piagets hat der Sozialpsychologe Lawrence Kohlberg ein Modell entworfen, das dem besseren Verständnis moralischer Entwicklung dienen soll.

2.4.1   Hinführung: Mark Twain, Die Geschichte vom unartigen kleinen Jungen

Es war einmal ein böser kleiner Junge, der hieß Jim – obgleich böse kleine Jungen fast immer James heißen, wie ihr finden werdet, wenn ihr in den Sonntagsschulbüchern lest. Es war sonderbar, aber wahr, dass dieser Jim hieß.
Er hatte auch keine kranke Mutter – eine kranke Mutter, die fromm war und die Schwindsucht hatte, die sich gern ins Grab gelegt und ausgeruht hätte, wenn nicht die große Liebe zu ihrem

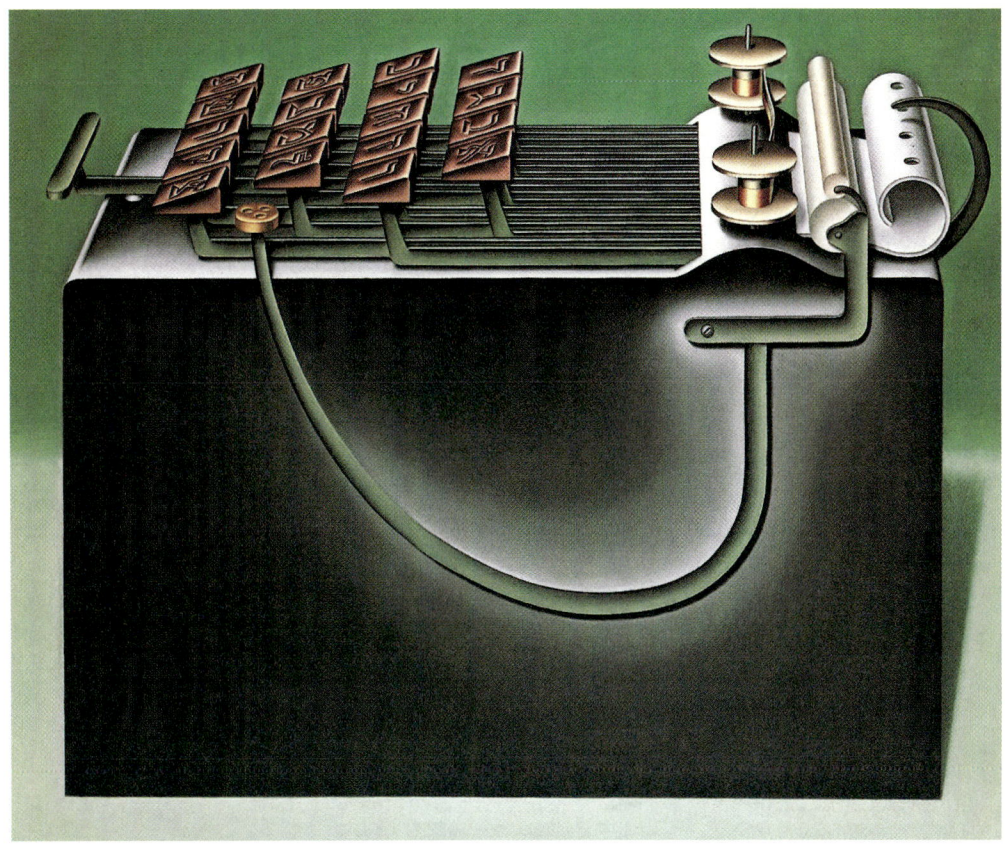

Konrad Klapheck: Die Forderungen der Moral (1982)

(Aus: Konrad Klapheck: Retrospektive 1955–1985, hrsg. von Werner Hofmann, © Prestel Verlag, München 1985)

10 Sohne sie abgehalten hätte und die Angst, die Welt könnte hart und kalt gegen ihn sein, wenn sie fort wäre. Die meisten bösen Jungen in den Sonntagsbüchern heißen James und haben kranke Mütter, die sie lehren zu sagen: „Müde bin ich,
15 geh' zur Ruh',„ usw. und sie in den Schlaf singen mit süßen, klagenden Stimmen und sie zur Gutenacht küssen und am Bett niederknien und weinen. Aber bei diesem Jungen war's anders. Er hieß Jim und seiner Mutter fehlt gar nichts – sie
20 hatte weder Schwindsucht noch sonst etwas Derartiges. Sie war eher derb zu nennen, auch war sie nicht fromm; außerdem ängstigte sie sich nicht um Jim. Wenn er seinen Hals brechen sollte, meinte sie, wäre das kein großer Verlust. Sie trieb
25 ihn stets mit etlichen Klapsen ins Bett und küsste ihn nie zur Gutenacht; im Gegenteil, sie gab ihm Ohrfeigen beim Fortgehen.

Einstmals stahl dieser böse Junge die Schlüssel zur Speisekammer, schlüpfte hinein und verhalf sich zu etwas Marmelade. Dann füllte er das Ge- 30 fäß wieder mit Teer, sodass seine Mutter den Unterschied nicht merken konnte; aber wunderbarerweise kam kein schreckliches Gefühl über ihn und nichts schien ihm zuzuflüstern: „Ist es recht, dass ich meiner Mutter nicht gehorche? Ist es 35 nicht eine Sünde? Wohin kommen die bösen kleinen Junge, die ihrer lieben, gütigen Mutter die Marmelade wegessen?" Und dann kniete er nicht von ganz allein nieder und versprach nicht nie wieder bös sein zu wollen und stand nicht auf 40 mit leichtem, glücklichen Herzen und ging nicht und erzählte seiner Mutter alles und bat sie um Verzeihung und wurde nicht von ihr gesegnet mit Tränen des Stolzes und Dankes in den Augen. Nein – so machen es alle andern bösen Jun- 45 gen in den Büchern; aber mit Jim war es sonderbarerweise anders. Er aß die Marmelade und sagte in seiner sündigen, gewöhnlichen Art, es wäre famos, und er tat den Teer hinein und sagte, das wäre auch famos, und lachte, indem er bemerkte, „dass die Alte schön schnauben würde", wenn sie es entdeckte; und als sie es entdeckte, leugnete er alles und sie bläute ihn tüchtig durch und das Weinen verrichtete er selber. Alles war sonderbar an diesem Jungen – alles schlug anders für ihn aus als für die bösen Jameses in den Büchern. Einstmals kletterte er auf den Apfelbaum des Bauern Acorn, um Äpfel zu stehlen, und der Ast brach nicht, Jim fiel nicht herunter und brach nicht den Arm und wurde nicht von des Bauern großem Hund zerrissen, um dann wochenlang krank im Bett zu liegen und zu bereuen und gut zu werden. O nein! er stahl so viel Äpfel, wie er wollte, und kam wohlbehalten unten an; dem Hund war er ganz gewachsen, den schlug er derb mit einem Ziegelstein, als er ihn zerreißen wollte. Er war sehr sonderbar – nichts dergleichen geschah je in jenen harmlosen, kleinen Büchern mit marmorierten Rücken und mit Bildern von Männern mit Schwalbenschwanzröcken, glockenförmigen Hüten und kurzen Beinkleidern und Frauen mit kurzen Taillen und ohne Reifröcke. Nichts dergleichen steht in irgendeinem Sonntagsschulbuch.

Einmal stahl er dem Schullehrer das Federmesser und als ihm angst wurde, dass es herauskommen könnte, steckte er es in Georg Wilsons Mütze – der armen Witwe Wilson Sohn, der Musterknabe, der beste kleine Junge des Dorfes, der immer seiner Mutter gehorchte und nie die Unwahrheit sagte und die Sonntagsschule zärtlich liebte. Und als das Messer aus der Mütze fiel und der arme Georg den Kopf hing und wie schuldbewusst errötete und der bekümmerte Lehrer ihn des Diebstahls bezichtigte und eben im Begriffe war die Rute auf seinen zitternden Schultern niedersausen zu lassen, erschien nicht plötzlich in ihrer Mitte ein weißhaariger, unmöglicher Friedensrichter und stellte sich in Positur und rief: „Schone diesen lieben Jungen – dort steht der feige Bösewicht! Ich ging an der Schultür vorüber als die Schule aus war und, selbst ungesehen, sah ich ihn den Diebstahl begehen!" Und dann wurde Jim nicht geschlagen und der ehrwürdige Friedensrichter hielt der in Tränen zerfließenden Schule keine Predigt und nahm Georg nicht bei der Hand und sagte, solch ein Junge verdiene erhöht zu werden, und ließ ihn nicht zu sich kommen und nicht bei sich wohnen und die Amtsstube ausfegen und Feuer anmachen und Botengänge besorgen und Holz spalten und Jura studieren und seiner Frau im Hause helfen und alle übrige Zeit zum Spielen verwenden und vierzig Cent den Monat verdienen und glücklich sein. Nein; das würde in den Büchern so geschehen sein, aber bei Jim war's anders. Kein nörgelnder alter Klotz von Friedensrichter kam herein, um Unfrieden zu stiften, und so wurde der Musterknabe Georg durchgeprügelt und Jim freute sich darüber, weil Jim, wie ihr wisst, Musterknaben hasste. Er sagte, er wäre „wütend auf diese Memmen". So roh drückte sich dieser böse, verwahrloste Junge aus.

Aber das Wunderbarste, was Jim begegnete, war das eine Mal Boot fahren am Sonntag, wobei er nicht ertrank, und das andere Mal Fischen auch am Sonntag, wobei ihn das Gewitter erwischte und der Blitz ihn doch nicht erschlug. Wahrhaftig, ihr könnt alle Sonntagsschulbücher von jetzt bis nächste Weihnachten durchstudieren, ohne irgendetwas Ähnliches anzutreffen. O, ihr würdet finden, dass alle bösen Jungen, die am Sonntag Boot fahren, ohne Ausnahme ertrinken und alle bösen Jungen, die vom Gewitter überrascht werden, wenn sie sonntags fischen, vom Blitz erschlagen werden. […] Wie Jim dem entging, wird mir stets ein Geheimnis bleiben.

Dieser Jim war verzaubert – das muss des Rätsels Lösung sein. Nichts konnte ihn verletzen. Er gab selbst dem Elefanten in der Menagerie eine Prise Tabak und der Elefant schlug ihm mit seinem Rüssel nicht den Schädel ein. Er umkreiste den Speiseschrank nach Pfefferminzessenz und irrte sich nicht und trank nicht Scheidewasser. Er stahl seines Vaters Flinte und ging sonntags jagen und schoss sich nicht drei oder vier Finger ab. Seine kleine Schwester schlug er im Zorn mit der Faust auf die Schläfe und sie siechte nicht elend dahin in langen Sommertagen und starb nicht mit süßen Worten der Vergebung auf den Lippen, die die Angst seines brechenden Herzens verdoppelten. Nein, sie überlebte es. Schließlich lief er davon und ging zur See und er kam nicht

zurück traurig und allein in der Welt, fand nicht
seine Lieben auf dem stillen Kirchhof schlum-
mernd und das weinumrankte Heim seiner Kindheit zusammengestürzt und zerfallen. Ach nein!
er kam heim, betrunken wie ein Stadtpfeifer, und
ging zuerst auf die Polizeiwache.
Er wuchs auf und heiratete und gründete eine
große Familie und zerschmetterte ihnen allen eines Abends den Schädel und wurde wohlhabend
durch alle Arten von Betrug und Schurkerei; jetzt
ist er der verteufelste Schurke seiner Heimat und
ist allgemein geachtet und gehört zur obersten
Behörde.
Wie du siehst, gab es nie einen bösen James in
den Sonntagsschulbüchern, der solch fortgesetz-
tes Glück hatte wie dieser sündige Jim mit dem
verzauberten Leben.

(Mark Twain: Die Geschichte vom unartigen kleinen
Jungen, in: Die besten Kurzgeschichten von Marc Twain.
Ausgewählt von Dieter Zimmer. Falken Verlag: Niedern-
hausen/Ts. 1989, S. 76–80, aus: Marc Twain, Skizzen. Bib-
liographisches Institut: Leipzig/Wien 1893, Übersetzung:
H. Löwe)

1 Interpretieren Sie die Geschichte unter Berücksichtigung von Form und Inhalt. Beziehen Sie
dabei auch die moralischen/ethischen Implikationen in Ihre Überlegungen mit ein.
2 Nehmen Sie Stellung zu der vermuteten
Aussageabsicht der Geschichte von
Mark Twain.
3 Moralerziehung – ein sinnvolles Vorhaben?

2.4.2 Grundlagen:
Das Stufenmodell Kohlbergs

2.4.2.1 Zur Methode:
Der flexible Interviewansatz

Lawrence Kohlberg stellte ein eigenes Modell zur
Entwicklung des moralischen Urteils vor, das auf
Piagets Konzept aufbaut. Als Methode verwand-
te er einen flexiblen Interviewansatz. Das heißt:
Die Reaktionen der Befragten werden bei weiter-
führenden Fragen berücksichtigt, sodass es zu
einem eher offenen Gespräch kommt. Die Geschichten, die er 10- bis 16-jährigen Jungen vor-
trug, enthielten ein moralisches Dilemma. Kohlberg (1963) interessierte sich für die Kriterien

und Orientierungen, nach denen die Probanden
den Konflikt beurteilten.
Das bekannteste Beispiel ist folgende Geschichte.
„Eine Frau lag im Sterben, sie hatte Krebs. Es gab
ein Medikament, von dem die Ärzte annahmen,
dass es helfen könnte. Es war eine Art von Radium, das von einem Apotheker derselben Stadt, in
der die Frau lebte, vor kurzem entdeckt worden
war. Das Mittel war teuer in der Herstellung, aber
der Apotheker verlangte zehnmal mehr, als ihn
die Herstellung des Mittels kostete. Es selbst
musste 200 Dollar für das Radium bezahlen, verlangte aber 2000 Dollar für eine kleine Dosis des
Mittels. Heinz, der Ehemann der kranken Frau,
ging zu jedem, den er kannte, um sich das Geld
zu borgen. Er kam jedoch nur auf 1000 Dollar,
die Hälfte des Preises. Er erzählte dem Apotheker,
dass seine Frau im Sterben läge, und bat ihn das
Medikament billiger abzugeben oder ihn den
Rest später bezahlen zu lassen. Aber der Apotheker sagte: ‚Nein, ich habe das Mittel entdeckt und
will damit Geld verdienen.‘ Heinz war verzwei-
felt und brach in die Apotheke ein, um das Mittel für seine Frau zu stehlen.“

Einige der nachfolgenden Fragen lauteten sinn-
gemäß:
Durfte Heinz das Medikament stehlen?
Hat der Ehemann die Pflicht das Mittel für seine
Frau zu stehlen, wenn er es auf andere Weise
nicht bekommen kann?
Hatte der Apotheker das Recht, so viel zu verlangen, wenn es kein Gesetz gibt, das die Höhe des
Preises festsetzt?
Wäre der Diebstahl ebenso gerechtfertigt, wenn
die Kranke eine Fremde wäre und nicht die eige-
ne Frau?
Heinz wird für den Diebstahl des Medikamentes
verhaftet. Soll der Richter ihn verurteilen oder
freisprechen?“
Von den Argumentationen der Probanden aus-
gehend konstruierte Kohlberg (1969/74) sechs
Stadien der moralischen Entwicklung, die auf
drei unterschiedlichen Niveaustufen angeordnet sind […]
(Aus: Ulrich Schmidt-Denter: Soziale Entwicklung. Ein
Lehrbuch über soziale Beziehungen im Laufe des menschlichen Lebens. Psychologie Verlags-Union: München
Weinheim 1988, S. 267)

1 Legen Sie die vorgestellte Geschichte Kindern und Jugendlichen Ihrer Umgebung vor und notieren Sie die Antworten.

2 Analysieren Sie die erhaltenen Antworten und versuchen Sie eine Ordnung in die Ergebnisse Ihrer Befragung zu bringen.

3 Überlegen Sie, wo Vorteile und wo Nachteile der Methode des flexiblen Interviewansatzes liegen könnten.

4 Kohlberg trug seine Dilemma-Geschichte lediglich männlichen Probanden vor. Diskutieren Sie, ob bei Mädchen ähnliche Argumente zu erwarten sind wie bei Jungen.

2.4.2.2 Die Stufen Kohlbergs – Darstellung und Argumentationsbeispiele

Je nachdem, mit welchen Argumenten die Antworten auf Fragen zu den von Kohlberg erzählten Dilemmageschichten ausfielen, ordnete Kohlberg sie in der Regel einer von 6 Stufen zu,
5 die im Folgenden beschrieben werden.

Prä-konventionelle Ebene

Stufe I: Die Orientierung an Bestrafung und Gehorsam. Ob eine Handlung gut oder böse ist,
10 hängt ab von ihren physischen Konsequenzen und nicht von der sozialen Bedeutung bzw. Bewertung dieser Konsequenzen. Vermeidung von Strafe und nicht hinterfragter Unterordnung unter Macht gelten als Werte an sich, nicht vermit-
15 telt durch eine tiefer liegende, durch Strafe und Autorität gestützte Moralordnung (Letzteres entspricht Stufe IV).

Stufe II: Die instrumentell-relativistische Orientierung. Eine richtige Handlung zeichnet sich
20 dadurch aus, dass sie die eigenen Bedürfnisse – bisweilen auch die Bedürfnisse anderer – instrumentell befriedigt. Zwischenmenschliche Beziehungen erscheinen als Markt-Beziehungen. Grundzüge von Fairness, Gegenseitigkeit, Sinn
25 für gerechte Verteilung sind zwar vorhanden, werden aber stets physisch oder pragmatisch interpretiert. Gegenseitigkeit ist eine Frage von „eine Hand wäscht die andere", nicht von Loyalität oder Ge-
30 rechtigkeit.

Konventionelle Ebene

Stufe III: Orientierung an personengebundener Zustimmung oder „guter Junge/nettes Mädchen"-Modell. Richtiges Verhalten ist, was anderen gefällt oder hilft und ihre Zustimmung findet.
35 Diese Stufe ist gekennzeichnet durch ein hohes Maß an Konformität gegenüber stereotypen Vorstellungen von mehrheitlich für richtig befundenem oder „natürlichem" Verhalten. Häufig wird Verhalten nach der Absicht beur-
40 teilt: „Er meint es gut", wird zum ersten Mal wichtig. Man findet Zustimmung, wenn man „nett" ist.

Stufe IV: Orientierung an Recht und Ordnung. Autorität, festgelegte Regeln und die Aufrecht-
45 haltung der sozialen Ordnung bilden den Orientierungsrahmen. Richtiges Verhalten heißt seine Pflicht tun. Autorität respektieren und für die gegebene soziale Ordnung um ihrer selbst willen eintreten.
50

Post-konventionelle autonome oder prinzipien-geleitete Ebene

Stufe V: Die legalistische oder Sozialvertrags-Orientierung. Im Allgemeinen mit utilitaristischen
55 Zügen verbunden. Die Richtigkeit einer Handlung bemisst sich tendenziell nach allgemeinen individuellen Rechten und Standards, die nach kritischer Prüfung von der gesamten Gesellschaft getragen werden. Man ist sich der Relati-
60 vität persönlicher Werthaltungen und Meinungen deutlich bewusst und legt dementsprechend Wert auf Verfahrensregeln zur Konsensfindung. Abgesehen von konstitutionellen und demokratischen Übereinkünften ist Recht eine Frage per-
65 sönlicher Wertsetzungen und Meinungen. Das Ergebnis ist eine Betonung des legalistischen Standpunktes, wobei jedoch die Möglichkeit von Gesetzesänderungen aufgrund rationaler Reflexion sozialen Nutzens nicht ausgeschlos-
70 sen wird (im Gegensatz zur rigiden Aufrechterhaltung von Recht und Ordnung, wie sie für Stufe IV charakteristisch ist). Außerhalb des gesetzlich festgelegten Bereichs basieren Verpflichtungen auf freier Übereinkunft und Verträ-
75 gen.

Stufe VI: Orientierung an allgemein gültigen ethischen Prinzipien. Das Recht wird definiert durch eine bewusste Entscheidung in Übereinstimmung mit selbst gewählten ethischen Prinzipien unter Berufung auf umfassende logische Extension, Universalität und Konsistenz.

Diese Prinzipien sind abstrakt und ethischer Natur (die goldene Regel, der kategorische Imperativ), nicht konkrete Moralregeln wie etwa die Zehn Gebote.

Im Kern handelt es sich um universelle Prinzipien der Gerechtigkeit, der Gegenseitigkeit und Gleichheit der Menschenrechte und des Respekts vor der Würde des Menschen als individueller Person.

(Aus: Lawrence Kohlberg: Moralische Entwicklung und demokratische Erziehung. In: Georg Lind/Jürgen Raschert (Hrsg.). Moralische Urteilsfähigkeit. Eine Auseinandersetzung mit Lawrence Kohlberg über Moral, Erziehung und Demokratie. Beltz Verlag: Weinheim u. Basel 1987, S. 26f.)

Zur Illustration der Stufen werden einige Argumentationsbeispiele vorgestellt, die auf die Dilemmageschichte des vorausgehenden Abschnittes eingehen.

Stufe 1: Tommy, 10 Jahre alt: „Heinz sollte nicht stehlen, er sollte das Medikament kaufen. Wenn er das Medikament stiehlt, könnte er ins Gefängnis kommen und müsste das Medikament dann doch zurückgeben."

„Aber vielleicht sollte Heinz das Medikament doch stehlen, weil seine Frau vielleicht eine bedeutende Dame ist wie Betsy Ross, sie hat die erste Fahne genäht." Hier wird offenbar die öffentliche Bedeutung einer Person zum Kriterium der Entscheidung.

Stufe 2: Tommy, 13 Jahre alt. „Heinz sollte das Medikament stehlen, um das Leben seiner Frau zu retten. Er mag dafür ins Gefängnis kommen, aber er hätte immer noch seine Frau."

Versuchsleiter: „Tommy, du sagtest, er sollte das Medikament für seine Frau stehlen. Sollte er es auch stehlen, wenn es für einen sterbenden Freund wäre?" „Das ginge zu weit. Er wäre im Gefängnis, während sein Freund gesund und frei sein würde. Ich glaube nicht, dass ein Freund dies für ihn tun würde."

Stufe 3: Tommy, 16 Jahre alt. „Wäre ich Heinz, ich hätte das Medikament für meine Frau gestohlen. Liebe hat keinen Preis, noch können Geschenke Liebe erzeugen. Auch das Leben hat keinen Preis."

An einem Beispiel aus dem Unterricht der Klasse 8 soll demonstriert werden, wie sich Unterrichtsprozesse mithilfe der Kohlberg-Stufen beschreiben und didaktisch auswerten lassen. Besprochen wurde der folgende Text von Klaus Baumgärtner:

Reinhold (16) und sein Schulfreund Joseph (14) haben früher Schule aus und schlendern nach Hause. Reinhold fragt: „Sag mal, hast du eigentlich schon mal richtigen Whisky getrunken?" und als Joseph verneint, sagt er: „Los, dann komm mal mit mir und ich zeig' dir was." Die beiden gehen auf Reinhods Zimmer, Reinhold kniet sich vors Bett, schlägt die hängende Bettdecke weg, schiebt zwei Kisten zur Seite und deutet nach unten. Joseph weiß nicht, was er sagen soll, so verdutzt ist er. Vor seinen Augen sieht er gut ein Dutzend voller Whisky-Flaschen und auch noch andere Schnapssorten.

„Wo hast du die denn her?" „Na, aus dem SB-Selbstbesorger. So einen kleinen Vorrat für die Bar muss man schon haben. Außerdem kommt man da im Moment günstig dran. Willst du einen Schluck?" Reinhold bietet Joseph die Flasche an. Dieser tut so, als trinke er und fragt dann: „Was willst du denn mit den ganzen Flaschen machen, Mensch? Stell dir vor, du wirst erwischt …!" „Mensch, erzähl nicht, ich bin clever und außerdem, hast du noch nie etwas mitgehen lassen?" „Doch schon, ein Pfund Erbsen, als wir mit den Blasrohren geschossen haben, aber das war mehr eine Mutprobe, weil alle mit waren. Außerdem waren die Erbsen nur 45 Pfennig wert. Aber du mit deinem Whisky!"

„Ach Quatsch, das ist der klassische Mundraub und deshalb straffrei.", lacht Reinhold, „Pass auf, wir machen Folgendes: Wir gehen in den Supermarkt und ich zeige dir dann, wie man es macht. Das ist für dich ja ungefährlich, kommst nur mit zum Gucken. Und wenn jemand kommt, dann sagst du Bescheid …!"
Joseph fühlt sich sehr unwohl in seiner Haut.

Bei der Besprechung des Textes wurde zuerst unter Heranziehung von Paragrafen des StGB die

Strafbarkeit der von Reinhold beabsichtigten Tat festgestellt. Zugleich kreisten Schülerfragen immer wieder um die Frage, wie die Geschichte wohl ausginge, d.h. ob die Jungen (der Junge) erwischt würden. Dann lenkte der Lehrer die Besprechung.

Lehrer: Zurück zum Fall – was sagt der Schlusssatz?
Mehrere Schüler (erläutern den Sinn des Schlusssatzes)
Lehrer: Wenn ihr Joseph wärt, wie würdet ihr euch verhalten?
Mehrere Schüler: Ich würde dem Reinhold widerstehen/Man darf nicht alles mitmachen, was andere sagen/(und Ähnliches)
Lehrer: Der Reinhold würde aber sagen, du bist ein Frosch.
Mehrere Schüler: (ähnlich wie vorher: man sollte nicht, dürfte trotzdem nicht usw.)
Lehrer: Ja, was ist denn mit dem Argument, das ist eh nicht verwerflich – die haben das nämlich einkalkuliert!?
Ein Schüler: (geht zurück zur Frage des Erwischtwerdens und zu der Überlegung, man müsse der Überredung der anderen widerstehen)
Lehrer: (stoppt den Beitrag, wiederholt seine Frage)
Ein Schüler: Dann müssen ja alle anderen Käufer das mitbezahlen. Die werden geschädigt.

Hier endet die Szene.

Nach dem Vortragen der Geschichte hatten sich sofort Schüler zu Wort gemeldet. Sie stellten die vermeintliche Sachfrage, ob denn die Tat strafbar sei. Als Sachfrage würde diese Frage einen analytischen Aspekt des Vorgangs erfassen; die Interpretation mithilfe von Kohlberg ergibt eine konkurrierende Deutung: Die Schüler interessiert zuerst einmal die in der Geschichte gestellte Handlungsfrage nicht als genuin moralische Frage, nämlich als Frage nach gut und böse, richtig oder falsch, nach eigener Beurteilung und Verantwortung. Sondern sie erfragten die Konsequenzen der Handlung, also, was als Sanktion passiert, wenn man so handelt. Die Strafbarkeit ist dann keine Sachinformation, sondern sie ist das Entscheidungskriterium, das zählt – die Argumentation der Schüler orientiert sich hier also vermutlich an Bestrafung, an Vermeidung von Schwierigkeiten (Stufe 1).

Die weiteren Schülerfragen, wie die Geschichte wohl ausgehe, d.h. ob die Jungen wohl erwischt würden, bestätigt diese Sicht der Dinge; denn nur im Falle des Erwischtwerdens ergibt sich die Konsequenz der Bestrafung.
Der Unterrichtende hatte an dieser Stelle übrigens den Schülern suggeriert, man werde in Supermärkten eigentlich immer erwischt. Diese Lehrer-Intervention, die natürlich spontan geschah, denn mit diesen o. g. Schülerfragen hatte der Referendar nicht gerechnet, hat eine Reihe von Implikationen. Zum einen widerspricht sie den Informationen, die die Geschichte vermittelt – der Junge Reinhold hat ja offensichtlich erfolgreich geklaut. Zum anderen wird durch die klare Antwort – so vermute ich – den Schülern implizit eine Aussage über richtiges und falsches Verhalten gegeben, es wird also keine Sachaussage, sondern eine inhaltlich-normative Antwort gegeben. Die moralische Entscheidungsfrage, ob diese Handlungsweise zu vertreten ist, wird nicht offen gehalten, sondern indirekt mit einer für die Institution Schule typischen Antwort versehen: Man klaut nicht! Diese Botschaft wird von der Öffentlichkeit von Schule erwartet; vielleicht hat beim Referendar auch Angst mitgespielt, was im anderen Falle Schüler zu Hause vielleicht erzählen und Eltern daraus entnehmen. Der Referendar kann natürlich auch aus eigener Überzeugung und/oder aus Verblüffung über die Schüler-Reaktionen auf eine Reaktion verfallen sein, die die Wertungsfrage vorschnell klärt.
Über die Erläuterung des Schlusssatzes („Joseph fühlt sich sehr unwohl in seiner Haut.") – bei der die Schüler sich ohne weiteres in die Gefühle und den Situations-Zusammenhang des Joseph einfühlten – und die folgende Lehrerfrage nach dem Handeln („Wenn ihr Joseph wärt …") wird die Entscheidungsfrage wieder offen formuliert. Sie kommt aber bei den Schülern wohl nicht als offen an: Alle Antworten von Schülern geben dieselbe Handlungsregel wieder, aus der im konkreten Fall folgt, dass sie nicht in die geringste Versuchung kämen im Supermarkt zu stehlen. Dem entspricht unsere soziale Realität aber recht wenig: Wir wissen, auch aus Umfragen unter Schülern im Unterricht, dass die Delikthäufigkeit auch bei Gymnasiasten recht hoch ist.

(Aus: Jürgen Backhaus/Armin Buckenmaier/Klaus Farber/ Gerrit Hoberg: Der Griff in das Regal. Unterrichtsbausteine zum Thema Ladendiebstahl. Ernst Klett Verlag: Stuttgart 1976, S. 74 f. Grafik: Christa Janik, Leinfelden)

Die Handlungsregel, die formuliert wird (man sollte nicht, man dürfte nicht), geht über das Konsequenzen-Urteil der Stufe 1 hinaus und bezieht sich auf gegebene, akzeptierte Regeln für das Verhalten. Das Bild des „guten Jungen", der das Richtige tut, wird aufgerichtet. Außer der Struktur der Stufe 3 kann natürlich auch die Stufe 4 in den Äußerungen enthalten sein. (Die Trennschärfe der Analyse solcher Sätze darf nicht überschätzt werden.)

Dass die Entscheidung keine offene mehr ist, entnehme ich auch daraus, dass der Lehrer mit seinem Einwand, dass der Junge aber unter den Druck seiner Bezugsgruppe geraten würde („Der Reinhold würde aber sagen, du bist ein Frosch"), wenn er nicht mitgeht, nicht einmal verbales Verständnis hervorruft. Die Schüler wiederholen hier eine inhaltlich klare Antwort, deren Strukturbezug aber viel komplizierter ist: die Orientierung an der Bezugsgruppe für die Entscheidung, also die Urteilsstruktur auf Stufe 3, ist auf die Verstrickung in Konflikte hin angelegt, die auf derselben Stufe nicht zu lösen sind: Wenn jemand nämlich unterschiedlichen Bezugsgruppen angehört, die konfligierende inhaltliche Erwartungen haben, dann gibt diese Orientierung kein Entscheidungskriterium. Die Schüler sind aber in solchen konfligierenden Gruppenbezügen – z. B. können peer group und Institution Schule entgegengesetzte Auffassungen vertreten. In unserem Fall haben die Schüler sich auf den Konflikt nicht mehr eingelassen. Andernfalls wäre es wohl ein wirklicher pädagogischer Anstoß mit kognitiver Dissonanz gewesen und eine Chance zur Reflexion und zum Lernen. Die Schüler äußern sich so, als sei nur eine Bezugsgruppe die maßgebende, nämlich die Schule.

Der nächste Lehrerimpuls versucht mit einem Versatzstück aus einer kritischen Gesellschaftstheorie zu provozieren: die Aussage „die haben das ja einkalkuliert" scheint das Stehlen zu rechtfertigen, es wird so getan, als seien in die Käufer-Verkäufer-Situation nur zwei Beteiligte involviert, die voneinander die Absicht der Übervorteilung erwarten und sich deshalb – in ausgleichender Fairness – darauf einstellen und alles wieder ins Gleichgewicht bringen. Dass dieses Argument zur Rationalisierung von Partikularinteressen dienen kann, wird nur dann deutlich,

wenn in der Antwort die Interessen anderer, nicht in der Frage genannter, möglicher Beteiligter einbezogen werden. Die soziale Perspektive muss also erweitert werden auf die Frage, ob die gefundene Handlungsanweisung wohl den Interessen vieler oder aller Betroffener gerecht wird. Angezielt wird also die Stufe 5 bzw. 6 nach Kohlberg.

Der Schüler, der zuerst antwortet, geht auf die Begründung durch „Erwischtwerden" und „Man muss widerstehen" zurück. Auf die wiederholte Lehrerfrage hin meldet sich lediglich ein Schüler, der in seiner Antwort möglicherweise eine Ahnung der Verallgemeinerungsfähigkeit von Argumenten ausdrückt („alle anderen"). Hierauf geht kein weitere Schüler ein. Damit beendet der Lehrer diese Szene.

Bei dieser Interpretation der letzten Schülerantwort als einer, die in die Richtung post-konventionellen Urteilens geht, muss eine Relativierung angebracht werden. Die geschilderte Unterrichtsszene liegt Jahre zurück. Inzwischen sind in Supermärkten Schilder aufgetaucht, die an die Kunden appellieren, „im Interesse der anderen, die das bezahlen müssen", nicht zu stehlen.

Dies kann bedeuten, dass heutige Jugendliche dieses Argument einfach als Ausdruck guten und ordentlichen Benehmens lernen, also als Inhalt übermittelt bekommen. Damit wäre es kein Argument einer umgreifenden sozialen Perspektive mehr, sondern Konvention. Dann wären Schüleräußerungen dieser Art eher der Stufe 3 und 4 zuzuordnen. Zu erwarten wäre auch, dass eine ganze Reihe Schüler dieses „Argument" nennen würde, weil es ja nur übernommen und nicht selbst erarbeitet werden muss.

(Aus: Sibylle Reinhardt: Was heißt „Anwendung" von Sozialwissenschaften in der schulischen Praxis? In: Zeitschrift für Pädagogik. 33. Jg. Heft 2/87. Beltz Verlag; Weinheim S. 209–212)

1 Erörtern Sie anhand des vorliegenden Beispiels Möglichkeiten und Grenzen von Moralerziehung im Rahmen von Schule und Unterricht.
2 Analysieren Sie die Bildergeschichte auf der vorhergehenden Seite mithilfe des Kohlberg-Modells.

Anfragen an Kohlberg –
Zur Auseinandersetzung um das Stufen-
modell der Entwicklung moralischer Urteils-
fähigkeit: Ist Tugend lehrbar ...?

Die folgenden „Anmerkungen zur ‚Kohlberg-Diskussion'" von Aloysius Regenbrecht geben als Textauszug nur einen Teil möglicher Kritik an der Stufenlehre Kohlbergs wieder. Dem Autor geht es
weniger um die methodischen Schwierigkeiten, die
in den Forschungen zur Entwicklung des moralischen Bewusstseins liegen, als vielmehr um
grundsätzliche Fragen zur Moralerziehung. In dem
zuerst zitierten Textabschnitt greift Aloysius Regenbrecht auf Überlegungen aus der Geschichte
der Pädagogik zurück.

Die Frage nach der sittlichen Erziehung der
Schüler hat nicht nur bei allen klassischen
Pädagogen von Friedrich Wilhelm Foerster über
Herbart, Schleiermacher, Pestalozzi und Rous-
5 seau bis hin zu Comenius, um hier nur einige zu
nennen, eine zentrale Rolle gespielt, sie steht
auch in unübersehbarer Weise ganz am Beginn
der abendländischen Philosophie. Manche meinen, mit der Frage nach dem guten, dem rich-
10 tigen Leben, habe das Philosophieren der Menschen überhaupt angefangen. Ausdrücklich
thematisiert wird unser Problem in den platoni-
schen Dialogen Protagoras und Menon.
Da trifft der Menon den Sokrates auf der Straße
15 und fragt ihn: „Kannst du mir sagen, Sokrates, ist
die Tugend lehrbar? Oder ist sie nicht lehrbar,
sondern eine Sache der Übung? Oder ist sie
weder eine Sache der Übung noch des Lernens,
sondern etwas, was dem Menschen von Natur
20 aus oder auf irgendeine Weise sonst zuteil wird?"
Der Menon formuliert hier in fast unüberholba-
rer Prägnanz unsere Fragen: Ist die Tugend oder
auch seine Untugend dem Menschen angebo-
ren, sodass seine Anlage sein Schicksal ist und al-
25 le erzieherischen Bemühungen fehlschlagen
müssen?
Wenn sie aber erzieherisch beeinflusst werden
kann, ist das eher mit Worten, also in der kognitiven Dimension, um mit Kohlberg zu spre-
30 chen, oder mehr durch Übung, d. h. durch
die Anleitung zu praktischem Handeln zu fördern?

Ich denke, dieses sind exakt die Fragen, unter
denen wir die Theorie Kohlbergs prüfen müssen,
und wir sind wahrscheinlich gespannt, was der 35
Sokrates darauf zu antworten weiß.
Sokrates verblüfft uns auch hier wieder einmal
mit seinen Gedanken, indem er uns über die hier
formulierten Fragen hinaus auf das Grundsatz-
problem bringt, von dem seiner Meinung nach 40
die Art der Antwort auf die oben gestellten Ein-
zelfragen abhängt. Hören wir ihn selbst: „Oh,
Fremdling, wie es scheint; hältst du mich für der
Glücklichen einen, welche etwas wissen, wenigstens von der Tugend, ob sie lehrbar sei, oder wel- 45
cher Weise man ihrer sonst teilhaftig werde. Ich
aber, weit entfernt, dass ich wüsste, ob sie lehrbar
oder nicht lehrbar ist, weiß ja nicht einmal so
viel, was überhaupt Tugend ist."
Das Weitere muss man nachlesen. Es mag aber 50
deutlich geworden sein, dass vor der Beantwortung der Frage nach der Möglichkeit einer moralischen Erziehung die Klärung der Probleme stehen muss, was wir denn unter Sittlichkeit, Wert,
Tugend, Norm, Gesetz, Freiheit und Verantwor- 55
tung verstehen müssen. Tun wir das nicht, so geraten wir in die Situation, dass wir uns zwar hek-
tisch in Bewegung setzen, aber gar nicht wissen,
wo wir eigentlich hinwollen. Dieses sind also die
beiden Grundfragen aller moralischen Erzie- 60
hung:
• Was ist das moralisch Gute?
• Warum soll der Mensch überhaupt gut sein?
Die Beantwortung dieser Fragen steht nicht zeitlich, wohl aber logisch am Anfang aller morali- 65
schen Erziehung. [...]
Wir haben einleitend die drei Hauptmerkmale
der Theorie Kohlbergs genannt:
(1) Moralerziehung geschieht durch Förderung
der moralischen Urteilsfähigkeit, die sich in Stu- 70
fen entwickelt.
(2) Urteilsfähigkeit ist eine notwendige, aber
keine hinreichende Bedingung für moralisches
Handeln. Die Schulen sind daher als Stätten der
Kooperation aller Beteiligten einzurichten. 75
(3) Moralische Erziehung in der Schule ist politische Erziehung und steht unter der regulativen
Idee der Gerechtigkeit.
Die Einsichten und Leistungen einer solchen
Theorie liegen auf vier Gebieten. 80
Die Moralität eines Menschen, und auch die des

Kindes, besteht nicht darin, dass er eine möglichst große Zahl von sittlichen Normen und Regeln *kennt,* sondern dass er diese Normen aus Einsicht *anerkennt.* Kohlberg kritisiert mit Recht jene pädagogischen Maßnahmen, die sich auf die bloße Weitergabe eines Tugendkatalogs beschränken, oder auch der Werte der Verfassung oder der Zehn Gebote, ohne dass das Kind und der Jugendliche selber die Verbindlichkeit dieser Normen einsehen lernt. Er lehnt es ab, dass die Erwachsenen den Kindern die aus ihrer Sicht „richtigen" Lösungen vorgeben; die Kinder sollen von den Lehrern nicht die „richtigen" Antworten erhalten, sondern durch Dilemma-Geschichten zu eigenen Fragen und Entscheidungen geführt werden. Die bloße Präsentation von Tugendkatalogen bezeichnet er als Indoktrination.

Moralität und richtiges moralisches Handeln ist für Kohlberg rational diskutierbar. Er lehnt den moralischen Relativismus in jeder Form ab. Sittliches Handeln ist nicht Privatsache und auch nicht gewissermaßen naturwüchsig gegeben, sondern kann und muss rational gerechtfertigt werden. Aufgabe des Erziehers ist es, den Schüler gemäß seiner Entwicklungsstufe bei solchen Rechtfertigungen moralischen Handelns zu unterstützen.

Kohlberg weist uns darauf hin, dass auch auf dem Gebiet der moralischen Erziehung das Kind in seiner jeweiligen Entwicklungsstufe ernst zu nehmen ist. Gute Eltern und Lehrer haben zwar immer schon gewusst, dass kleinere Kinder mit anderen Argumenten zu gewinnen sind als größere, es fehlt uns aber trotz Piaget, der Ähnliches schon gedacht hat, eine in sich geschlossene, empirisch fundierte Theorie der Stufenfolge moralischer Entwicklung. Es wäre auch sicher ganz abwegig zu meinen, in der Mathematik oder im Geschichtsunterricht oder im Kunstunterricht müssten wir den sachstrukturellen Entwicklungsstand beachten, d. h. die Art, wie das Kind sich seiner Entwicklung gemäß mit dem jeweiligen Gegenstand auseinander setzt, nur in der moralischen Erziehung könnten wir dem Kleinkind mit den gleichen Argumenten begegnen wie dem Erwachsenen. Soweit uns die Untersuchungen Kohlbergs ein gesichertes Wissen um die Entwicklungsstufen der moralischen Ur-

teilsfähigkeit verschaffen, haben diese Ergebnisse eine große Bedeutung für alle unsere erzieherischen Bemühungen.

Eine Schule, die sich bewusst den Aufgaben der moralischen Erziehung stellt, muss dieses auch im Verhältnis der Lehrer zu den Schülern und der Schüler untereinander zum Ausdruck bringen. Moralische Entwicklung als Erziehungsziel verlangt nach Kohlberg daher die Schaffung *moralischer,* das sind in seinem Sinne *gerechte* Interaktionsstrukturen. Diese finden in der Anerkennung der Rechte der Schüler und in besonderen Formen der Kooperation ihren Ausdruck [...] Kohlbergs Arbeiten betrachten die Entwicklung des Kindes und Jugendlichen aus der so genannten kognitiv-entwicklungspsychologischen Perspektive, das heißt, sie untersuchen die Entwicklung der rationalen Fähigkeiten des Menschen. Nun ist es sicher richtig, dass Schule vornehmlich eine Stätte rationaler Auseinandersetzung und damit des kognitiven Lernens ist. Es darf aber nicht übersehen werden, dass der Mensch nicht allein aus dem Kopf besteht, sondern dass auch und gerade in der moralischen Erziehung die emotionalen Komponenten eine wichtige Rolle spielen. Emotionale Faktoren wie Gefühlsansprechbarkeit und Einfühlungsvermögen, Gemütsbindungen und Vertrauen, Mitleid und Nächstenliebe sind dabei von grundlegender Bedeutung. Liebe kommt als pädagogischer Begriff in der Kohlberg-Theorie nicht vor! Dabei kennen wir aus der Hospitalismusforschung die Bedeutung der emotionalen Zuwendung einer ständigen Kontaktperson zu Säuglingen und Kleinkindern. In der Zuwendung, die dem Menschen zuteil wird, erfährt er sich selbst als liebenswert, gewinnt Vertrauen in die Welt und die Mitmenschen und wird fähig selber Vertrauen und Liebe zu schenken. Mit der Annahme des Menschen wird die Grundlage zu seiner Liebesfähigkeit, zu Wohlwollen und Gerechtigkeit gelegt.

Mit solchen Hinweisen möchte ich die Bedeutung einer Klärung der Stufen kognitiver Entwicklung in der Erziehung nicht mindern und ich denke, auf diesem Feld hat Kohlberg Bedeutendes geleistet. Für pädagogisch bedenklich halte ich jedoch die Isolierung und Monopolisierung der kognitiven Dimension gegenüber der emotionalen.

Ein anderes Modell einer Stufenfolge moralischer Erziehung jedenfalls hat Pestalozzi entwickelt. Er nimmt die Kinder in eine gesittete Gemeinschaft auf, hält sie dann zur Übung moralischer Tugenden an und zum Schluss erst begründet er sein Vorgehen und klärt sittliche Forderungen im Gespräch. Er schreibt darüber in seinem Stanser Brief: „Meine diesfällige Handlungsweise ging von dem Grundsatz aus: Suche deine Kinder zuerst warmherzig zu machen, und Liebe und Wohltätigkeit bei ihnen durch die Befriedigung ihrer täglichen Bedürfnisse, ihrer Empfindungen, ihrer Erfahrung und ihrem Tun nahe zu legen, sie dadurch in ihrem Innern zu gründen und zu sichern, dann ihnen viele Fertigkeiten anzugewöhnen, um dieses Wohlwollen in ihrem Kreise sicher und ausgebreitet ausüben zu können.

Endlich und zuletzt kommt man mit dem gefährlichen Zeichen des Guten und Bösen, mit den Wörtern."

Soll das nach Kohlberg alles überholt sein? [...]

Das oberste moralische Prinzip heißt bei Kohlberg Gerechtigkeit. Gerechtigkeit ist in seiner Theorie das Grundprinzip der Moralität, von dem her alle Handlungsnormen zu legitimieren sind. Die einzelnen Stufen der Moralentwicklung werden definiert durch eine jeweilige Neustrukturierung des Gerechtigkeitsverständnisses. Ein gleichrangiges oder gar umfassendes Prinzip des Mitgefühls oder der Liebe scheint Kohlberg nicht zu akzeptieren.

Gerechtigkeit besteht nach Kohlberg im Ausgleich der Interessen der von einer Konfliktsituation betroffenen handelnden Individuen. Ein Handeln unter der regulativen Idee der Gerechtigkeit schließt daher ein, dass der Handelnde sich in die Lage des anderen hineinversetzt, sich in dessen Rolle eindenkt.

Im Konfliktfall ist dann jene Lösung gerecht, die diesen Ansprüchen Rechnung trägt, die man selber aufrechterhalten würde, auch wenn man nicht wüsste, welche Person in der Situation ist. [...]

Nun kennt auch Kohlberg den Begriff der Empathie („Besorgnis um das Wohl anderer") und spricht ihr neben der Gerechtigkeit („Streben nach Gleichheit und Gegenseitigkeit") den Charakter einer „universalen menschlichen Disposition" zu. Die Idee der Empathie verengt sich in seiner Entwicklungstheorie jedoch zu einem bloß rationalen Begriff der Rollenübernahme (role-taking), zur Wahrnehmung des Standpunkts und der Interessen einer anderen Person, um im Konfliktfall einen gerechten Interessenausgleich herbeiführen zu können. Empathie wird dadurch funktionalisiert und der Gerechtigkeit nachgeordnet, sodass er nur noch einem obersten Prinzip, dem der Gerechtigkeit reden kann. „Die emotionale Seite der Empathie, die Fähigkeit zur Ein- und Nachfühlung spielt in seinem Modell eine untergeordnete Rolle."

Hier ist die Frage zu stellen, wieweit dieser „kalte" Gerechtigkeitsbegriff geeignet ist moralisches Handeln zu motivieren. Damit wird zugleich die Frage nach der Bedeutung von Mitgefühl und Liebe für moralisches Handeln aufgeworfen, die den Horizont eines bloßen Interessensausgleiches übersteigen und dem anderen um seiner Menschlichkeit willen wohl wollen. Auch bleibt in seiner Gerechtigkeitstheorie die Frage offen, warum der Mensch überhaupt „gerecht" sein soll, wo der letzte Grund dafür liegt, dass er moralisch handeln soll.

Kohlberg hat sich in einer Arbeit, die sich mit der moralischen Entwicklung im Erwachsenenalter beschäftigt, selber mit solchen Fragen auseinander gesetzt. Er konstatiert bei Erwachsenen eine existenzielle Unsicherheit, die sich auch nach Klärung der universellen ethischen Prinzipien einstellen kann, wenn der Mensch sich vor die Frage gestellt sieht, warum er in einer Welt, die zum Teil ungerecht ist, selber gerecht sein soll. Kohlberg spekuliert über die Existenz einer siebenten Stufe, wo, wie Schreiner es formuliert, „existenzielle Verzweiflung in einer Art kosmischen Perspektive aufgelöst wird, wo sich das Individuum als eins mit der Welt begreift, von daher den Sinn seines Lebens bestimmt und die Antizipation des Todes ertragen kann."

Kohlberg hat diese Stufe in einem weiteren Aufsatz folgerichtig als „faith orientation" bezeichnet. Eine rein rationale Begründung und damit auch eine rein kognitive Entwicklung der moralischen Urteilsfähigkeit schienen demnach auch für Kohlberg zur Gewinnung einer moralischen Haltung nicht auszureichen. Der Mensch benötigt nach Kohlberg den Glauben, um für

moralisches Handeln motiviert zu sein. „Zwar ist
weder für die Ausformulierung noch für die
280 Rechtfertigung moralischer Prinzipien Glaube
notwendig", so schreibt er. „Im gewissen Sinne
jedoch ist Glaube erforderlich, um bestmöglich
nach moralischen Prinzipien zu leben."
Kohlberg überschreitet hier sein System der
285 sechs kognitiv-moralischen Stufen, ohne jedoch
die Konsequenzen für die innere Stimmigkeit
seines Systems zu erörtern. Er kann den religiösen Aspekt moralischen Handelns in seine Theorie der Moralerziehung in der Schule auch nicht
290 aufnehmen, weil er [...] von der strikten Tren-
nung zwischen Kirche und Staat ausgeht. Umso
mehr sollten wir es uns angelegen sein lassen,
nach dem „gewissen Sinn" zu fragen, in dem
nach Kohlberg Moral und Glauben zusammen-
295 hängen und die Konsequenzen für den Unterricht in unseren Schulen zu bedenken. [...]
Kohlberg hat Probleme thematisiert, die in der
heutigen Zeit und auch für die Erziehungsarbeit
in der Schule nicht zu überschätzen sind. [...]
300 Die Beschäftigung mit der Theorie Kohlbergs
schließt Überlegungen in moralphilosophischer,
moraltheologischer, moralpsychologischer und
schulpraktischer Hinsicht ein als da sind:
a) Was ist das moralisch Gute und warum soll
305 der Mensch überhaupt moralisch handeln?
b) Welche Bedeutung haben die verschiedenen
menschlichen Kräfte und Fähigkeiten in der
moralischen Erziehung? Wie entwickeln sie
sich?
310 c) Wie kommt der Mensch vom Wissen um
das Gute zum Tun des Rechten? Ist Wissen
gleich Tugend?
d) Wie müssen die menschlichen Beziehungen, die von Lehrern zu Schülern und der
315 Schüler untereinander in der Schule aussehen, damit moralische Erziehung erfolgreich sein kann?
Das alles sind sehr komplexe, weil miteinander
zusammenhängende Fragen. Es scheint aber
320 möglich zu sein, Probleme der moralischen Erziehung heute auch öffentlich zu erörtern, weil
sie in unserer richtungslosen Zeit immer drän-
gender werden.

(Aus: Aloysius Regenbrecht: Moralische Erziehung in der
Schule. Anmerkungen zur „Kohlberg-Diskussion". In:
Schule heute, 26. Jg. 1986, Heft 2, S. 21–24, gekürzt)

1 Welche Bedeutung misst Aloysius Regenbrecht
der Frage nach der Begründung des moralisch
Guten im Rahmen von Moralerziehung bei?
2 Worin liegen nach Regenbrecht die Einsichten
und Leistungen der Kohlberg-Theorie? Können
Sie seiner Beurteilung folgen?
3 Stellen Sie die Kritik Regenbrechts an Kohlberg
dar und setzen Sie sich damit auseinander.
4 In der Diskussion um Kohlberg wird zuweilen
kritisiert,
a) die von Kohlberg genannten Stufen seien
nicht in allen Kulturen anzutreffen (keine
Universalität der Stufen),
b) man könnte beobachten, dass Rückschritte
von einer höheren zu einer niedrigeren
Stufe bei einzelnen Probanden gemacht
werden (keine Irreversibilität),
c) Kinder und Jugendliche könnten je nach
Situation auf unterschiedlichem moralischen Niveau argumentieren (keine Homo-
genität der Stufen).
Was ist von diesen Kritikpunkten zu halten?
Welche Folgerungen ergeben sich gegebenenfalls für die Anwendung der Stufenlehre in der
erzieherischen Praxis?

2.5   Zusammenfassender Überblick: Theorien von Entwicklung

Unter Entwicklung versteht man im allgemeins-
ten Sinne Veränderungen des Individuums im
Zeitablauf. Entwicklungstheorien beanspruchen
solche Veränderungen zu beschreiben und zu erklären. Theorien über den Menschen implizie-   5
ren aber immer auch anthropologische Voran-
nahmen [...], über deren Angemessenheit nicht
empirisch entschieden, sondern nur argumenta-
tiv verhandelt werden kann. [...]

10

Psychodynamische Entwicklungstheorien.
Im Rahmen der Ausarbeitung seiner psychoanalytischen Theorie legte Sigmund Freud 1905 eine
Phasenlehre der kindlichen Sexualentwicklung
vor. Der Begriff der kindlichen Sexualität ist viel-   15
fach missverstanden worden. Freud versteht unter „Sexualität" im weiteren Sinne körperliches
Lustempfinden. Die Phasen der psychosexuellen

Entwicklung unterscheiden sich dementsprechend nach den im Laufe der Kindheit sich ändernden Körperzonen, die dem Kind Lust bereiten. Daraus ergeben sich zunächst die orale, die anale und zuletzt die phallische Phase, während der der Ödipuskonflikt durchlaufen wird. Es schließt sich eine Latenzzeit an, die zeitlich etwa mit der Grundschulzeit zusammenfällt. Mit der Pubertät setzt dann die genitale Reifung ein. Die psychosexuelle Entwicklung ist infolge der möglichen Fixierung auf eine der bereits durchlaufenen Phasen eng mit der Charakterausbildung verbunden. Eine reife Persönlichkeit, die an die letzte Phase gebunden ist, zeichnet sich durch Selbstsicherheit und Hinwendung zur Mitwelt aus. Parallel zur psychosexuellen Entwicklung erfolgt die psychosoziale. Der Sozialisationsprozess kann nach Freud mit dem Konstrukt des Über-Ichs beschrieben werden. Das Über-Ich hat seine Wurzeln in den Normen und Werten der kulturellen Umwelt, die im Zuge der Erziehung vom Kinde übernommen werden. [...].

Erik H. Erikson [...] entwickelte auf Basis der psychoanalytischen Theorie ein Modell der Identitätsentwicklung, das die gesamte Lebensspanne umfasst. Dabei werden für jede Entwicklungsphase sowohl psychosexuelle als auch psychosoziale Aspekte berücksichtigt. Erikson geht davon aus, dass sich der Mensch zunehmend auf einen weiteren sozialen Radius einstellen muss und dass auch die soziale Umgebung dem entgegenzukommen versucht. Die Bewältigung der mit den einzelnen Entwicklungsphasen verbundenen Aufgaben ermöglicht dem Individuum die Erreichung der nächst höheren Phase. Ein Misslingen schafft Lebensprobleme, die auch im höheren Alter noch das innerpsychische und das soziale Leben bestimmen. Erikson unterscheidet acht Entwicklungsphasen mit jeweils zwei möglichen Ausgängen, die hier nur genannt werden können:

- Oral-sensorische Phase:
  Urvertrauen vs. Misstrauen
- Muskulär-anale Phase:
  Autonomie vs. Scham und Zweifel
- Lokomotorisch-genitale Phase:
  Initiative vs. Schuldgefühl
- Latenzphase:
  Leistung vs. Minderwertigkeitsgefühl

- Pubertät und Adoleszenz:
  Identität vs. Rollenkonfusion
- Frühes Erwachsenenalter:
  Intimität vs. Isolierung
- Erwachsenenalter:
  Zeugende Fähigkeit vs. Stagnation
- Reife: Ich-Integrität vs. Verzweiflung

Kognitive Entwicklungstheorien.
Während psychodynamische Entwicklungstheorien das innerpsychische Kräftespiel in seiner Auseinandersetzung mit der sozialen Umwelt in den Mittelpunkt der Aufmerksamkeit stellen, geht es bei kognitiven Entwicklungstheorien primär um die Entwicklung des Denkens und Urteilens. Die einflussreichste kognitive Entwicklungstheorie wurde in langjähriger Forschungsarbeit von Jean Piaget unter maßgeblicher Mitarbeit von Bärbel Inhelder herausgearbeitet („Genfer Schule"). Piagets übergeordnetes Anliegen war eine genetische Erkenntnistheorie, die von der Hypothese ausgeht, „dass zwischen dem Fortschritt in der logischen und rationalen Organisation der Erkenntnis und den entsprechenden psychologischen Formationsprozessen ein Parallelismus besteht." [...] Nach Piagets strukturalistischem Ansatz entwickeln sich die Denkstrukturen des Kindes in ständiger handelnder Auseinandersetzung mit der Umwelt. Dabei spielen die Prinzipien Assimilation (Einpassung von Umweltgegebenheiten in bereits vorhandene Handlungs- und Denkschemata) und Akkommodation (Anpassung von Handlungs- und Denkschemata an neue Umweltgegebenheiten) eine zentrale Rolle. Sie ermöglichen die Herstellung eines Gleichgewichtes (Äquilibration) zwischen der eigenen Denkstruktur und den Erfordernissen der Außenwelt auf einem immer höheren kognitiven Entwicklungsniveau. Piaget unterscheidet im Wesentlichen vier Phasen, die in sich noch mehrfach untergliedert sind. Die jeweils neuen intellektuellen Leistungen, die ein Kind in einer bestimmten Phase erbringen kann, sind durch paradigmatische Aufgabenstellungen charakterisierbar.

- Die Phase der senso-motorischen Intelligenz, die von der Geburt bis etwa zum 2. Lebensjahr sechs Stadien umfasst: In dieser Phase entwickelt das Kind aus den angeborenen

Reflexen heraus erste Handlungsschemata, die ihm erlauben seine Umwelt aktiv zu erkunden. Daraus entstehen die ersten rudimentären Denkschemata. z. B. wird durch den Umgang mit Objekten die „Objektpermanenz" erworben (Dinge existieren weiter, selbst wenn sie derzeit nicht sichtbar sind).

- Die Phase der prä-operationalen Intelligenz (etwa vom 2. bis zum 7. Lebensjahr):
In dieser Phase erfolgt der Spracherwerb und damit die sprachliche Symbolisierung der Außenwelt. Geprägt ist diese Phase vom Egozentrismus des Kindes, der die Unfähigkeit des Kindes bezeichnet Sachverhalte aus der Perspektive von anderen zu sehen.
- Die Phase der konkreten Denkoperationen (etwa vom 7. bis zum 11. Lebensjahr).
In dieser Phase überwindet das Kind eindimensionale Betrachtungsweisen und erwirbt z. B. das Konzept der Mengenkonstanz. Es kann jetzt erkennen, dass eine Flüssigkeit, die von einem kleinen breiten Becher in einen hohen schmalen umgefüllt wird, von der Menge her gleich bleibt.
- Die Phase der formal-operationalen Intelligenz (etwa vom 11. bis zum 14. Lebensjahr):
In dieser Phase wird formal-abstraktes und hypothetisches Denkvermögen erworben, das nicht mehr an konkretes Anschauungsmaterial gebunden ist.

Piagets Entwicklungstheorie legt eine Reihe von pädagogischen Konsequenzen nahe, sowohl im Hinblick auf die Gestaltung des Unterrichtes (Bedeutung der Eigentätigkeit des Kindes beim Wissenserwerb) als auch im Hinblick auf die Gestaltung der Lehrpläne [...]. [...]

Lawrence Kohlberg entwickelte in Orientierung an Piaget ein Modell der moralischen Entwicklung, das aus sechs Stufen besteht (je zwei Stufen auf der präkonventionellen, auf der konventionellen und auf der postkonventionellen Ebene). Empirische Grundlage des Modells waren Interviews mit 10- bis 16-jährigen Jugendlichen über eine Reihe von Geschichten, die verschiedene moralische Konfliktsituationen enthalten. Die Stufen des Modells sind charakterisiert durch je typische Argumentationsmuster: Auf den präkonventionellen Stufen erfolgt eine Orientierung an Belohnung und Strafe, auf den konventionellen Stufen an Recht und Ordnung und auf den postkonventionellen an ethischen Prinzipien [...].

Weitere entwicklungstheoretische Ansätze.
Mit Freud, Erikson, Piaget und Kohlberg sind die bekanntesten und einflussreichsten Entwicklungstheorien kurz skizziert worden. Gleichwohl decken diese Theorien nicht das ganze Spektrum entwicklungstheoretischer Modelle des 20. Jahrhunderts ab. [...]

Kritik.
Psychodynamischen Entwicklungstheorien wird häufig mangelnde empirische Überprüfbarkeit vorgehalten [...]
Kognitive Entwicklungstheorien werden vor allem hinsichtlich ihrer universalistischen Ansprüche kritisiert. So vermutet z. B. Böhme [...], dass sich in den Entwicklungsschemata von Piaget und Kohlberg die geistige Elite der westlichen Welt zum allgemeinen Ideal menschlicher Entwicklung ernannt hat. Insbesondere bei Piaget wird in der Charakterisierung der höchsten Entwicklungsstufe das heute dominante naturwissenschaftlich-technische Denken erkennbar, das alle anderen Arten der Weltwahrnehmung als defizitär erscheinen lässt [...]. Hinzu kommt auf der anderen Seite eine Unterschätzung kindlicher kognitiver Fähigkeiten, wenn man sich auf Piagets paradigmatische Experimente beschränkt [...]. Diese Kritik tragen auch die meisten Vertreter der so genannten Kinderphilosophien vor, die davon ausgehen, dass Kinder bedeutsame philosophische Ideen haben, die uns allerdings erst dann bewusst werden, wenn wir uns auf wirkliche Gespräche mit Kindern einlassen und nicht unsere erwachsene Weltauffassung zum Maß aller Dinge machen [...]. Kritik an Kohlbergs Theorie der moralischen Entwicklung und deren Universalitätsanspruch kommt insbesondere vonseiten der feministischen Ethik, die tradierte Werte hinterfragt und alternative Ethik-Konzeptionen zur Diskussion stellt.

(Aus: Elfriede Billmann-Mahecha: Entwicklungstheorien. In: Helmwart Hierdeis/Theo Hug [Hrsg.], Taschenbuch der Pädagogik. Schneider Verlag Hohengehren. 5., korrigierte Auflage, Baltmannsweiler 1997. Band 1. S. 250–258, gekürzt)

Pablo Picasso: Paulo beim Zeichnen (1923)

Herbert Bayer, Einsame Großstädter,
Museum Ludwig/Köln © 1996 VG Bild-Kunst, Bonn

Misstrauen wir denen,
die sagen,
nicht die Reden
und Meinungen zählten,
sondern allein die Realität.
Sie wollen uns nur
aufs Kreuz legen.

Umberto Eco

3. Beeinflussung von Lernprozessen und Selbststeuerung des Lernens

3.1 **Hinführung:**
Zum Lernen des Lernens

3.1.1 **Peter Hacks: Jules Ratte**
oder selber lernen macht schlau (1986)

Ein Kind mit Namen Jule Janke
Sah eines Morgens, blass vor Schreck,
Es warn in ihrem Bücherschranke
All die gelehrten Bücher weg.
Da lag nur noch im Hintergrunde
Eine benagte Heimatkunde
Und ein paar Schnipsel von Papier,
Die lagen traurig neben ihr.

Es hatte nämlich sich begeben,
Dass in der Nacht, als alles schlief,
Ein Zug von Wanderratten eben
Im städtischen Hauptbahnhof einlief.
Und es war eine Wanderratte,
Die Jules Schrank geleeret hatte
Und nun da saß, von Weisheit fett
Und hoch zufrieden unterm Bett.

Die Jule rannte voller Galle
Zu einem Trödler, alt und krumm,
Und kaufte eine Rattenfalle
Aus Draht und Aluminium.
Und legt das Buch in das Gebauer,
Sich selbst hingegen auf die Lauer.
Die Ratte kam bei Mondenschein,
Roch an der Falle und ging hinein.

Drauf sprach die Jule zu dem Tiere:
Du Mutter der Verfressenheit,
Wer hilft mir nun, wenn ich studiere?
Wer rät mir bei der Schularbeit?
Von meinen Büchern blieben Fetzen,
Du sollst sie, denn du kannst's, ersetzen.
Willst du das tun? Die Ratte will
Und unsre Jule lächelt still.

Die Ratte, welche alles Wissen
Der Welt in ihrem Magen trug,
Hat auf dem Schreibtisch sitzen müssen,
Sobald das Kind sein Heft aufschlug.
Sie ließ die flinken Augen eilen
Über die hingeklecksten Zeilen,
Und wo die Jule falsch geglaubt,
Da schüttelt sie ihr graues Haupt.

Oder die Jule spricht: ist 7
Und 1 wohl 8? Die Ratte nickt,
So hat die Jule 8 geschrieben
Und hat dafür ein Lob gekriegt.
Und wenn sie nicht mal raten wollte
Und sich nur faul aufs Sofa rollte,
Dann trug die Ratte ganz allein
Mit tintigem Schwanz die Antwort ein.

So gings zu Haus. Doch in der Schule,
Wie ging es da? Geduld, Geduld.
Beim Unterricht, da hatte Jule
Die weise Ratte unterm Pult.
Und ließ die Lösung aller Fragen
Sich heimlich von der Ratte sagen
Und schreib nie Aufsatz noch Diktat
Ohne die Ratte und ihren Rat.

Der Lehrer prüfte allzu gerne
Die Jule vor der Schülerschar.
Er glaubte, dass sie fleißig lerne,
Was leider nicht die Wahrheit war.
Dann rief er freudig: Danke, Janke.
Die Ratte grinste in der Banke.
Und Jule setzt sich wieder hin,
Pampig wie eine Königin.

Die Knospen waren aufgesprungen.
Es kam der Mai und kam die Zeit
Der großen Rattenwanderungen.
Und alle machten sich bereit.
Sie krochen, nimmermehr zu zählen,
Aus Küchen, Kellern und Kanälen
Und saßen schweigend, Ratz an Ratz,
Im Mondlicht auf dem Bahnhofsplatz.

Und Jules Ratte mit den andern
Bestieg den Zug um 9 Uhr 4,
Um nach Granada auszuwandern.
Dort wurde sie ein großes Tier.
Sie schrieb ein Buch, gelobt von allen,
über den Bau von Katzenfallen
Und eine komplizierte Schrift
Zum Thema Rattengegengift.

Ihr könnt euch denken, wie der Jule
Das faule Herz im Halse stak,
Als nächsten Morgens auf dem Stuhle
Ein eng beschriebener Zettel lag:
Dies halbe Jahr mocht ich dir schenken,
Jetzt musst du wieder selber denken.
Ergebenst, Piep. Mit trübem Sinn
Ging Jule nach der Schule hin.

Der Schulrat kam just an dem Tage
Mit einer ganzen Kommission.
An Jule ging die erste Frage.
Die Jule sagte keinen Ton.
Denn da saß niemand ihr zu zeigen,
Was sie nicht wusst. Der Rest war Schweigen.
Der Schulrat murmelt: das ist ja
Das dümmste Mädchen, das ich sah.

Jetzt sieht man Jule, tief in Locken
In Berge von Papier getaucht,
In einer Bücherhalle hocken.
Es ist ihr Kopf, was da so raucht.
Nur eigene Weisheit macht den Weisen.
Ratgeber können mal verreisen.
Der kluge Freund lässt dich im Stich.
Dann fragst du wen?

Dann fragst du dich.
1986

(Aus: Dieter Richter [Hrsg.]: Kindheit im Gedicht. S. Fischer
Verlag: Frankfurt/M. 1992, S. 761–763)

1 Interpretieren Sie das Gedicht unter Berücksichtigung von Form und Inhalt.
2 Wie ist Jule zum Lernen motiviert?
Zeigen Sie die Entwicklung auf.
3 Welche Möglichkeiten/Techniken könnte
Jule nutzen, um selbstständig zu lernen?
4 Zum Überlegen: Wie sind Sie selbst motiviert?
Welche Lerntechniken verwenden Sie beim
selbstständigen Lernen?

3.1.2 Welche Lernmethoden nutzen Sie selbst? – Ein Fragebogen

Fragebogen für Schüler		
Folgendes zu leisten …	fällt mir eher …	
	schwer	leicht
Lernstoff längerfristig zu behalten		
Vokabeln/Begriffe/Daten zu lernen		
Klassenarbeiten frühzeitig vorzubereiten		
Einen guten »Spickzettel« zu machen		
Berichte, Protokolle, Referate zu schreiben		
Gezielt zu üben und zu wiederholen		
Selbständig (ohne Lehrer-/Elternhilfe) zu lernen		
Im Unterricht zielstrebig zu arbeiten		
Probleme/Schwierigkeiten beim Lernen zu überwinden		
Umfangreiche Materialien durchzuarbeiten		
Längere Texte konzentriert zu lesen		
Aus Texten das Wesentliche zu entnehmen		
Wichtigen Lernstoff übersichtlich zusammenzufassen		
Schaubilder und Tabellen rasch zu verstehen		
Die eigenen Gedanken schriftlich darzulegen		
Berichte übersichtlich zu gestalten (zu gliedern)		
Gezielt zu unterstreichen (zu markieren)		
Hefte/Mappen ordentlich zu führen		
Nachschlagewerke (Lexika u. a.) regelmäßig zu benutzen		
Hausaufgaben selbständig zu erledigen		
Den eigenen Lernerfolg treffend einzuschätzen		
Längere Zeit ruhig zu sitzen		
Vor der Klasse frei zu reden		
Beim Reden den Faden nicht zu verlieren		
Nach Stichworten einen kleinen Vortrag zu halten		
An der Tafel etwas zu erläutern		
Etwas zu sagen, auch wenn ich unsicher bin		
So zu reden, dass die Mitschüler zuhören		
Bei Diskussionen auf die Mitschüler einzugehen		
Nicht immer zum Lehrer hin zu reden		
Den Mitschülern aufmerksam zuzuhören		
Beim Reden die Mitschüler anzuschauen		
Zu warten, bis ich an der Reihe bin		
Eine Diskussion/ein Gruppengespräch zu leiten		
Andere Ansichten gelten zu lassen		
In Gruppen erfolgreich zusammenzuarbeiten		
Einem längeren Lehrvortrag aufmerksam zu folgen		

(vertikale Beschriftung linke Spalte: Lern- und Arbeitstechniken / Gesprächstechniken)

(Aus: Heinz Klippert: Methoden-Training. Übungsbausteine für den Unterricht. 6. Auflage. Beltz Verlag:
Weinheim und Basel 1997, S. 23)

1 Übertragen Sie den Fragebogen in Ihr
Arbeitsheft, füllen Sie ihn dann aus.
2 Werten Sie das Ergebnis in Ihrem Kurs aus.

(Aus: Johannes Hickel: Sanfter Schrecken. © Quelle & Meyer: Heidelberg/Wiesbaden 1980)

1 Interpretieren Sie die beiden Karikaturen.
2 Diskutieren Sie, welche Bedingungen gegeben sein müssen, damit Lernen des Lernens gelingen kann.

3 Überlegen Sie, ob Sie zum Thema „Lernen des Lernens" ein Projekt veranstalten wollen.

Ein geordnetes Durcheinander. Dieser alte Schuhmacher weiß genau, wo jeder einzeln Schnürsenkel und jede Öse zu finden ist.

(Abbildung: Multimedia; © 1982 by Multimedia Publications (UK) Ltd.)

3.2 Vom Behalten und Vergessen – Theorie und Praxis

3.2.1 Grundlagen

3.2.1.1 Hinführung:
Patrick Süskind, Amnesie in Litteris – Eine literarische Annäherung

Wie war die Frage? Achsoja: Welches Buch mich beeindruckt, geprägt, gestempelt, gebeutelt, gar „auf ein Gleis gesetzt" oder „aus der Bahn geworfen" hätte.

5 Aber das klingt ja nach Schockerlebnis oder traumatischer Erfahrung und diese pflegt der Geschädigte sich allenfalls in Angstträumen zu vergegenwärtigen, nicht aber bei wachem Bewusstsein, geschweige denn schriftlich und vor

10 aller Öffentlichkeit, worauf, so scheint mir, bereits ein österreichischer Psychologe, dessen Namen mir momentan entfallen ist, in einem sehr lesenswerten Aufsatz, an dessen Titel ich mich nicht mehr mit Bestimmtheit erinnern kann, der

15 aber in einem Bändchen unter der Sammelüberschrift „Ich und Du" oder „Es und Wir" oder „Selbst Ich" oder so ähnlich erschienen ist (ob neuerdings bei Rowohlt, Fischer, dtv oder Suhrkamp wieder aufgelegt, wüsste ich nicht mehr zu

20 sagen, wohl aber, dass der Umschlag grün-weiß oder hellblau-gelblich, wenn nicht gar grau-blaugrünlich war), zu Recht hingewiesen hat.
Nun, vielleicht ist die Frage ja gar nicht nach neuro-traumatischen Leseerfahrungen gerich-

25 tet, sondern meint eher jenes aufrüttelnde Kunsterlebnis, wie es in dem berühmten Gedicht „Schöner Apollo" … nein, es hieß, glaube ich, nicht „Schöner Apollo", es hieß irgendwie anders, der Titel hatte etwas Archaisches, „Junger

30 Torso" oder „Uralter schöner Apoll" oder so ähnlich hieß es, aber das tut nichts zur Sache … – wie es also in diesem berühmten Gedicht von … von … – ich kann mich im Augenblick nicht auf seinen Namen besinnen, aber es war wirklich ein

35 sehr berühmter Dichter mit Kuhaugen und einem Schnauzbart, und er hat diesem dicken französischen Bildhauer (wie hieß er schon gleich?) eine Wohnung in der Rue de Varenne besorgt – Wohnung ist kein Ausdruck, ein Palaz-

40 zo ist das, mit einem Park, den man in zehn Mi-

nuten nicht durchmessen kann! (man fragt sich beiläufig, wovon die Leute das damals alles bezahlt haben) – wie es jedenfalls seinen Ausdruck in diesem herrlichen Gedicht findet, das ich in

45 seiner Gänze nicht mehr zitieren könnte, dessen letzte Zeile mir jedoch als ein ständiger, moralischer Imperativ ganz unauslöschlich im Gedächtnis eingegraben steht, sie lautet nämlich: „Du musst dein Leben ändern."

50 Wie verhält es sich also mit jenen Büchern, von denen ich sagen könnte, ihre Lektüre hätte mein Leben geändert?
Um dieses Problem zu erhellen, trete ich (es ist nur wenige Tage her) an mein Bücherregal und

55 lasse den Blick an den Bücherrücken entlangwandern. Wie immer bei solchen Gelegenheiten – wenn nämlich von einer Spezies allzu viele Exemplare auf einem Fleck versammelt sind und sich das Auge in der Masse verliert – wird mir

60 zunächst schwindlig und um dem Schwindel Einhalt zu gebieten, greife ich aufs Geratewohl in die Masse hinein, picke mir ein einzelnes Bändchen heraus, wende mich damit ab wie mit einer Beute, schlage es auf, blättere darin und lese

65 mich fest.
Bald merke ich, dass ich einen guten Griff getan habe, einen sehr guten sogar. Das ist ein Text von geschliffener Prosa und klarster Gedankenführung, gespickt mit interessantesten nie ge-

70 kannten Informationen und voll der wunderbarsten Überraschungen – leider will mir im Moment, da ich dies schreibe, der Titel des Buches nicht mehr einfallen, ebenso wenig wie der Name des Autors oder der Inhalt, aber das tut,

75 wie man gleich sehen wird, nichts zur Sache oder vielmehr: trägt im Gegenteil zu ihrer Erhellung bei. Es ist, wie gesagt, ein hervorragendes Buch, was ich da in Händen halte, jeder Satz ein Gewinn, und ich stolpere lesend zu meinem Stuhl,

80 lasse mich lesend nieder, vergesse lesend, weshalb ich überhaupt lese, bin nur noch konzentrierte Begierde auf das Köstliche und völlig Neue, das ich hier Seite um Seite entdecke. Gelegentliche Unterstreichungen im Text oder mit

85 Bleistift an den Rand hingekritzelte Ausrufezeichen – Spuren eines lesenden Vorgängers, die ich in Büchern ansonsten nicht eben schätze – stören mich in diesem Falle nicht, denn so spannend läuft die Erzählung dahin, so munter perlt

die Prosa, dass ich die Bleistiftspuren gar nicht mehr wahrnehme und wenn ich es doch einmal tue, dann nur in zustimmendem Sinne, denn es erweist sich, dass mein lesender Vorgänger – ich habe nicht den geringsten Schimmer einer Ahnung, wer es sein könnte – es erweist sich, sage ich, dass jener seine Unterstreichungen und Exklamationen just an jenen Stellen angebracht hat, die auch mich am stärksten begeistern. Und so lese ich, von der überragenden Qualität des Textes und der spirituellen Kumpanei mit meinem unbekannten Vorgänger doppelt beflügelt weiter, tauche immer tiefer in die erdichtete Welt, folge mit immer größerem Erstaunen den herrlichen Pfaden, auf denen der Autor mich führt …

Bis ich an eine Stelle komme, die wohl den Höhepunkt der Erzählung bildet und die mir ein lautes „Ah!" entlockt. „Ah, wie gut gedacht! Wie gut gesagt!" Und ich schließe für einen Moment die Augen, um dem Gelesenen nachzusinnen, das mir gleichsam eine Schneise in das Wirrwarr meines Bewusstseins geschlagen hat, mir völlig neue Perspektiven eröffnet, neue Erkenntnisse und Assoziationen zuströmen lässt, ja, mir tatsächlich jenen Stachel des „Du musst dein Leben ändern!" einsticht. Und automatisch fast greift meine Hand zum Bleistift, und „du musst dir das anstreichen", denke ich, „ein ‚Sehr gut' wirst du an den Rand schreiben und ein dickes Rufzeichen dahinter setzen und mit ein paar Stichworten die Gedankenflut notieren, die die Passage in dir ausgelöst hat, deinem Gedächtnis zur Stütze und als dokumentierte Reverenz an den Autor, der dich so großartig erleuchtet hat!" Aber ach! Als ich den Bleistift auf die Seite niedersenke, um mein „Sehr gut!" hinzukritzeln, da steht dort schon ein „Sehr gut!" und auch das stichworthafte Resümee, das ich notieren will, hat mein lesender Vorgänger bereits verzeichnet und er hat es in einer Handschrift getan, die mir wohl vertraut ist, nämlich in meiner eigenen […]. Ich hatte das Buch längst gelesen. […]

(Aus: Patrick Süskind: Amnesie in Litteris. In: Tintenfass Nr. 20. © by Diogenes Verlag AG: Zürich)

1 Interpretieren Sie die Erzählung.
2 Halten Sie die Erzählung für gelungen? Begründen Sie Ihre Auffassung.

3.2.1.2 Biologische Forschungsergebnisse – Oder: Die Reise ins Innere des Gehirns

Soll der Vorgang des Behaltens und Vergessens verstanden werden, ist es hilfreich, sich auf die Suche nach den Geheimnissen des menschlichen Gehirns zu begeben. Die entsprechende Forschung ist im Fluss. Viele neue Entdeckungen werden kurzfristig erwartet. Daher kann hier nur Vorläufiges zur Sprache kommen. Auch müssen manche wichtigen Ergebnisse noch ausgespart bleiben. Vielleicht kann in einem fachübergreifenden oder fächerverbindenden Projekt weiter vertieft werden.

Beim Anblick der Sterne träumt es von der Ewigkeit. Hört es Vogelgezwitscher, so fängt es an Musik zu machen. Riecht es den Duft von Blumen, ist es entzückt. Hat es mit Werkzeugen zu tun, gestaltet es die Erde um. Werden ihm doch all diese sensorischen Erfahrungen versagt, verkümmert das menschliche Gehirn und stirbt ab. Lange hat sich die Wissenschaft gefragt, wie das Gehirn all das zu Wege bringt, was erforderlich ist, um aus dem einen Menschen einen Dichter zu machen, aus einem anderen einen Bauarbeiter oder Musiker und aus wieder einem anderen einen Verbrecher oder sozialen Absteiger. Bis vor kurzem noch hätten Forscher aus dem medizinischen Bereich nie gedacht, dass sie die innere Funktionsweise des Gehirns jemals wirklich verstehen könnten. Zwar hatten sie beobachten können, dass ein geliebtes, mit positiven Stimuli ausreichend versorgtes Kind normalerweise zu einer aufgeweckten, umgänglichen Persönlichkeit heranwächst, wohingegen ein misshandeltes Kind nur zu häufig einmal seinerseits Kinder misshandeln wird. Niemand jedoch vermochte genau zu sagen, was eigentlich genau im Gehirn vor sich geht, was einen Menschen – gesellschaftlich betrachtet – zu einem Erfolgsmenschen geraten, einen anderen dagegen zum Asozialen werden lässt. Früher mussten die Forscher sich damit begnügen, das zu messen, was in das Gehirn hineingeht, und zu untersuchen, was wieder herauskommt. Das Gehirn wurde einfach als *Blackbox* betrachtet. Jetzt aber werden viele seiner Geheimnisse gelüftet.

Zwei der überraschendsten und grundlegendsten Entdeckungen besagen, dass das Gehirn sich mithilfe der Außenwelt selbst formt und dass es entscheidende Entwicklungsphasen durchläuft, in denen die Gehirnzellen auf gewisse Arten der Reizbeeinflussung angewiesen sind, um Fähigkeiten wie Gesichts- oder Geruchssinn, Sprache, Muskelkontrolle oder logisches Denkvermögen aufbauen zu können.

Die althergebrachte Vorstellung von einem statischen Gehirn, einer separaten Einheit, die den Lernprozess ganz allmählich nach einem festgelegten, unveränderlichen Regelsortiment angeht – etwa wie ein Kassettenrekorder, der jedes Wort aufnimmt, das ihm gerade ins Mikrofon läuft – wird durch diese neuen Entdeckungen allerdings völlig über den Haufen geworfen.

Dank einer erst kürzlich eingetretenen Revolution in der Molekularbiologie sowie neuartiger Darstellungsmethoden sind die Forscher heute zu der Ansicht gelangt, dass die Gene, jene chemischen Entwurfsvorlagen des Lebens, zwar die grundlegende Struktur des Gehirns aufbauen, dass dann aber gleich die Umwelt das Steuer übernimmt und für die individuelle Endausstattung sorgt. Ein klarer Fall von Arbeitsteilung: Die Gene stellen die Bauteile zur Verfügung und die jeweilige Umgebung gibt wie ein Bauleiter die Anweisungen zur Endmontage.

Diese Entdeckungen verändern unser Denken über das Denken und bringen die biologischen Ursachen des Verhaltens ans Licht.

„Innerhalb eines breiten, von den Genen vorgegebenen Spektrums hat die Umwelt – wie wir jetzt in zunehmendem Maße erkennen können – einen Einfluss darauf, wo genau innerhalb dieses Spektrums wir uns befinden", sagte mir Dr. Frederick Goodwin, der frühere Direktor des National Institute of Mental Health. „Sie können natürlich keinen mit einem IQ von 70 in eine IQ-120-Person verwandeln. Aber Sie können die Grenzen, innerhalb derer sich der Intelligenzquotient bewegt, durchaus auf verschiedene Weise verändern – vielleicht so ungefähr um 20 Punkte aufwärts oder abwärts –, und zwar über die Umwelt des Betreffenden."

Es ist eine faszinierende Entdeckung, dass die Außenwelt in der Tat die eigentliche Nahrung des Gehirns darstellt. Das Gehirn verschlingt seine äußere Umgebung stückchen- und bröckchenweise über seine Sinne: Sehen, Hören, Riechen, Fühlen und Schmecken. Dann wird die derart aufgesogene Welt in Form von Billionen von Verbindungen zwischen den Gehirnzellen wieder zusammengesetzt, die ständig wachsen und vergehen oder aber stärker oder schwächer werden – je nachdem, wie reichhaltig das Bankett gerade ausgefallen ist.

(Aus: Jan Tomaschoff: Was ist der Sinn des Lebens?
© Verlag Beate Christmann: Hannover 1991, S. 82)

„So wie sich der Verdauungsapparat vielen unterschiedlichen Arten der Ernährung anzupassen vermag, passt sich auch das Gehirn vielen Arten von Erfahrungen an", meint Felton Earls, Professor für menschliche Verhaltens- und Entwicklungsforschung an der Harvard School of Public Health und Professor für Kinderpsychiatrie an der Harvard Medical School. Wie ein neuer Erdenbürger Englisch oder Hindi lernt, sich auf ein Heranwachsen in Schweden oder in Ghana einstellt oder auf eine Nahrung, die aus Rindfleisch und Kartoffeln bestehen mag oder aus rohem Fisch und Seetang – all dies beruht auf der großartigen Anpassungsfähigkeit des Gehirns.

„Alle Kinder brauchen zuerst einmal Milch, bevor sie feste Nahrung zu sich nehmen können", sagt Earls. „Kann eine ähnliche Aussage auch für das Gehirn getroffen werden? Die Antwort lautet: Mit Sicherheit. Es benötigt Anregung: Berührung, Gehaltenwerden, Hören und Sehen." […]

„Es ist einfach phänomenal, wie sehr die Erfahrung bestimmenden Einfluss darauf nimmt, wie unser Gehirn zusammengesetzt wird. Wer im Säuglingsalter beim Erlernen der entsprechenden Grundlagen versagt, der wird in große

(Aus: Frankfurter Allgemeine Zeitung vom 3. November 1998, S. L 20)

Schwierigkeiten geraten. Ohne vorher die Basis-
120 verdrahtung im Gehirn geschaffen zu haben,
kann man eben nicht einfach so plötzlich damit
beginnen das Lernen zu erlernen … Deshalb ist
die Säuglingserziehung so wichtig, ist das von
der US-Regierung geförderte Vorschulprogramm
125 ‚Head Start' so wichtig", so die Neurobiologin.
Im Grunde genommen bringt der Mensch als
Grundausstattung bereits ein für sämtliche Le-
bensumfelder und Zeitalter geeignetes Gehirn
mit auf die Welt. Im Laufe eines einzigen Lebens
bewältigt es nahezu spielerisch das Fernsehen, 130
den Mobilitätssprung vom Pferd oder Kinderwagen zum Düsenjet und die Landung auf dem
Mond.
Was das Gehirn zu vollbringen im Stande ist,
hängt jedoch davon ab, ob es benutzt wird oder 135
nicht.
[…]
Was können Eltern tun, um sicherzustellen, dass
sich die Gehirne ihrer Kinder richtig entwickeln?
„Wollen Sie einen echten Einfluss auf die Fähig- 140
keiten eines Kindes nehmen, zu denken und
Wissen zu erwerben, dann sind die ersten Lebensjahre eine wirklich entscheidende Phase",
sagt der Neurobiologe Peter Huttenlocher. Seine
Studien haben mit dazu beigetragen, das Ver- 145
ständnis für die Plastizität des Gehirns zu eröffnen.

(Aus: Ton Buzan/Barry Buzan: Das Mind-Map-Buch. Aus dem Englischen von Christiana Haack, 3. Auflage. Landsberg a. L.: mvg-verl. 1998; © für die deutsche Ausgabe: mvg-verlag im verlag moderne industrie AG: Landsberg am Lech)

Bruce McEwen von der Rockefeller University bemerkt dazu: „Das Allerwichtigste ist, zu begreifen, dass das Gehirn ständig wächst und sich verändert. Es ernährt sich von Reizen und es ist niemals zu spät es zu füttern."

(Aus: Ronald Kotulak: Die Reise ins Innere des Gehirns. Den Geheimnissen des menschlichen Gehirns auf der Spur. Aus dem Amerikanischen von Daniel Dragmanli. Junfermann Verlag: Paderborn 1998, S. 19–37, gekürzt)

1 Was wird in dem Text über die Entwicklung des Gehirns gesagt?
2 Welche pädagogischen Konsequenzen für die Intelligenzförderung ergeben sich aus den Textaussagen?

3.2.1.3 Memory Power –
Oder: Die Gebrauchsanweisung fürs Gehirn

Es reicht nicht die Funktion des Gehirns zu kennen, man sollte es auch richtig zu bedienen verstehen. Darum geht es im folgenden Textauszug von Tony Buzan und Wolfgang Stanek.

Wir alle kommen mit einem unheimlich komplizierten *Biocomputer* zur Welt, doch meistens wissen wir nicht ihn richtig zu bedienen. Die Schaltzentrale unseres Denkens, Fühlens und Handelns ist unser Gehirn. Unser Gehirn verfügt über unvorstellbar viele Nervenzellen, so vielen, wie es etwa Sterne in unserer Galaxie gibt – etwa hundert Milliarden. Jede dieser Nervenzellen (Neuronen) – die auf *„Reize"* reagieren und mit denen wir Signale empfangen, übermitteln und speichern können – ist jeweils mit unglaublich vielen anderen Zellen verbunden. Wenn wir diese Nervenzellen nicht – oder nicht richtig – miteinander kommunizieren lassen, werden wir immer von uns selbst glauben ein schlechtes Gedächtnis zu haben. Alle diese Neuronen können aber gezielt immer wieder tausende von neuen Beziehungen zum Informationsaustausch aufbauen. Damit ergeben sich so viele Schaltverbindungen in unserem Gehirn, wie es wahrscheinlich Sterne im ganzen Universum gibt.
Häufig vergessen wir, dass wir unseren Körper auch so pflegen sollten, dass das Gewebe unseres Gehirns ausreichend mit Nährstoffen und Sauerstoff versorgt wird. Damit wir unser „Universum" im Kopf mit den zwei Gehirnhälften für alle Aufgaben unseres Lebens optimal nutzen können, müssen uns im Prinzip nur einige grundsätzliche Gehirnfunktionen und Einflüsse bewusst sein. Informationen dazu finden Sie in den nachfolgenden Kapiteln dieses Abschnitts. Wenn Sie immer nur mit Ihrer linken Gehirnhälfte arbeiten, wird Ihr Gedächtnis nie aufblühen können. Setzen Sie jedoch auch Ihre rechte Gehirnhälfte ein, dann sind Sie für das Thema unserer Zeit *Lernen optimal zu lernen* bestens gerüstet.
Unser Gehirn besteht aus zwei Hemisphären, der rechten und der linken. Die rechte Seite unseres Körpers wird von der linken Gehirnhälfte gesteuert, die linke Seite von der rechten. Faszinierend ist, dass beide Hemisphären nicht identisch sind und sie zur Lösung sehr unterschiedlicher Aufgaben vorgesehen sind. Bevor auf einige Details eingegangen wird, können Sie sich vorerst schon einmal einprägen, dass bei den meisten Menschen die linke Gehirnhälfte eher logisch und zahlenorientiert, die rechte Gehirnhälfte hingegen eher kreativ und bildhaft ausgerichtet ist. Aus der *Medizin* weiß man, dass beide Hemisphären selbstständig arbeiten können, man kann sogar nur mit einer Gehirnhälfte „leben". Durch die linksseitigen Gehirnfunktionen können wir alle fakten- und datenorientierten Organisationen umsetzen. Speziell werden hierbei die Logik, Zahlen, Regeln, Listen, Sprache und die Analyse mit Einzelheiten unterstützt.
Viele Menschen beanspruchen nur die *linke Gehirnhälfte,* da sie im Laufe der Schulzeit und während der Ausbildung in der Regel die rechte Gehirnseite total verkümmern ließen. Viele Kinder hingegen denken – bevor sie in die Schule kommen – in erster Linie mit der rechten Gehirnhälfte.
Durch die *rechtsseitigen Gehirnfunktionen* können wir alle konzeptionellen Arbeiten kreativ angehen und mit Fantasie zu neuen Erkenntnissen kommen – eine „Erleuchtung" haben. Das Denken in Bildern, die Raumwahrnehmung, Farben und Rhythmus, das Zusammenfügen von Einzelheiten in einer Synthese, das Planen in großen Zusammenhängen, das Wachträumen und damit auch jede kreative Entfaltung werden unterstützt. Um unser Gehirn optimal ausnutzen zu können, müssen beide Gehirnhälften ihre Funk-

tionen gemeinsam erfüllen. Und dafür gibt es in unserem Gehirn auch eine Hauptverbindung zwischen beiden Hemisphären über einen so genannten *Balken* mit unzähligen Nervenfasern.

Diese Gegenüberstellung der linken und der rechten Hemisphären-Funktionen bezieht sich auf alles, was mit *Denken* („cerebral") zu tun hat. Eine besonders wichtige Komponente, die alle Gehirnfunktionen entscheidend beeinflussen kann, fehlt jedoch noch – *die Emotionen*. Durch positive Gefühle und harmonische zwischenmenschliche Beziehungen können Sie im wahrsten Sinne des Wortes zu gedanklichen Höchstleistungen „beflügelt" werden. Sind Sie jedoch betrübt, wütend oder gestresst, können *Denkblockaden* aufgebaut werden, sodass Sie möglicherweise zu keinem vernünftigen Gedanken mehr fähig sind. Für alle emotionalen Reaktionen ist das so genannte *limbische System* im Zentrum unseres Kopfs in Verbindung mit einem Teil des Hirnstamms und dem Zentralkern des Thalamus („Tor des Bewusstseins") verantwortlich.

Ihr Gehirn funktioniert im Sinne von „Memory Power" am besten, wenn Sie sich als erste kleine Gedächtnisübung die hinter den einzelnen Buchstaben von **BRAIN** (engl. Gehirn) verborgenen Begriffe merken: **B**ilder, **R**ichtig verknüpfen, **A**lle Sinne einsetzen, **I**magination (Einbildungskraft und Fantasie) sowie **N**ummerieren. [...]

Das englische Wort „Brain" steht auch für Geist, Verstand, Intelligenz und Fähigkeiten. Von vielen Menschen wird meistens vergessen, dass sie die in ihnen schlummernden Fähigkeiten nur dann optimal entfalten können, wenn ihre *körperliche und geistige Fitness eine Einheit bildet*. Deshalb ist es auch notwendig, dass wir uns ausreichend bewegen, damit unser Kreislauf in Schwung kommt und unser Gehirn richtig durchblutet wird. Versuchen Sie doch bitte in diesem Zusammenhang mit dem Buchstaben „**B**" nicht nur „Bilder", sondern auch *„Bewegung"* so plastisch miteinander zu verbinden, dass Sie es nie mehr vergessen.

An dieser Stelle wird nun behauptet, dass Sie – ob alt oder jung – durch eine konsequente Umsetzung des **ABCDE-Modells** viele Jahre länger leben, geistig leistungsfähiger und zufriedener sein können.

A rzt, Arzneimittel
B ewegung
C erebrales Training
D iät
E motion

A für *Arzt*. Hören wir auf unseren Körper? Haben wir ausreichend Schlaf? Erstickt uns der Stress? Arzneimittel können beruhigen, hemmen, blockieren oder geistige Leistung fördern.
B für *Bewegung*. Wahrscheinlich werden Sie bei diesem Buchstaben zu der Erkenntnis kommen, dass Sie in Ihrem Leben zu wenig Bewegung haben und Abhilfe schaffen müssen. Wissen Sie, dass Sie im Stehen besser denken und bei leichter Bewegung geistig leistungsfähiger sind? Haben wir regelmäßig Sport? Heute schon „geschwitzt"?
C für *Cerebrales Training*. Vielleicht haben Sie schon von Tests gehört, bei denen ein drastischer Intelligenzschwund bei Menschen nach einem nur einige Wochen dauernden Urlaub oder Krankenhausaufenthalt nachgewiesen wurde. „Fordern" wir uns deshalb immer (aber mit Pausen!) im Beruf und auch in der Freizeit!
D für *Diät*. Eventuell fällt Ihnen bei diesem Buchstaben ein, dass Sie zu viel auf einmal, nicht ausgewogen oder viel zu spät essen. Belasten wir unseren Körper mit zu vielen Kilos und zu vielen Giften?

E für *Emotionen.* Nur wenn auch unsere Gefühlsebene in Ordnung ist, sind wir motiviert etwas zu tun und geistig leistungsfähig zu sein.

Um unser Leben lange und leistungsfähig zu gestalten, sollten wir unbedingt versuchen immer unser **ABCDE** beieinander zu haben. [...]

Folgende Überprüfungen können hilfreich sein:

(1) *Überprüfen Sie, welcher Lerntyp Sie sind!*

- *Visueller Typ:* Sie nehmen Informationen bzw. alles, was Sie sehen, in Bildern auf.
- *Auditiver Typ:* Sie reagieren vor allem auf *Sprache* und *Klänge.*
- *Motorischer Typ:* Sie verarbeiten alles am besten, wenn Sie etwas selbst mit Ihrem Körper, den Beinen, den Armen, den Fingern tun oder spüren.
- *Emotionaler Typ:* Sie erfassen vieles über Empfindungen, Wellenlängen, Klima, Atmosphäre und Gemütsbewegungen.

(2) *Überprüfen Sie, welcher Gedächtnistyp Sie sind!*
Gegenwärtig werden vier Gedächtnisarten diskutiert:

- *Semantisches Gedächtnis:* Wissenssystem für Schulwissen, semantisch-grammatikalische Kenntnisse, Wissen um generelle Zusammenhänge
- *Episodisches Gedächtnis:* Persönliche, größtenteils singuläre Ereignisse und Erlebnisse, bestimmte Fakten
- *Prozedurales Gedächtnis:* Mechanische, motorische und verinnerlichte Fertigkeiten, Handlungsabläufe (z. B. Schi fahren)
- *Priming-Gedächtnis:* Erleichtertes Erinnern von ähnlich erlebten Situationen, allgemeinen Sinneseindrücken oder früher wahrgenommenen „Reizmustern" (Zimmerpalme erinnert z. B. an Ihren letzten Sandstrandurlaub)

(3) *Überprüfen Sie, wie lange Informationen im Gedächtnis bleiben sollen!*

Mit unserem sensorischen *Ultrakurzzeit-Gedächtnis* (Information wird zirka eine Sekunde gespeichert) können wir alle begonnenen Handlungen, wie etwa Lesen von Wort zu Wort, fortsetzen.

Mit dem *Kurzzeitgedächtnis* können wir zirka sieben Informationen gleichzeitig aufnehmen und etwa 20 Sekunden behalten. (Sehen Sie sich eine Telefonnummer kurz an. Wie schnell haben Sie sie vergessen?)

Das *mittelfristige Gedächtnis* kennt jeder aus seiner Schulzeit. Auf Prüfungen hin „gepaukt", war der Lernstoff noch da, doch spätestens nach einigen Tagen war vieles davon nicht mehr abrufbar. Auch hier setzt „Memory Power" an, um die Information in Ihr *Langzeitgedächtnis* zu bringen.

(4) *Nach maximal 90 Minuten Lernen eine Pause einlegen!*

(Aus: Tony Buzan/Wolfgang Stanek: Memory Power. Die Gebrauchsanweisung für Ihr Gehirn. Augustus Verlag: Augsburg 1998, S. 11–13 und 18–19 und 22–23; © Weltbild Verlag: Augsburg)

1 Erproben Sie die Vorschläge von Tony Buzan/Wolfgang Stanek zur angemessenen Nutzung des Gehirns.

2 Überlegen Sie, wie die Erinnerung während des Lernens verbessert werden kann, und vergleichen Sie Ihre Ergebnisse mit denen von Tony Buzan, dem Erfinder von Mind Mapping, im folgenden Abschnitt! (Ausführliche Erläuterungen dazu finden Sie in 3. 2. 2.)

In meinem Abschlussjahr an der Universität begann ich Studienanfänger in Psychologie zu unterrichten. Eines Tages war mein Thema dabei das Erinnerungsvermögen während des Lernens. Der wichtigste Inhalt meines Vortrag waren jene vier Aspekte, die das Erinnerungsvermögen erhöhen.

Am besten werden jene Dinge und Begriffe behalten, die

- *am Beginn einer Lernperiode einstudiert werden,*
- *am Ende eines Lernvorgangs eingeübt werden,*
- *in irgendeiner Weise hervorgehoben sind*
- *oder in irgendeiner Weise mit anderen bedeutsamen Dingen oder Begriffen assoziiert oder verknüpft sind.*

Während ich darüber mit *monotoner Stimme* aus meinen umfangreichen Notizen vorlas – wie es
20 leider die meisten Vortragenden machen – waren die Zuhörer eifrig bemüht dementsprechende Mitschriften anzufertigen.

Plötzlich wurde mir dabei klar, dass ich eigentlich genau das Gegenteil von dem machte, was
25 der Inhalt meines Vortrags war. Deshalb wollte ich mich nun bemühen die vier Hauptaspekte zur Erhöhung des Erinnerungsvermögens in Zukunft auch in der Praxis umzusetzen.

Dass die am Beginn und am Ende einer Lernperi-
30 ode einstudierten Dinge besser behalten werden, erwies sich bei genauerer Überlegung zudem als Teilaspekt des Prinzips der Hervorhebung.

Somit waren also nur zwei wesentliche Grundsätze zu berücksichtigen, um das Erinnerungs-
35 vermögen während des Lernens zu verstärken: die *Assoziation* und die *Hervorhebung*.

Ich fragte mich damals, welche Methoden ich nun im Unterricht einsetzen könnte, um den Studienanfängern auf Basis dieser beiden Prinzi-
40 pien das Lernen zu erleichtern. Nachdem ich diese für meine Vorträge verwendete, waren auch sie bald in der Lage sich besser an den Stoff zu erinnern.

Nach und nach wurde mir dann klar, dass dieselben Methoden auch dafür benutzt werden könn-
45 ten, Notizen zu machen. Denn diese sind ja ebenfalls dafür gedacht, der Erinnerung auf die Sprünge zu helfen. Es wird hilfreich für Sie sein sich an dieser Stelle Gedanken darüber zu ma-
50 chen, wie Sie selbst Notizen unter diesen Voraussetzungen interessanter gestalten würden. […]

Vergleichen Sie Ihre Antworten mit den von mir gefundenen!

55

***Hervorhebung:* Farben, Größe, Dimension, räumliche Anordnung, Bilder, Humor, Unterstreichungen, Großbuchstaben, verschiedene Schriftarten**

60

***Assoziation:* Linien, Pfeile, Symbole, Farben, Form, Größe, Stil, räumliche Verbindungen**

Aus diesen anfänglichen Überlegungen hat Tony
65 Buzan 10 Gesetze aufgestellt, um eine Mind Map zu entwickeln:

1 Beginnen Sie damit, in der Mitte eines Blattes Papier, ein zentrales Bild zu zeichnen. Es soll das Thema, mit dem Sie sich auseinander setzen wollen, darstellen – z. B. einen bestimmten Stoff, den Sie erlernen wollen, den Inhalt eines Vortrages, den Sie zu halten haben, oder ein Projekt, das Sie in Arbeit haben.

2 Verwenden Sie Bilder, Symbole, Codes und Dreidimensionalität in Ihrer Mind Map®.

3 Benutzen Sie nur die wichtigsten Schlüsselwörter und -begriffe für Ihre Mind Map® und schreiben Sie diese vorzugsweise in BLOCKBUCHSTABEN auf.

4 Für jedes einzelne Wort muss jeweils eine Linie angelegt werden.

5 Die Linien müssen miteinander verbunden werden, beginnend beim zentralen Bild. Sie sind leicht gekrümmt und „organisch", jene im Zentrum sind dicker als die anderen.

6 Machen Sie die Linien ebenso lang wie das Wort oder Bild, das Sie auf die Linien schreiben oder zeichnen.

7 Verwenden Sie verschiedene Farben […]

8 Entwickeln Sie Ihren ganz persönlichen Mind Mapping®-Stil.

9 Heben Sie wichtige Dinge hervor und machen Sie Verbindungen und Verknüpfungen zwischen den Begriffen deutlich.

10 Gestalten Sie Ihre Mind Maps® klar und eindeutig. Dies können Sie beispielsweise machen, indem Sie eine kreisförmig von der Mitte ausstrahlende Hierarchie schaffen. Die besonders wichtigen Dinge stehen auf den rund um das zentrale Bild angeordneten Hauptästen, die weniger wichtigen auf den dünneren Zweigen, die weiter vom zentralen Bild entfernt sind. Sie können die Mind Map® auch zusätzlich numerisch strukturieren, indem Sie Zahlen zu bestimmten Begriffen schreiben. Durch Rahmen um bestimmte Äste können Sie Ihre „geistigen Landkarten" eindeutiger machen.

(Aus: Tony Buzan/Wolfgang Stanek: Memory Power. A. a. O.

Dr. Stanley mit der acht Meter langen Boeing-Flugzeug-Mind-Map

In den letzten Jahren wurde die Gruppen-Mind-Mapping-Methode von Familien, Schulen, Universitäten und multinationalen Unternehmen mit sehr großem Erfolg eingesetzt.

Ein Boeing-Flugzeugtechnikhandbuch wurde zu einer acht Meter langen Mind Map verdichtet, sodass ein Team von 100 leitenden Luftfahrtingenieuren sich nun den Stoff in wenigen Wochen aneignen kann, für den bisher einige Jahre benötigt worden waren. Dabei sparte man schätzungsweise elf Millionen Dollar.

(Aus: Tony Buzan/Barry Buzan: Das Mind-Map-Buch, Aus dem Englischen von Christiana Haack, 3. Auflage, mvg-verl.: Landsberg a. L. 1998, S. 171 (Bild) und 170 (Text); © für die deutsche Ausgabe: mvg-verlag im verlag moderne industrie AG: Landsberg am Lech)

1 Probieren Sie aus, wie Sie eine Mind Map zu einem von Ihnen gewählten Thema gestalten können (z. B. Bedingungen für Glück). Sprechen Sie anschließend darüber, ob Ihnen Mind Mapping beim Behalten behilflich war.

2 Gestalten Sie ein Experiment zur Frage, ob Mind Mapping anderen Methoden des Lernens überlegen ist. Bedenken Sie zuvor, wie das Experiment aufgebaut sein muss (Kontrollgruppe, Variablen etc.).

3 Erörtern Sie, ob und – wenn ja – ab welchem Alter Kinder mit dem Mind-Map-Verfahren vertraut gemacht werden sollten. (Berücksichtigen Sie gegebenenfalls Ihre Kenntnisse der kognitiven Entwicklung nach Jean Piaget.)

3.2.2 Pädagogische Konkretionen

3.2.2.1 Besser lernen durch Mind-Mapping

Claudia Feichtenberger und Susanne Wechdorn haben in einem Kinderbuch die Methode des Mind Mapping für Kinder aufbereitet. Urteilen Sie selbst, wie ihnen dies gelungen ist!

Abbildungen der folgenden drei Seiten: (Aus: Claudia Feichtenberger (Autorin) und Susanne Wechdorn (Illustratorin): Mind Mapping für Kinder. 2. aktualisierte Neuauflage 1997; © 1996 by Verlag Hölder-Pichler-Tempsky: Wien)

147

LERNSTOFF & TEXTE

Seitdem ich meinen Lernstoff – zum Beispiel in Bio, Geographie, Geschichte – mit Mind Mapping® aufarbeite, geht es viel schneller und ganz toll – ich bin auch besser geworden!

● **So wird's gemacht:**

1. Thema bestimmen (z. B. in Biologie: Der Wald; Geschichte: Steinzeit).

2. Mind Map® zum Thema machen. Schreib alles auf eine Mind Map®, was du zu diesem Thema schon weißt.

3. Schulheft und Schulbuch herausholen: Lies dir den Stoff zu dem Thema durch und ergänze deine Mind Map®. Wähle für diese Informationen eine **andere Farbe!** Ergänze auch mit Zeichnungen und Farbe!

4. Jetzt hast du die ganze Information zu einem Thema auf einer Mind Map®. Setz dich entspannt hin, schau auf deine Mind Map® und rede über das Thema – am besten laut!

5. Geh auf **jedes** Stichwort deiner Mind Map® ein. Falls du über ein Stichwort nichts Genaues weißt, schau im Heft oder Buch nach und ergänze deine Mind Map® (wieder mit einer **anderen Farbe**).

6. Kleb deine Mind Map® in dein Heft oder leg sie in eine Mappe. Vor Wiederholungen und Prüfungen wiederhole die Schritte 4 und 5 und achte besonders darauf, ob du über die Information, die du in den anderen Farben hinzugefügt hast, viel weißt. Wenn du unsicher bist, schau gleich nach oder frag jemanden.

22

Besonders geeignet für:
alle Lerngegenstände
Erarbeitung von Texten (Fremdsprache, Deutsch)

Tipp: Im Heft nach jedem Kapitel eine Seite für eine Mind Map®
frei lassen. So hast du deine Mind Maps® gleich im Heft!

Iris: Es ist schon öfter
vorgekommen, dass mir
der Stoff erst durch
die Mind Map® wirklich
klar wurde, weil ich
dadurch erkannt habe,
wie alles wirklich
zusammenhängt.

23

UNSER GEHIRN

Interessant ist, was in unserem Gehirn geschieht, wenn wir eine Mind Map® machen.

Wenn wir etwas normal **aufschreiben,** ist die linke Seite unseres Gehirns besonders aktiv.

Wenn wir etwas **zeichnen,** ist die rechte Seite unseres Gehirns aktiv.

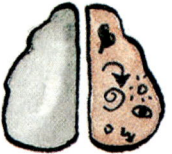

Wenn wir Mind Maps® machen, sind beide Seite gleichzeitig aktiv.

Es ist eben allemal besser, mit beiden Hälften gleichzeitig zu arbeiten als mit den einzelnen Teilen abwechselnd.

Ah - deswegen hab ich so viele Ideen beim MIND MAPPING®!

3.2.2.2 Mehrspeicher-Gedächtnis-Modelle

Um Gedächtnislücken erklären zu können, ist ein Gedächtnismodell hilfreich, das im Folgenden von Friedhelm Hülshoff und Rüdiger Kaldewey zusammenfassend referiert wird.

Ultrakurzzeit-Gedächtnis

Tag für Tag nehmen wir Tausend und Abertausend Sinneseindrücke auf, von denen wir aber nur einen kleinen Bruchteil länger behalten,
5 während wir die Mehrzahl sofort wieder vergessen. Dies ist darauf zurückzuführen, dass alle Sinneseindrücke sich zunächst als elektrische Schwingungskreise in unserem Hirn bewegen und wieder verlöschen, wenn sie nicht durch be-
10 sondere Aufmerksamkeitszuwendung an vorhandene Vorstellungsgitter „aufgehängt" werden. Auch plötzliche Schocks, z.B. infolge von Unfällen, oder Schmerzeindrücke stören die Schwingungen oder bringen sie zum Verlö-
15 schen. Dieses maximal 20 Sekunden währende Bild eines Sinneseindrucks nennt man das Ultrakurzzeit-Gedächtnis. Das Ultrakurzzeit-Gedächtnis ist besonders am Phänomen des Unfallschocks zu erleben. Dabei werden die „Erinne-
20 rungen" an die Ereignisse unmittelbar vor dem Unfall durch den Schock völlig gelöscht und sind weder durch angestrengtes Nachdenken noch durch Hypnose zu reproduzieren. Das lässt sich nur aus der Tatsache erklären, dass der Vor-
25 gang der „Bildaufzeichnung" im Gedächtnis noch nicht eingesetzt hatte bzw. noch nicht abgeschlossen war.

Kurzzeit-Gedächtnis

30 Behalten heißt, einen Eindruck durch Assoziation speichern. Vereinfachend lässt sich dieser Vorgang am Beispiel einer fotografischen Aufnahme verdeutlichen. Während man das Ultrakurzzeit-Gedächtnis mit einem reflektierenden
35 Verkehrsschild vergleichen könnte, das nur so lange aufleuchtet, wie es vom Autoscheinwerfer angestrahlt wird, ist die Funktion des Kurz- und Langzeitgedächtnisses am Beispiel des Fotografierens zu verdeutlichen. Wie beim Fotografieren
40 Lichtstrahlen (= Reize) über das Objektiv (= Sinne) auf eine Platte oder auf einen Film treffen

und dort chemische Reaktionen hervorrufen, so müssen weitere chemische Prozesse ablaufen, um das Bild vorübergehend oder dauerhaft zu
45 fixieren. Wird der Negativfilm nur entwickelt und nicht anschließend direkt im Fixierbad behandelt, wird der Film schwarz und die aufgenommenen Bilder verflüchtigen sich. Ähnlich müssen wir uns den Vorgang des Kurzzeit-Ge-
50 dächtnisses vorstellen. Der „chemische Vorgang" hat zwar begonnen, wird aber nicht beendet, weil eine genügende Motivation zum Behalten fehlte oder keine Anknüpfungspunkte vorhanden waren.

55
Langzeit-Gedächtnis

Ein dauerhaftes Bild (Erinnerung) erhalten wir nur dann, wenn der Fixiervorgang vollständig und ohne Unterbrechungen (Hemmungen)
60 durchgeführt werden kann. Für das menschliche Behalten bedeutet dies, dass das Langzeit-Gedächtnis durch Assoziationen, die biochemische Prozesse auslösen, aufgebaut wird. Das Fixieren des Negativfilms entspricht der Herstellung von
65 Assoziationen für das dauerhafte Behalten im Langzeit-Gedächtnis. Was dauerhaft gespeichert

Das Geheimnis des Merkens: mehr Ordnung im Gehirn!

(Illustration von Rolf Totter, aus: Sebastian Leitner, So lernt man lernen, Herder Verlag: Freiburg ⁸1976, S. 49)

151

ist, kann im eigentlichen Sinne nicht „vergessen" werden.

Welche Folgerungen sind daraus für das Lernen, Behalten und Vergessen zu ziehen?

Für den Lernpsychologen und den mit Gehirnforschung befassten Biochemiker stellt sich das so genannte „Vergessen" so dar, dass Informationen und Lernprozesse über das Ultrakurzzeit-Gedächtnis nicht hinausgekommen sind, da der Fixiervorgang noch gar nicht eingeleitet oder aber unterbrochen wurde. Darüber hinaus können aber auch einmal gespeicherte Informationen im Laufe der Zeit durch andere Eindrücke überlagert und blockiert werden. Einmal ins Langzeit-Gedächtnis übernommene Informationen werden deshalb auch nur scheinbar „vergessen". In Wirklichkeit werden sie durch neue Informationen überlagert, sodass sie nicht mehr jederzeit abrufbar und verfügbar sind. Dass sie tatsächlich nicht vergessen, sondern irgendwo schwer zugänglich gespeichert sind, beweisen die Hypnose und die Erfahrung, dass Kindheits- und Jugenderinnerungen alten Menschen häufig in verblüffender Weise detailliert in Erinnerung sind; d. h. sie sind im Langzeit-Gedächtnis fest verankert, während neue Eindrücke infolge der verminderten Proteinsynthese häufig nicht mehr gespeichert werden.

(Aus: Friedhelm Hülshoff, Rüdiger Kaldewey: Training. Rationeller lernen und arbeiten. Klett-Verlag: Stuttgart 1976, S. 14 ff.)

1 Erklären Sie mithilfe des vorgelegten Gedächtnismodells Gedächtnislücken.
2 Erläutern Sie, welche Faktoren Vergessen bewirken können, und erörtern Sie Möglichkeiten diesen Faktoren entgegenzuwirken.

3.2.2.3 Konkretion: Wie behält man Vokabeln am besten? – Faustregeln

Aus dem dargelegten Gedächtnismodell lassen sich ganz konkrete Regeln für das eigene Lernen ableiten. Gustav Keller hat einige Anregungen zum besseren Lernen zusammengestellt und in seinem Buch „Lernen will gelernt sein" als Lerntraining für Schüler ab 10 Jahren veröffentlicht. Im Textauszug geht es um das Behalten und Vergessen von Vokabeln.

Nur wenig Lernstoff wird im Gedächtnis so gut verankert, dass du jederzeit auf ihn zurückgreifen kannst. Ein Großteil des Lernstoffs, ob Vokabel oder Formel, wird vergessen.

Vergessen heißt nun nicht, dass der Lernstoff völlig verblasst und verschwindet. Er ist schon noch da, aber er ist überlagert von neuen Informationen, die du inzwischen aufgenommen hast. Wieviel vom Gelernten gewöhnlich vergessen wird, zeigt die folgende Abbildung (s. u.). Wie du siehst, geht von dem hundertprozentig gekonnten Lernstoff anfangs am meisten verloren. Im weiteren Zeitverlauf wird immer langsamer vergessen. Übrig bleibt ein kleiner „Stoffrest" von 20 %.

Die folgende Vergessenskurve bezieht sich auf den genauen Lernstoff mit all seinen Einzelheiten. Das „Ungefähr-Wissen" wird hingegen nicht so rasch vergessen. Doch dies ist kein Trost, da du das Gelernte meist genauer wiedergeben musst. Und deshalb wird dich interessieren, was du gegen das Vergessen tun kannst. Die allgemeine Empfehlung lautet: Wiederholen!
Du sollst aber nicht blindlings wiederholen, sondern dir zuvor auch einige Gedanken über die Art

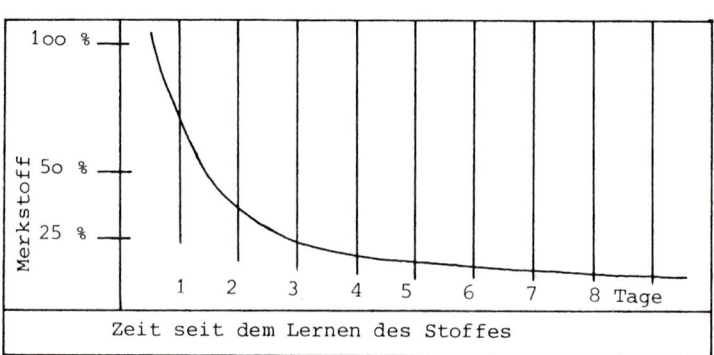

Abb.:
Zeit seit dem Lernen des Stoffes

152

Beispiel: Lernkartei

Vorderseite:	Turm	Erosion	Würfel
Rückseite:	tower	Abtragung, Aus-furchung der Erd-oberfläche durch Wasser, Eis, Wind	Ein von 6 Quadraten begrenzter Körper $O = 6 \cdot s \cdot s$ $V = s \cdot s \cdot s$

und Weise des Wiederholens machen. Zuallererst wirst du die Frage stellen, wann mit dem Wiederholen begonnen werden soll. Da das Vergessen unmittelbar nach dem Lernen am stärksten ist, sollte die erste Wiederholung möglichst früh stattfinden. Wenn du nachmittags Vokabeln gelernt hast, könntest du sie abends kurz kontrollieren. Die späteren Wiederholungen können in immer größeren Zeitabständen stattfinden.

Eine Faustregel des Wiederholungslernens lautet:
• Wiederhole ein paar Stunden später.
• Wiederhole tags darauf.
• Wiederhole nach einer Woche.
• Wiederhole nach einem Monat.
• Wiederhole nach sechs Monaten.

Dein erster Gedanke wird nun sein: „Da komm' ich ja aus dem Wiederholen gar nicht mehr heraus!" Dem ist nicht so. Denn eine andere Lernregel besagt, dass die für das Wiedererlernen benötigte Zeit im Verlauf der Wiederholungen immer kleiner wird, Du brauchst also nur noch einen Bruchteil der ursprünglichen Lernzeit. Oft genügt das Anschauen und Durchlesen. Außerdem musst du nicht jeden x-beliebigen Lernstoff wiederholen, sondern das, was schwierig und schwer merkbar ist. Zum Beispiel die Zeiten in Englisch oder die allerwichtigsten Daten und Ereignisse einer Geschichtsepoche.

Zum Wiederholungslernen eignet sich die Lernkartei ganz gut. Du benötigst hierzu DIN-A-7-Kärtchen (halb so groß wie eine Postkarte) und einen Karteikasten, der in etwa 4 bis 5 unterschiedlich große Fächer (siehe unten) unterteilt wird. Die Fächer nehmen von vorne nach hinten an Länge zu.

Nachdem diese Arbeitsmittel vorhanden sind, beginnst du mit dem Aufbau der Lernkartei. Schwieriger Lernstoff wird in Frage-Antwort-Form auf die Karteikarten übertragen. Auf die Vorderseite kommt die Frage, auf die Rückseite die Antwort.

Hast du so viele Kärtchen, dass sich damit das erste Karteifach füllen lässt, beginnt das eigentliche Wiederholungslernen. Du ziehst eine Karteikarte nach der anderen heraus und versuchst sie zu beantworten. Wenn es sich um Vokabeln handelt, möglichst schriftlich! Hast du geantwortet, drehst du das Kärtchen um. Wenn deine Antwort richtig ist, steckst du das Kärtchen ins zweite Fach. Im Falle einer falschen Antwort bleibt sie im ersten Fach. Die zurückgebliebenen Kärtchen werden so lange wiederholt, bis sie ebenfalls im zweiten Fach angelangt sind. Du musst sie nach einer gewissen Zeit mal wieder zur Hand nehmen und kontrollieren. Denn in der Zwischenzeit haben sich im ersten Fach neue Kärtchen angesammelt, die ebenfalls auf den Wanderweg der Wiederholung möchten. Am Ende des Schuljahres sollten alle Kärtchen im letzten Fach angelangt sein. Du kannst sie dann weglegen, um für den Lernstoff des neuen Schuljahres Platz zu machen. Wegwerfen solltest du sie nicht. Du kannst sie gebrauchen und wiederholen, wenn sich später mal Lücken zeigen.

Du brauchst, wenn du mit Karteikärtchen arbeiten möchtest, nicht unbedingt einen Karteikasten, wie er oben dargestellt ist. Du kannst den Karteikasten auch anders einteilen. Wichtig ist nur, dass du die Kärtchen regelmäßig wiederholst. Geschieht dies etwa fünfmal innerhalb eines Jahres, dann sind sie genauso gut im Gedächtnis verankert.

Es darf auch nicht der Eindruck entstehen, das Wiederholungslernen sei nur mit der Lernkartei

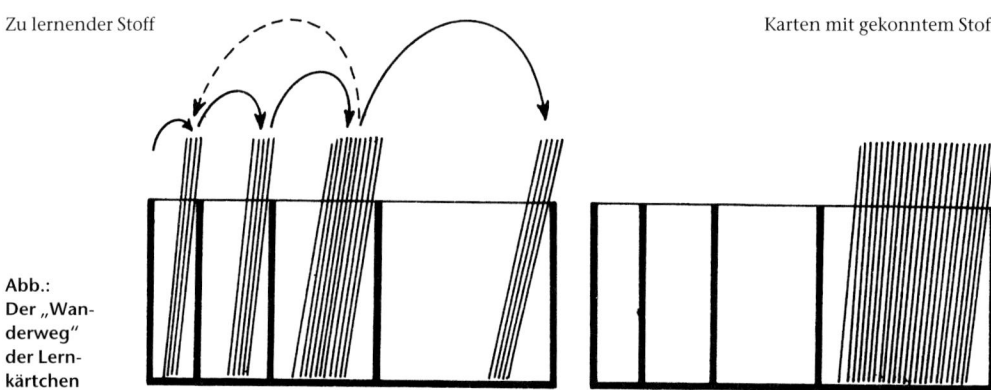

Zu lernender Stoff

Karten mit gekonntem Stoff

Abb.:
Der „Wan-
derweg"
der Lern-
kärtchen

möglich. Wenn du alten Lernstoff, der wichtig
und schwer merkbar ist, in gewissen Zeitabständen wiederholst, erzielst du dieselbe Wirkung.
Du nimmst das Vokabelheft zur Hand und wiederholst schwierige Vokabeln, die du mit einem
Sternchen gekennzeichnet hast. Oder du
schlägst das Englischbuch auf und prägst dir die
Fragenbildung von neuem ein.
Zu empfehlen wäre auch das gezielte Wiederholen. Es bedeutet, dass du zunächst einmal fest-
stellst, welche Fehler dir in den letzten Wochen
besonders häufig unterlaufen sind. Hierzu siehst
du die letzten Klassenarbeiten genau durch. In
Mathematik fällt dir auf, dass das Multiplizieren
und Dividieren von Brüchen nicht sitzt. In Englisch hast du jedesmal Satzbaufehler gemacht.
Wenn du solche Fehlerquellen entdeckt hast,
musst du für Abhilfe sorgen. In den nächsten Tagen wiederholst du und übst du das Bruchrech-
nen und den Satzbau. Wichtig ist, dass du nicht
nur die betreffenden Regeln anschaust, sondern
du sollst auch Aufgaben rechnen und Sätze über-
setzen.
Solche gezielten Wiederholungen solltest du in
größeren Zeitabständen durchführen. Vor allem
in den Fächern, die dir augenblicklich Sorge bereiten. Füge dich nicht in dein Schicksal, wenn
du in einem Fach abgerutscht bist. Suche anhand
der Klassenarbeiten nach Fehlerquellen und be-
seitige diese durch das Wiederauffrischen alten
Lernstoffes. Fertige hierzu einen kleinen Wiederholungsplan an. Er soll verhindern, dass du das
Wiederholungslernen auf die lange Bank
schiebst.

Beispiel: Wiederholungslernen
   8. 3. Flächenberechnung (Quadrat, Rechteck,
         Dreieck)
  10. 3. Continuousform
  12. 3. Flächenberechnung (Parallelogramm,
         Trapez)
  14. 3. Continuousform
  17. 3. Gesamtwiederholung: Flächen
  30. 3. Gesamtwiederholung: Continuous-
         form

Für Eltern, Freunde und andere Hausgenossen hat die
Lernkartei tabu zu sein

(Illustration von Rolf Totter; aus: Sebastian Leitner, So
lernt man lernen, Herder Verlag: Freiburg ⁸1976, S. 103)

Teile das Wiederholungsprogramm so ein, dass
es nicht mit deinem Hausaufgabenprogramm in
Konflikt gerät. Placiere den Wiederholungsplan
so, dass er dir ins Auge fällt. Hake ab, was du erledigt hast.

(Aus: Gustav Keller, Lernen will gelernt sein. Ein Lerntraining für Schüler. © Quelle & Meyer, Heidelberg/Wiesba-
den 1984, S. 36–40. Zeichnungen von Jutta Bauer)

3.3 „Sinnhaft-rezeptives" und „sinnvoll-entdeckendes" Lernen

3.3.1 Grundlagen

3.3.1.1 Hinführung:
Die Sache mit der Wüstenschnecke –
Ein Beispiel für entdeckendes Lernen

An dem Institut für Wüstenforschung der Universität Bersheba, das ich [...] auf einer Vortrags-
reise durch Israel mit meiner Frau besuchte, er-
lebte ich noch am letzten Tag den Höhepunkt
meines dortigen Aufenthaltes. Dieses Institut,
inmitten der Wüste Negev gelegen und noch

Der Ökosystemforscher Moshe Shachak erklärt dem Ver-
fasser (rechts) die Funktion der Wüstenassel (Hemilepis-
tus reaumuri). Im Hintergrund Zev Naveh, der Leiter des
„Integrated Environmental Education Project", mit
Assistentin.

von Ben Gurion selbst ganz in der Nähe seines
Kibbuz Sde Boqer gegründet, ist inzwischen zu
einem riesigen Campus mit vielen Einzelinstitu-
ten angewachsen: ein Forschungszentrum wie
viele andere auf der Welt. Und doch hat es etwas
Einmaliges aufzuweisen: Man hat es gewagt die
voruniversitäre Erziehung in die wissenschaftliche Arbeit mit einzubeziehen und eine „Experi-
mental Environmental Highschool" (ein experi-
mentelles Umwelt-Gymnasium) gegründet, an
der mich vor allem ein 10-tägiger Kursus für
Schüler aus allen Teilen des Landes in Begeiste-
rung versetzte.

Man fand, dass sich das relativ einfach Ökosys-
tem der Wüste in direkt idealer Weise dafür eig-
nete, den Schülern die sonst so kompliziert
scheinenden biokybernetischen Gesetze leben-
der Systeme beizubringen. Denn diese Gesetzmäßigkeiten sind überall die gleichen – unabhängig von der Kompliziertheit des betrachteten
Systems. Sie gelten für die Wüste ebenso wie für
unsere hoch industrialisierten und dicht besie-
delten Ballungsräume.

Die Schüler, die im Rahmen dieses Programms,
das sich „Integrated Environmental Education"
nennt, in den Negev kommen, scheinen zunächst mit einer totalen Landschaft konfrontiert. Was sie als Erstes sehen, sind ein paar kleine
verdorrte Büsche, immerhin ein erstes Zeichen
von Leben. Schauen sie noch genauer hin, so
entdecken sie darunter kleine weiße Schneckenhäuser. Dies, so lernen sie bald, sind jedoch nur
die ersten ins Auge fallenden Glieder eines aus-
geklügelten Ökosystems. Denn auch in den aller-
primitivsten Lebensräumen wie in einer Wüs-
tenlandschaft liegen die Dinge nicht einfach so
herum, sondern – sobald Leben im Spiel ist – sind
auch sie bereits zu einem komplexen System ver-
netzt – sowohl miteinander wie auch mit der
Umwelt, dem Luftsauerstoff, dem Wasser, dem
Boden. Eine Vernetzung, die sich als der große
Trick der lebenden Natur entpuppt, mit dem sie
mehrere Milliarden Jahre und zeitweise extreme
Bedingungen überdauert hat.

Die Schüler messen Temperatur und Feuchtigkeit und errechnen die Biomasse der verdorr-
ten Büsche. Sie zählen und markieren die
Schnecken, wobei ihnen sofort zahllose wurm-
artige Häufchen auffallen. Diese, zerreibt man

155

sie zwischen den Fingern, stellen sich als bloßer Sand heraus, der offenbar durch den Schneckenkörper gewandert ist.

Die Schnecken, die sich von einer bei Feuchtigkeit auf dem feinen Sand wachsenden unsichtbaren Algenschicht ernähren, melken sozusagen den Sand beim Durchgang durch den Körper und entlassen ihn in dieser geringelten Form. Und schon findet sich eine weiter Stufe der Vernetzung: Als Nebeneffekt kommt eine ständige Lockerung der Sandoberfläche zu Stande.

Mit alldem hat für die Schüler längst ein regelrechtes Abenteuer angefangen. Die Lehrer sind klug genug, um sie jedes weitere Glied dieses aufeinander eingespielten Systems weitgehend selber erforschen zu lassen: die toten Schnecken, die durch Zersetzerorganismen in Humus und Mineralien für die Büsche verwandelt werden; die verholzten Büsche, die wiederum kleinen Wüstenasseln als Nahrung dienen. Die Asseln, die unter Einsatz ihrer aus gut 80 Mitgliedern bestehenden Großfamilien 50 cm tiefe Löcher in den Boden bohren und dabei den dort immer etwas feuchten Sand durch sich hindurchschleusen (wobei sie gleichzeitig trinken, essen, arbeiten und verdauen) und der Boden, der dadurch eine gute Durchlüftung wie auch eine Struktur- und Nährstoffverbesserung erfährt, ohne die wiederum die Pflanzen, von denen die Wüstenasseln leben, überhaupt nicht existieren könnten. Die Bohrleistung dieser kleinen Lebewesen ist übrigens so enorm, dass alle 25 000 Jahre der gesamte Negev bis zu einer Tiefe von einem halben Meter einmal durch ihren Körper hindurchgeht. Von diesen Asseln leben nun wiederum kleine Skorpione, die ebenfalls Löcher bohren, diese jedoch seitwärts, nicht in die Tiefe. Sie sorgen für eine wieder andere Durchlüftung und liefern wieder andere Humusstoffe und auch wieder andere Möglichkeiten die Mineralien des Wüstensandes aufzuschließen.

So viel zu einigen Mitgliedern dieses Systems, welches unter extremen Stressbedingungen lebt und doch äußerst stabil ist. Werden z. B. die Schnecken zu zahlreich, wie in manchen Jahren, und ist die Erhaltung ihrer Art wegen Nahrungsmangel bedroht, so scheint sich dies in der Vogelwelt herumzusprechen und plötzlich fallen tausende von Vögeln in dieses Gebiet ein. Die in ihren Häusern verkrochenen Schnecken sind zunächst vor ihnen sicher, doch bald findet man zerbrochene Schneckenhäuser. Sie sind um die wenigen Steine in diesem Wüstengebiet gruppiert. Die Vögel benutzen sie als Amboss und schlagen die Schneckenhäuser darauf kaputt. Doch nicht lange, so verschwindet der ganze Spuk. Die Schneckenpopulation hat wieder ein normales Maß erreicht und unsere „Algenstripper" finden wieder genügend Nahrung. Die Schüler merken bei ihrer Entdeckungsfahrt, dass hier jedes Glied wichtig ist und man keines entfernen kann, ohne das Gesamtgefüge ernstlich zu stören. Und damit fängt das eigentlich ökologische, das vernetzte Denken an. Aus ihren Daten und Beobachtungen zeichnen die Schüler ein kybernetisches Modell von der Realität. Daraus erkennen sie die Organisation des Systemgefüges und z. B., dass wirklich nutzbringende Eingriffe in das Gefüge immer nur solche sein können, die dem Systemcharakter Rechnung tragen.

Überraschend war dabei, dass sie trotz vieler fehlender Glieder bereits von Anfang an ein zutreffendes, wenn auch grobes Gesamtbild des in Wirklichkeit natürlich noch weit komplexeren Wüstenorganismus erhielten; ein Bild, das anhand dieses Modells wieder sehr einfach zu verstehen war. Sie stellten weiter fest – und das hatte auch die Wüstenforscher überrascht –, dass bereits wenige Messungen und Beobachtungen genügen, um die Kybernetik, die Steuerfunktionen dieses Systems richtig zu erfassen. Interessanterweise genügte es sogar noch – das zeigte sich an mehreren hundert getrennten Untersuchungen –, wenn man sich in den Messungen bis um 30–40 % verschätzte. Ein aufregendes Ergebnis, welches unsere eigenen Hypothesen über komplexe Systeme und wie man sie erfassen kann, voll bestätigte.

(Aus: Frederic Vester: Unsere Welt – ein vernetztes System. Klett-Cotta, Ernst Klett Verlag: Stuttgart 1978, S. 13–17, Bilder: Studiengruppe für Biologie und Umwelt: München)

1 Welche pädagogischen Prinzipien erkennen Sie in der Darstellung von Frederic Vester?

2 Wie gefällt Ihnen die Art zu lernen, wie sie im „Integrated Environmental Education Project" beschrieben ist?

3.3.1.2 Was ist „entdeckendes Lernen"?

John Foster geht in seiner Darstellung über das Wesen des entdeckenden Lernens davon aus, dass die natürlichen Aktivitäten des Kindes fast immer Lernsituationen sind, die eine Auseinandersetzung mit der Umwelt einschließen.

Ich erinnere mich daran, wie ich eines Morgens die neunjährige Susanne weckte; eben noch in tiefem Schlaf, ließ sie schon im nächsten Augenblick und ohne bewusste Anstrengung eine Flut
5   von Fragen, Gedanken, Anmerkungen, Hoffnungen, Erkundigungen und Vermutungen über den Verlauf des Tages los. Mit dem Moment des Erwachens stand das Grundmuster der eigenen aktiven Gestaltung dieses Tages für sie fest.
10 Diese Einstellung dem Leben im Allgemeinen und folglich auch dem Lernen gegenüber ist für gesunde, lebhafte Grundschulkinder typisch. Den meisten Tätigkeiten des Kindes liegt eine rastlose Neugierde und der Wunsch etwas durch
15 eigenes Ausprobieren herauszufinden zu Grunde. Auf diese Weise lernt das Kind neue Begriffe von zunehmender Komplexität zu bilden und kann Vorstellungen, die ihm bereits früher begegnet sind, erweitern und revidieren. Es nimmt
20 die ganze Zeit über Informationen auf und benützt sie dazu, das, was es schon weiß, weiter zu klären und zu vervollkommnen. Es bringt in jede Lernsituation zahlreiche vorangegangene Erfahrungen ein und es muss dauernd gefordert
25 werden, um erproben zu können, wie genau und stichhaltig seine gesammelten Erfahrungen sind. Durch eine Art von zergliederndem Vorgehen kann das Kind die Informationen, die für ein gegebenes Problem relevant sind, auswählen
30 und allmählich eine Vorstellung von den möglichen Ergebnissen einer Handlungsfolge, die es ausführt, entwickeln. Es stellt eine einfache Hypothese auf, die es durch eigene Versuche überprüfen kann. Das ist ein fortlaufender Pro-
35 zess, bei dem das Kind die ganze Zeit über sein Denken weiterentwickelt und verfeinert. Es lernt nach und nach die Ergebnisse seiner Handlungen in Gedanken vorwegzunehmen und Ursache und Wirkung zusammenzubringen. „Wenn
40 ich diesen Stein wegnehme, dann fällt der Turm ein." Die beiden operationalen Begriffe, mit de-

nen es umzugehen lernt, sind „wenn … dann …". Es ist diese Art des Denkens, des spontanen, auf der schrittweisen Ausweitung der natürli-
45 chen Interessen beruhenden Vorgehens, die entdeckendes Lernen […] ausmacht. Der Terminus „entdeckendes Lernen" ist in der Schule noch nicht sehr lange in Gebrauch. Er wird inzwischen vielfach als eine Art Sammelbegriff ver-
50 wendet, der manchmal für guten Grundschulunterricht schlechthin steht. Ich ziehe es vor, den Ausdruck im Sinn […] zu benützen, in dem über entdeckendes Lernen gesagt wird, dass es „ausgehend von einer anlagebedingten Neugier-
55 de, die oftmals durch die vom Lehrer hergestellte Lernumgebung angeregt wird, zu Fragen und zu weiteren Überlegungen führt, welche Fragen vernünftigerweise gestellt werden können und wie sich Antworten auf sie finden lassen. … wesent-
60 liche Elemente sind Untersuchung, Experiment und eigene Erfahrung."
In dieses Konzept des entdeckenden Lernens gehört notwendig das gesamte Problem des Verhältnisses zwischen Lehrer und Kind. Selbsttäti-
65 ges Lernen kann in einer autoritär geführten Klasse nicht gedeihen. Beim entdeckenden Lernen ist die Rolle des Lehrers mehr auf Beratung als auf Unterweisung im herkömmlichen Sinne gerichtet; er fungiert als Führer und nicht so sehr
70 als Verbreiter von Faktenwissen. Das Entdecken […] kann als ein fundamentaler Aspekt intensiver Lernerlebnisse von Kindern angesehen werden. Wo es tief greifende Erfahrungen, lebendige Anregungen und fantasievolle Ermunterungen
75 durch den Lehrer gegeben hat, wo Probleme auf kreative Weise gelöst und Alternativen durchgespielt worden sind, ehe nach sorgfältiger Überlegung Schlussfolgerungen gezogen wurden, da sind die Prinzipien entdeckenden Lernens ver-
80 standen worden. […]
In der Schule wird entdeckendes Lernen oft zu geplanten Erfahrungen führen; in der Regel geht der Anstoß vom Lehrer aus, der seinerseits ein bestimmtes Interesse der Kinder aufgreift. Der er-
85 fahrene Lehrer wird in seinem Konzept Erweiterungsmöglichkeiten vorsehen, sodass jedes beteiligte Kind die gemeinsame Erfahrung in der Weise weiterentwickeln kann, die für es persönlich am effektivsten ist. Der Erfolg eines Impulses
90 kann in der Tat oft aus der Vielfalt der Antworten

abgelesen werden, die er bei einer Gruppe von Kindern hervorruft.

Ein Lehrer, den ich vor einiger Zeit besuchte, zeigte mir in seinem Klassenzimmer eine Samm-
95 lung von Streichholzheftchen, die ein Junge, dessen Vater Steward bei einer Luftverkehrs-
gesellschaft ist, mitgebracht hatte. Sie stammten aus allen Teilen der Welt und waren sehr hübsch auf farbigem Untergrund angeordnet. Einige die-
100 ser Heftchen waren zusammen mit weiter-
führendem Material, das sich auf ihre Herkunfts-
länder bezog, auf einem Tisch ausgestellt. Dort fanden sich auch verschiedene Kärtchen, die zu eigenen Überlegungen und Stellungnahmen
105 aufforderten oder Vorschläge für Tätigkeiten enthielten, denen diese Streichholzheftchen als Ausgangspunkt dienen konnten. Etwa drei Wochen später besuchte ich die Klasse wieder. Die Arbeit hatte sich nach individuell bestimmten
110 Richtungen entwickelt. Etwa acht von den zwei-
undvierzig Kindern der Klasse hatten sich dem Thema zugewandt, aber sie alle hatten verschiedene Aspekte gewählte. Ein Mädchen hatte sich mit der grafischen Gestaltung der Heftchen
115 beschäftigt, die Originale abgezeichnet und da-
neben eigene Entwürfe gemacht. Zwei Kinder hatten damit begonnen, sich mit den Herkunfts-
ländern der Streichhölzer zu befassen. Auf vielen der Heftchen waren Volkstrachten abgebildet;
120 ein Mädchen hatte nach diesen Vorlagen Model-
le angefertigt und Beschreibungen der Kostüme verfasst. Ein Junge hatte an eine Streichholz-
firma geschrieben und erfahren, wie Streichhöl-
zer hergestellt werden. Das veranlasste ihn sich
125 mit Holz und Papier zu beschäftigen, die bei der Streichholzfabrikation verwendet werden. Ein anderer Junge hatte Experimente angestellt, um die relative Brenndauer verschiedener Streich-
holztypen festzustellen. Wieder ein anderer
130 hatte Kosten verglichen: Streichhölzer in Schachteln gegenüber solchen in Heftchen, Großhandelspreise gegenüber Einzelhandels-
preisen; er hatte dann noch ein paar grafische Darstellungen gemacht, aus denen die Anzahl
135 der Streichhölzer pro Schachtel bei verschiede-
nen Fabrikaten hervorging. Das Letzte der betei-
ligten Kinder schließlich, ein Mädchen, hatte eine Diskussion über die verschiedenen Tätigkeiten, die sich aus der Ausstellung ergeben hatten,

vorbereitet. Die einzelnen Kinder verfolgten 140 ganz individuelle Fragestellungen, die zeigen, auf welchem Gebiet zu diesem Zeitpunkt jedes Kind am meisten ansprechbar war. Mehr als drei Viertel der Klasse zeigten aber überhaupt keine Reaktion. Das ist nicht ungewöhnlich und bringt 145 einen wichtigen Punkt ans Licht. Der unerfahrene Lehrer wird manchmal bei jedem Kind eine Reaktion erwarten und sich eventuell aus dem Konzept bringen lassen, wenn ein Impuls fehl-
schlägt. Der erfahrene Lehrer wird sich jedoch 150 damit abfinden, dass viele seiner Vorschläge nur von einigen Kindern aufgegriffen werden. Das muss er hinnehmen, wenn die Arbeit auf die individuellen Bedürfnisse ausgerichtet sein soll. Wie lange ein Kind an einer Aufgabe arbeitet und 155 wie lange sein Interesse vorhält, wird eben-
falls sehr unterschiedlich sein. Flexible Organi-
sationsformen sind daher eine wesentliche Voraussetzung für entdeckendes Lernen in einer Klasse. 160

(Aus: John Foster: Aktives Lernen. Otto Maier Verlag: Ra-
vensburg 1974)

1 Geben Sie die grundlegenden Kennzeichen „entdeckenden Lernens" nach Foster wieder.
2 Welche Schwierigkeiten können sich ergeben, wenn Unterricht nach der Methode „entdeckenden Lernens" arrangiert wird?
3 Zeigen Sie anhand des Beispiels im vorher-
gehenden Abschnitt, inwiefern die Elemente „entdeckenden Lernens" konsequent in die Praxis umgesetzt wurden.

3.3.1.3　Kontroverse Positionen:
„Entdeckendes Lernen" oder „rezeptives Lernen" – Alternativen oder sinnvolle Ergänzungen?

a) Vorzüge des „entdeckenden Lernens" nach Bruner

Ich beschränke Entdeckung nicht auf den Akt, durch den man etwas herausfindet, das der Menschheit vorher unbekannt war, sondern schließe fast alle Formen des Wissenserwerbs mithilfe des eigenen Verstandes ein. [...] ob man 5 mit Mathematikern oder Physikern oder Historikern spricht, immer wieder stößt man auf einen gefühlsmäßigen Glauben an die starken Wirkungen, die davon ausgehen sollen, dass man dem Schüler gestattet Dinge selbst zusammenzustellen, sein eigener Entdecker zu sein.

Machen wir zuerst die Konsequenzen des Aktes der Entdeckung deutlich. An den Grenzen des Wissens oder anderswo werden neue Sachverhalte selten so entdeckt, dass sie, wie es Newton annahm, als Inseln der Wahrheit in einem unausgeloteten Meer des Unwissens ausgemacht werden. Oder wenn sie scheinbar so entdeckt werden, so eigentlich stets durch einige günstige Hypothesen über den Kurs.

Entdeckung wie auch Überraschung fallen eher dem wohl vorbereiteten Verstand zu. Beim Bridge-Spiel ist man von einem Blatt überrascht, das keine Bilder enthält, und dies auch von einem Blatt mit nur einer Farbe. Doch hat jedes Blatt dieselbe Auftretenswahrscheinlichkeit: Man muss Bescheid wissen, um überrascht zu sein.

So auch bei der Entdeckung. Die Wissenschaftsgeschichte ist voller Beispiele für Menschen, die „etwas herausfinden" und es nicht wissen. Ob es ein Schüler ist, der selbstständig vorgeht, oder ein Wissenschaftler, der sein wachsendes Gebiet beackert, stets werde ich von der Annahme ausgehen, dass Entdeckung ihrem Wesen nach ein Fall des Neuordnens oder Transformierens des Gegebenen ist. Dies so, dass man die Möglichkeit hat über das Gegebene hinauszugehen, das so zu weiteren neuen Einsichten kombiniert wird. Sehr wohl können eine ergänzende Tatsache oder Komponenten des Gegebenen diese weitergehende Transformation des Gegebenen möglich machen. Doch oft hängt sie nicht einmal von einer Information ab.

Wenn ein Kind sich selbst überlassen ist, so ist es selbstverständlich, dass es innerhalb bestimmter Grenzen Dinge für sich selbst entdeckt. Es ist auch selbstverständlich, dass es bestimmte Formen der Kindererziehung, bestimmte häusliche Atmosphären gibt, die manche Kinder eher als andere dazu bringen, ihre eigenen Entdecker zu sein.

Für beide Bereiche besteht ein großes Interesse, doch werde ich sie nicht weiter diskutieren. Lieber möchte ich mich darauf beschränken, die Entdeckung und „Selbst-Herausfinden" im Unterrichtsprozess, besonders der Schule, zu erörtern. Das Ziel, das wir uns als Lehrer stellen, ist dem Schüler nach besten Kräften ein fundiertes Verständnis des Gegenstandes zu vermitteln und ihn so gut wir können zu einem so selbstständigen und spontanen Denker zu machen, dass er am Ende der Schulzeit allein weiterkommen wird. [...]

Um die Diskussion auszurichten, möchte ich nun eine stark vereinfachte Unterscheidung machen. Ich unterscheide zwischen dem Lernen nach der darbietenden Methode und dem Lernen nach der hypothetischen Methode. Beim Ersteren werden Entscheidungen über Methode, Tempo und Stil der Präsentation in erster Linie durch den Lehrer als dem Darbietenden getroffen; der Schüler ist der Zuhörer. [...]

Ersterer hat eine große Auswahl an Alternativen für das Strukturieren. Er nimmt den Satzinhalt vorweg, während der Zuhörer noch auf die einzelnen Worte gespannt ist; durch verschiedene Transformationen gestaltet er den Materialinhalt, doch dem Zuhörer sind diese internen Manipulationen überhaupt nicht bewusst. Bei der hypothetischen Methode kooperieren Lehrer und Schüler eher bei den in der Linguistik so genannten „Entscheidungen des Sprechers". Der Schüler ist kein an die Schulbank gefesselter Zuhörer, sondern übernimmt einen Teil bei der Ausgestaltung und kann ab und zu die Hauptrolle dabei spielen. Ihm sind Alternativen bewusst und er kann sogar eine „Als-ob"-Einstellung diesen gegenüber haben; wenn er Informationen erhält, kann er sie prüfen.

(Aus: Jerome S. Bruner: Der Akt der Entdeckung. In: Entdeckendes Lernen, hrsg. von Heinz Neber. Beltz Verlag: Weinheim u. Basel 1973)

1 Charakterisieren Sie das „entdeckende Lernen" nach Bruner.
2 Stellen Sie tabellarisch die Beschreibung Bruners von „darbietendem Unterricht" („rezeptivem Lernen") derjenigen von „hypothetischem Unterricht" („entdeckendem Lernen") gegenüber.
3 Erörtern Sie die Gründe dafür, dass Bruner dem „entdeckenden Lernen" bzw. der „hypothetischen Methode" den Vorzug gibt.

(Fotos: links: Hartmut Vogler, Ratingen, in: Hubertus Halbfas, Religionsbuch für das 5./6. Schuljahr, Patmos Verlag Düsseldorf 1989, S. 10; rechts: Barbara Klemm, in: Frankfurter Allgemeine Zeitung vom 6. Oktober 1998, S. L 14)

b) Zur Kritik des „entdeckenden Lernens"

Autor des Textauszuges ist der amerikanische Psychologe David P. Ausubel.

Die [...] Betonung der direkten Erfahrung und
5 [...] spontanen Interessen des Kindes und der autonom erzielten Einsicht frei von jeder direkten Manipulation der Lernumwelt – bildeten die Grundlage für die [...] Verherrlichung des Problemlösens, der Laboratoriumsarbeit und naiver
10 Nacheiferung wissenschaftlicher Methode. Viele Mathematik- und Wissenschaftslehrer begannen an dem Wert einer systematischen Darbietung und Erklärung der Grundkonzepte und Prinzipien ihres Fachs zu zweifeln, da behauptet
15 wurde, dieses Vorgehen fördere Zungenverbalismus und mechanisches Auswendiglernen. Man glaubte, dass, wenn Schüler nur genügend Probleme bearbeiten und damit beschäftigt würden, Reagenzien in eine ausreichende Anzahl von
20 Reagenzgläsern zu gießen, sie irgendwie spontan auf sinnvolle Weise alle wichtigen Konzepte und Generalisationen entdecken würden, die sie in den jeweiligen Fächern wissen mussten.

Natürlich musste man sich viel Mühe geben Schüler davon abzuhalten, Formeln auswendig 25 zu lernen und dann mechanisch in einem gegebenen Problem die jeweiligen Werte spezifizierter Variablen für die allgemeinen Begriffe in diesen Formeln einzusetzen. Das würde natürlich nicht weniger mechanisch sein als formale di- 30 daktische Exposition. In Übereinstimmung mit der neuen Betonung auf sinnvollem Problemlösen hörten Schüler somit auf, Formeln auswendig zu lernen und lernten stattdessen Standardprobleme auswendig. Sie lernten wie Beispiele all 35 der Problemarten zu bearbeiten waren, die sie beherrschen sollten, und lernten dann sowohl die Form eines jeden Problems als auch dessen Lösung auswendig. So vorbereitet war es relativ leicht die Probleme, mit denen sie konfrontiert 40 wurden, in ihre jeweiligen Kategorien einzuordnen und „spontan sinnvolle Lösungen zu entdecken" – vorausgesetzt natürlich, der Lehrer war fair und präsentierte erkennbare Beispiele der verschiedenen Typen. 45
Ähnlich wurden Studenten gezwungen, als die

Begriffe „Laboratorium" und „wissenschaftliche Methode" an den amerikanischen High Schools und Universitäten sakrosankt wurden, die äußer-
50 lich auffallenden, aber inhärent trivialen Aspekte wissenschaftlicher Methode nachzuahmen. Sie verschwendeten viele wertvolle Stunden mit dem Sammeln empirischer Daten, die im schlimmsten Fall augenfälliges Bearbeiten und
55 im besten Fall ihnen Prinzipien entdecken halfen, die in einigen Minuten leicht verbal hätten erklärt werden können. Tatsächlich lernten sie hiervon herzlich wenig Fachwissen und noch weniger wissenschaftliche Methode. Der wissen-
60 schaftlich unerfahrene Verstand wird durch die natürlichen Komplexitäten empirischer Daten nur verwirrt und lernt viel mehr anhand schematischer Modelle und Diagramme. Den Laboratoriumshandbüchern wie Kochbüchern zu
65 folgen ohne adäquate Kenntnisse der involvierten relevanten methodologischen und wesentlichen Prinzipien, vermittelt ungefähr so viel echte Erkenntnis wissenschaftlicher Methode wie das Anziehen eines weißen Kittels und die
70 Propagierung eines Allheilmittels im Werbefernsehen.
Zum Teil als Folge des abergläubischen Vertrauens der Pädagogen in die Zauberwirkung des Problemlösens und der Laboratoriumsmethoden
75 haben wir in den letzten 40 Jahren Millionen von High-School-Graduierten und College-Graduierten erzeugt, die niemals die entfernteste Ahnung von der Bedeutung einer Variablen, einer Funktion, eines Exponenten, eines Diffe-
80 renzials, einer molekularen Struktur oder der Elektrizität hatten, die aber die ganze vorgeschriebene Laboratoriumsarbeit geleistet und einen akzeptablen Prozentsatz der erforderlichen Probleme der Differenzial- und Integralrech-
85 nung, der Logarithmen, der molaren und normalen Lösungen und des ohmschen Gesetzes gelöst haben.
Eine Grundlektion, die einige moderne Befürworter der Entdeckungsmethode aus diesem
90 Missgeschick gelernt haben, ist, dass Problemlösen selbst keine sinnvolle Entdeckung garantiert. Problemlösen kann genauso tödlich, formalistisch, mechanisch, passiv sein wie die schlechteste Form verbaler Exposition. Die Arten von
95 Lernergebnissen, die entstehen, sind weitge-

hend eine Funktion der Struktur, der Organisation und des Inhalts der Problemlösungserfahrungen, die man ermöglicht. Eine gleichermaßen wichtige Lektion jedoch, die diese Befürworter der Entdeckungsmethode zu lernen sich wei- 100 gern, ist, dass wegen der involvierten pädagogischen Logistik sogar das beste Programm der Problemlösungserfahrung kein Ersatz ist für ein minimal notwendiges Ausmaß guter didaktischer Expositionen. ... 105

(Aus: David P. Ausubel: Entdeckendes Lernen. In: Heinz Neber (Hrsg.): Entdeckendes Lernen. Beltz Verlag: Weinheim und Basel 1973)

1 Inwiefern ist für Ausubel „entdeckendes Lernen" sinnvoll, inwiefern sinnlos?
2 Wie schätzt Ausubel „rezeptives Lernen" ein?
3 Vergleichen Sie die Positionen von Bruner und Ausubel und kommen Sie zu einer eigenen begründeten Beurteilung.

3.3.2 Pädagogische Konkretion: Ein Unterrichtsprotokoll

8.05

Lehrer: Ihr hattet alle eine Kleinigkeit zu lernen!
Schüler: Ja, zwanzig Strophen!
Lehrer: Gut – wenn ihr aber nun glaubt, ich würde euch die zwanzig Strophen der Reihe nach ab- 5
hören, habt ihr euch geirrt! Dann ginge die ganze Stunde drauf! Wir machen das geschickter in Gruppen. Blatt raus!
(Die Kinder nehmen ein Blatt aus der Tasche)
Schneller! Bleistift! – Aufpassen! Gruppe eins – 10
das ist die Reihe hinter Walter – Gruppe eins Hand hoch! – schreibt die erste bis dritte Strophe auswendig auf das Blatt! – Gruppe zwei – das ist die Reihe hinter Fritz – Gruppe zwei Hand hoch!
– schreibt die Strophe vier bis fünf – 15
(Lehrer gibt die gleiche Anweisung für die Niederschrift der folgenden Strophen an die weiteren Gruppen. Die Schüler versuchen die Strophen niederzuschreiben.)
Lehrer: (blickt auf die Uhr) Gleich so weit – – 20
Sprich nicht! – Schiel nicht! – Wer ist fertig?
(Niemand meldet sich) – Wer fertig ist, schreibt seinen Namen drunter! – *(wendet sich zu einem Schüler in der ersten Reihe)* Willst du etwa ein

ganzes Heft abgeben? Ich habe deutlich Blatt oder Zettel gesagt! – – Noch eine Minute! – So, jetzt schreibt jeder seinen Namen hin! – Gruppenarbeit beendet! – Einsammeln die Zettel!

(Die Schüler geben die Zettel nach rechts)
Die Schüler, die rechts sitzen, prüfen, ob alle Zettel da sind! – – Zettel nach vorn geben!
(Die Zettel werden vom Lehrer übernommen und den Besuchern überreicht)
So, jetzt können unsere Gäste einmal sehen, was ihr leistet! Ich selbst werde feststellen, wer von euch gelernt hat und wer nicht!
(Unruhe in der Klasse)

8.20

Ruhe! – Ihr kennt das Gedicht – oder auch nicht! Wir wollen es etwas näher betrachten! Was ist denn der Kern der ganzen Geschichte?
Schüler: Freundestreue!
Lehrer: Sprich im Satz! Freundestreue gibt es heute sowieso kaum noch. Es steht höchstens einmal jemand dem andern in der Gefahr bei. Wie nennt man solche Menschen heute? – Kennt jemand einen in der Verwandtschaft, der einen Menschen gerettet hat?
Schüler: Das ist ein Retter!
Lehrer: Nein, man nennt ihn anders!
(Mehrere Schüler melden sich)
Schüler: Da habe ich mal in der Zeitung gelesen, da ist ein Student an der Mosel gewesen, da ist er am Moselufer spazieren gegangen – der hat einen Jungen gesehen, wie der in der Mosel untergegangen ist, und da ist der Student –
Lehrer: Halt – wir haben jetzt Deutsch – fang noch mal an und sprich mal deutsch!
Schüler: Ich habe einmal in der Zeitung gelesen, da ist ein Student an der Mosel spazieren gegangen – – da hat er einen Jungen –
Lehrer: Schön – ich kenne ja die Geschichte – ich habe sie auch gelesen – doch ich habe das Wort „da" nicht siebenmal gelesen. Setz dich!
Schüler: Ich habe einmal in der Zeitung gelesen, da ... *(Nachbarjunge flüstert ihm etwas zu)*
Schüler: *(leise zum Nachbarjungen)* Halt doch's Maul!
(Klasse lacht! – Schüler setzt sich)
Lehrer: Wie nennt man den, den der Student gerettet hat?
Schüler: Lebensretter!

Lehrer: Nein – besser noch – Wer war mal beim Zahnarzt?
Schüler: *(murmeln durcheinander)* Ich – ja, ich, ich ...
Lehrer: Was habt ihr da gesehen? – – Im Wartezimmer?
Schüler: Ich hatte Angst!
Lehrer: Gut – aber was geschah nun?
Schüler: Die Tür ging auf und ich wurde 'reingerufen.
Lehrer: Nein – in einem modernen Wartezimmer! *(Mehrere Schüler melden sich)* Da ist etwas über der Tür!
Schüler: Ein Schild, das aufleuchtet!
Lehrer: Ja – und was steht da drauf? – na? – – na? – – Der Nächste bitte, steht doch drauf! Klar?
Schüler: *(nach längerer Pause)* Er rettete den Nächsten!
Lehrer: Du hast wirklich darüber nachgedacht, du bist ja direkt begabt!

8.35

So – und jetzt sucht einmal Beispiele aus dem täglichen Leben, wo ihr dem Nächsten helft!
(es kommen mehrere Beispiele z. B. Almosen an Bettler, Spenden an Kirche und Organisation, Micky-Maus-Club u. a. – dabei werden einige Begriffe von einem Kind an die Tafel geschrieben)

8.50

Lehrer: Die Stunde ist leider bald zu Ende. Es dauert ja immer etwas lange, bis ihr schaltet. Wir können daher auch keinen Merksatz aufschreiben. – Als Hausaufgabe schreibt ihr Begriffe, die zum Thema „Nächster" gehören. Überschrift „Mein Nächster".

(Aus: E. Meyer: Unterrichtsvorbereitung in Beispielen. Kamp Tabü Verlag: Bochum, Nr. 6, S. 15–17

1 Was wird nach dem vorliegenden Unterrichtsprotokoll von den Schülerinnen und Schülern gelernt?

2 Wie wird es gelernt? Ordnen Sie Ihre Beobachtungen einem der dargestellten Felder zu.

	sinnvoll	sinnlos
rezeptives Lernen		
entdeckendes Lernen		

3 Entwickeln Sie zu der im Unterrichtsprotokoll angesprochenen Thematik alternative Modelle, um die restlichen Felder zu besetzen.

3.3.3 Wie kann eine Mitschrift einer Lehrveranstaltung erfolgen? – Anregungen zum sinnvoll-rezeptiven Lernen

Eine wichtige Aufgabe hat das Mitschreiben bei Lehrveranstaltungen verschiedenster Art zu erfüllen, und zwar weil Mitschriebe

- zur aktiven Beteiligung und erhöhten Aufmerksamkeit anleiten;
- Inhalt, Aufbau und Struktur eines Stoffes besser erfassen helfen sowie
- jederzeit Wiederholungen des Lerninhalts ermöglichen und insofern Grundlage jeder Prüfungsvorbereitung sind.

Obwohl die Art des Anfertigens von Mitschrieben verschiedentlich Geschmackssache sein mag, sind doch die folgenden Grundregeln anzuempfehlen:

1. Man sollte nach Möglichkeit nur das größere DIN A4-Format-Papier verwenden, denn ein Blatt Papier ist bekanntlich keine Sardinendose und im Übrigen gilt:

- Die meisten Ablage- und Ordnungssysteme entsprechen diesem Format;
- Vervielfältigungsgeräte sind in der Regel ebenfalls auf diese Papiergröße zugeschnitten.

2. Es ist zweckmäßig für Mitschriebe nur lose Blätter für Ordner, Ringbücher und Schnellhefter zu verwenden und diese auch nur einseitig zu beschriften, denn:

- Man kann diese leicht abheften;
- spätere Ergänzungen und Korrekturen des Textes sind möglich;
- auf das Mitnehmen mehrerer Hefte und Ordner kann beim Besuch von Lehrveranstaltungen verzichtet werden.

3. Während des Mitschreibens ist zu beachten, dass

- nur die wichtigsten Gedanken, Hauptpunkte und Kernaussagen stichwortartig und nicht wortwörtlich festgehalten werden;
- nach Möglichkeit das Gesagte beim Mitschreiben bereits in eigenen Worten for-

muliert und das Gehörte mit Bekanntem in Beziehung gesetzt wird;

- man als Zuhörer auf hervorhebende Formulierungen des Redners achtet, wie z. B.: „Ich möchte betonen" oder „halten wir fest", „besonders wichtig ist" oder „Sie sollten sich einprägen"; auch kann natürlich die gehobene Stimme des Redners inhaltlich Wichtiges signalisieren oder es können betonende Gesten das Wesentliche unterstreichen. [...]

Dem Grundsatz „was man schwarz auf weiß besitzt, kann man getrost nach Hause tragen" wird beim Besuch von Lehrveranstaltungen zweifellos nur derjenige angemessen Rechnung tragen, der auch die äußere Form seiner Mitschriebe nach bestimmten Grundsätzen gestaltet, als da sind:

- Es sollte eine dem Sinn und Zweck der Mitschrift gerecht werdende Aufteilung der Notizblätter [...] vorgenommen werden.
- Verschiedentlich ist es empfehlenswert Notizblätter nach dem Prinzip der Durchschlagstechnik für spätere Weiterarbeit anzufertigen [...].
- Bei Bedarf sind die Notizblätter mit einer Kopfleiste zu versehen, die Angaben enthält betreffend: Fach (Sachgebiet), Thema, Name des Referenten, Datum, lfd. Nummer des Blattes im Ordner usf.
- Mitschriebe sind auch geordnet zu gestalten, d. h. Gliederungspunkte, markante Fakten und Aussagen sowie Zusammenhänge sollten deutlich hervortreten bzw. kenntlich gemacht werden.
- Sofern dies beim Mitschreiben gelingt, sollte man versuchen Lernstoff bereits zu strukturieren, Unterstreichungen vorzunehmen, Unklarheiten zu vermerken oder Fragen bzw. ergänzende Hinweise einzublenden. [...]

Mitschriebe lassen sich bei Lehrveranstaltungen ökonomischer gestalten, wenn man dabei gängige und leicht zu handhabende Abkürzungen, Merk- und Arbeitszeichen verwendet. Abkürzungen erleichtern die Mitschrift und bringen Zeitersparnis, vor allem wenn man dabei die [...] festgehaltenen Prinzipien beachtet. Entsprechendes gilt für die [...] festgehaltenen Merk- und Arbeitszeichen, von denen man zweckmäßigerweise besonders bei der Nachbereitung von Mitschrieben Gebrauch machen sollte, indem man diese als Markierungstechniken verwendet. [...]

Mitschriften haben vor allem die Funktion, dass sie für Zwecke späterer Lernabsichten entsprechend nachbereitet werden. Solche Nachbereitungen können erfolgen, um

• Wichtiges noch einmal hervorzuheben und einzuprägen;
• Fragliches zu vermerken und um Aufklärung bemüht zu sein;
• Vollständigkeit und inhaltliche Angemessenheit zu überprüfen;
• Querverweise und Zusammenfassungen anzufertigen.

Folgende Grundsätze sind dabei zu beachten:

• Eine Aufarbeitung von Notizen muss so früh wie möglich erfolgen, weil das Gehörte dann noch weitgehend präsent ist und insofern Korrekturen bzw. Ergänzungen noch am ehesten möglich sind.
• Beim Nacharbeiten hat man auch Zeit den Stoff neu zu ordnen, zu strukturieren, Fragen zu klären, Zusammenfassungen zu formulieren oder die Unterlagen mit denen anderer Veranstaltungsteilnehmer zu vergleichen.
• Vor allem behalte man im Auge: Gut nachbereitete Mitschriften sind das beste Lerngerüst für Wiederholungen vor Prüfungsterminen.

Abkürzungen erleichtern die Mitschrift und bringen Zeitersparnis. In vielen Fällen benutzen Sie zweckmäßigerweise die allgemein üblichen Abkürzungen, z. B. USA, AEG usw.; in Ergänzung dazu können Sie sich ein eigenes System von Abkürzungen häufig vorkommender Wörter und Begriffe aneignen. Nachfolgend einige Abkürzungsregeln:

• Greifen Sie nach Möglichkeit auf die allgemein üblichen Abkürzungen zurück!

Im Allgemeinen werden einsilbige Wörter ausgeschrieben: Buch, Hand, Griff!

• Lassen Sie überflüssige Buchstaben – häufige Vokale – weg: Hauptmann = Hptm; Leitung = Ltg; Rechnung = Rechg.
• Trennen Sie das abgekürzte Bestimmungswort durch einen Bindestrich vom Grundwort ab: E-Werk = Elektrizitätswerk; M-Schlosser = Maschinenschlosser; U-Bahn = Untergrundbahn.
• Prüfen Sie, welche Fachbegriffe in den verschiedenen Kollegs häufig vorkommen und überlegen Sie sich unverwechselbare Abkürzungen! Wenn es keine „offizielle" Abkürzung gibt, genügt oft die erste Silbe, um das Wort zu identifizieren: Universität = Uni; Technik = Tech.
• Benutzen Sie zusätzliche Buchstaben oder Silben, wenn die erste Silbe nicht ausreicht das Wort zu identifizieren.: Bibliothek = Bibl.; verschiedene = versch. Wenn das Wort durch die Abkürzung seine Eindeutigkeit verliert, ist es auszuschreiben.
• Fügen Sie ein „s" an die Abkürzung, um den Plural auszudrücken: A.G. = Arbeitsgemeinschaft/Aktiengesellschaft; A.G.s = Arbeitsgemeinschaften/Aktiengesellschaften.
• Ergänzen Sie nicht eindeutige Abkürzungen bei der Überarbeitung der Kollegmitschrift!
• Benutzen Sie Zeichen und Symbole, die Ihnen bei der Aufarbeitung der Mitschrift nützlich sind:
  ?: Klärung notwendig
  !: wichtig
  // oder Z: Zusammenfassung
• Abkürzungen sind dann gut, wenn sie
  - keine überflüssigen Buchstaben enthalten,
  - sofort identifizierbar sind,
  - nach einer festen Regel gebildet werden.

(Aus: Peter Hagmüller: Methoden und Techniken des Lernens. Pädagogischer Verlag Schwann-Bagel. Düsseldorf 1985, S. 52 ff.)

3.4 Fremdgesteuertes und selbstgesteuertes Lernen

3.4.1 Grundlagen

3.4.1.1 Hinführung:
Elisabeth Bubolz-Lutz, Ein Erfahrungsbericht

Die Erziehungswissenschaftlerin Elisabeth Bubolz-Lutz berichtet von einem Lernprojekt, das sie als Teilnehmerin erlebt hat.

Ich rufe eine alte Freundin an: nach langer Zeit bloß einmal wieder ein Lebenszeichen geben. „Was machst du so?" Sie erzählt von einem Fort-
5 bildungsprojekt, zu dem sie sich angemeldet hat: „Selbstorganisiertes Lernen". Ob sie Näheres weiß? Nein, eigentlich nicht. Es muss sich wohl um eine neue Methode für die Erwachsenenbildung handeln, eine, bei der man viel selbst tun darf. Ich werde hellhörig: eine neue Methode
10 und der Begriff der Selbstorganisation passen zu meiner augenblicklichen Aufbruchsstimmung: Ich stehe kurz vor Abschluss einer langen wissenschaftlichen Arbeit, bin des Sitzens allein am Schreibtisch müde und voll Tatendrang mich in
15 die Praxis zu stürzen. Wäre das eine Möglichkeit – auch für mich? Meine Fantasien sind angeregt: mit anderen lernen, sich regelmäßig treffen, selbst etwas einbringen, Lehrer und Teilnehmer zugleich sein – wie soll das gehen? … Ein Anruf
20 bei der Organisatorin des Projektes bringt auch keine Klarheit: Können Sie mich brauchen? Ich bin sehr an einer Mitarbeit interessiert. „Ja, aber als was denn – als Dozentin oder als Teilnehmerin?" „Als beides", sage ich hilflos „oder eben als
25 das, das Sie noch brauchen können." Verwirrung beiderseitig, aber dann kommt die Zusage mir die Projektskizze zuzusenden – und mal sehen, was sich machen lässt.

30 **Der Einstieg:
Rahmenbedingungen
für selbstorganisiertes Lernen
und erste Erfahrungen**
Das erste Seminar soll beginnen; die Teilnehmer
35 reisen an: alles „Profis" aus der Erwachsenenbildung. Auf dem weitläufigen Seminargelände komme ich mir doch etwas verloren vor – da

leuchten mir gelbe Schilder mit einem lachenden Sonnengesicht entgegen: SOL (wie die spanische Sonne), an jeder Tür, SOL als Symbol, mit
40 Schokolade auf den Boden gelegt im großen Arbeitsraum. Welch eine nette Begrüßung! Es wird für mich gesorgt, denke ich, trotz Selbstorganisation. Kein Chaos, sondern ein exakt gestellter Stuhlkreis, Blumen, Bücher auf einem großen
45 Tisch, also Vertrauenerweckendes zu Beginn. Ich werde erwartet! Die Organisatorin begrüßt mich freundlich – ganz viel ist schon organisiert, Gott sei Dank!
Erst später erfahre ich die „Hintergedanken" dabei:
50 Ein sicherer „Rahmen" soll es den Teilnehmern erleichtern selbst aktiv zu werden. Ich denke an mein Leben als Hausfrau: Wie viel bin ich damit beschäftigt, für die Familie die „Rahmenbedingungen" zu sichern, dass ich mir den Raum
55 für die geistige Tätigkeit mühsam abknapsen und erkämpfen muss. Hier soll das anders sein: ich soll mich gleich auf das Lernen konzentrieren können! Wie wunderbar – denke ich und lasse mich dankbar seufzend auf einen Sessel im
60 vorbereiteten Stuhlkreis nieder. Wie schwierig das Lernen trotzdem wird, ahne ich noch nicht. Lernhindernisse organisatorischer Art sind also nicht zu befürchten. „Los geht's", denke ich. Aber nichts geht los: man sitzt in der Runde, die
65 Gespräche mit den Nachbarn verstummen langsam. Die Organisatorin stellt sich und die „Leitung" vor, dann breitet sich Stille aus. Zunächst ist mir das recht: ein Augenblick der Sammlung kann ja nichts schaden. Aber die Zeit vergeht
70 und es passiert nichts. Ich lasse meinen Blick schweifen, nach draußen, dann in die Runde. Bei der Leiterin bleibt er hängen: junge Frau Mitte dreißig in Jeanskluft, lässig zurückgelehnt, die Arme verschränkt. Unsere Blicke treffen sich,
75 aber kein Lächeln gibt mir einen Haltepunkt. „Cool" würden meine Söhne dazu sagen – kalt kommt es mir vor. Während ich mich gerade frage, was diese Frau mir wohl zu bieten hat, unterbricht sie das Schweigen: „Was braucht ihr, um
80 arbeitsfähig zu werden?", tönt es, dann wieder Schweigen. Ich stutze: Was heißt hier „arbeitsfähig"? – ich weiß ja gar nicht, was es hier zu arbeiten gibt! Wenn ich nicht weiß wohin, woher soll ich dann wissen, wie ich dorthin komme?
85 Ich drehe und wende das Wort arbeitsfähig,

(Aus: GEO Wissen, Nachdruck 23/95: Kindheit und Jugend, S. 96/97)

dann wende ich mich dem ersten Teil des Satzes zu: „was braucht ihr" – und auch hier kommen meine Gedanken ins Stolpern: „Wir" gibt es für mich gar nicht – hier sitzen nicht „wir", hier sitze ich und jeder ist allein und keiner weiß etwas vom anderen, also kann es wohl nur heißen: Was brauche ich? Ich denke mir: ich würde gern etwas wissen von den anderen Teilnehmern, von der Leiterin und von der Organisatorin; wer seid ihr? Woher kommt ihr? Welchen Plan habt ihr für euren und unseren Weg? Aber ich sage nichts. Es dauert noch einmal lange, bis eine Teilnehmerin die erste Runde in Gang bringt. Von der Leitung keine Reaktion, und das macht mir zunehmend zu schaffen: da gibt es einen Plan, aber dieser wird nicht erläutert. Ein Spiel beginnt, aber Name und Spielregeln werden nicht genannt. Nahe liegend der Gedanke: das Spiel heißt „Selbstorganisation" und die Spielregel Nr. 1: „Organisiere dich selbst!" Mein Un-

wohlsein bleibt: Wird mit uns gespielt? „Strampeln" wir „nach Plan"? Ich merke, wie ich den Kopf einziehe: unbekanntes Terrain, nur nicht zu weit vorwagen. Meine Sitznachbarn reagieren nicht anders. Seltsam: da sitzen 12 ausgewachsene Leute und ziehen ihre Köpfe ein. Warum erhebt sich keine Empörung? Warum spielen wir mit?

Erst am kommenden Tag wird das dahinter stehende Konzept verdeutlicht: Wir sollen am eigenen Leib erfahren, wie schwierig es ist, sich ohne Eingreifen einer Leitung als Lerngruppe zu formieren. Meine eigene Schwierigkeit wird mir klarer: vor allem in unklaren und doppeldeutig strukturierten Situationen fällt es mir schwer, mir überhaupt Orientierung zu verschaffen. Ich ziehe mich dann zurück, fühle mich irritiert und ärgerlich und brauche ziemlich lange, bis ich frage, was eigentlich los ist hier. Die Doppelbödigkeit des Lernarrangements hier ist mir jetzt deut-

166

lich: Zwar wird ein Rahmen bereitgestellt, aber er wird nicht gefüllt. Zwar ist eine Leiterin da, aber sie äußert sich nicht. Das passt nicht zusammen! Nachdem ich diese Widersprüche benennen kann, wird mir schon wohler. Zumindest ein Packende habe ich greifen können: Wer Selbstorganisation lernen will, hat sich Widersprüchen zu stellen, hat sich mit seinen eigenen unausgesprochenen Erwartungen auseinander zu setzen, hat Strukturen zu erkennen und sich mit ihnen auseinander zu setzen. Also etwa so: Ist eine Leitung, die nichts sagt, keine Leitung? Oder ist sie doch eine Leitung? Sie lenkt ohne zu sprechen in eine uns unbekannte Richtung, die wir nicht kennen: Sie will uns zur Selbstorganisation zwingen!

Die Überwindung der Irritation – ein mühsamer Weg

Wo geht es lang? Diese Frage beschäftigt uns die ersten vier Tage. Jeder aus dem Kreis versucht mit einer anderen Strategie das Spiel zu verstehen, das hier gespielt wird. Fragen, die an die Leitung gestellt werden, prallen zunächst ab: „Was sollen wir hier lernen?" wird zurückgegeben: „Was willst du hier lernen? Wie stellst du es dir vor?". Zurückgeworfen auf mich selbst merke ich, dass ich mir diese Frage gewöhnlich nicht öffentlich stelle: ich erhoffe mir etwas von einer Bildungsveranstaltung, und am Schluss befinde ich darüber, ob es mir etwas gebracht hat. Aber gleich von vornherein Einfluss nehmen auf den Verlauf, meine Interessen äußern oder sogar auf meinen Wünschen bestehen, das ist mir eher fremd. Nun also, es ist einen Versuch wert: „Ich würde gerne etwas von Ihnen über den theoretischen Hintergrund selbstorganisierter Lernprozesse hören", richte ich meine konkrete Bitte selbst organisiert an die Leiterin. Nachdem andere sich dem anschließen, willigt sie ein: nach der Pause folgt eine Einführung in das SOL-Konzept und wir hören, dass darin Selbstverantwortung, Fehlerfreundlichkeit ... eine zentrale Rolle spielen. – Was diese Runde betrifft, ist sie an mich gegangen: ich hatte meine Interessen geäußert, Zustimmung bei den anderen Teilnehmern gefunden, die Leiterin zur Erfüllung des Wunsches bewegen und somit den Lernprozess entscheidend mitbestimmen können. In diesem Vorgehen bestärkt, fahre ich nun fort, meine Wissenswünsche zu äußern, bis ich merke, dass ich mich zu weit vorgewagt habe: die anderen Teilnehmer werden unruhig, scheinen sich zu langweilen oder auch zu ärgern, dass ich zu viel Raum einnehme. Zunächst ziehe ich mich ratlos zurück: Das kann so nicht funktionieren, dass nur einer oder nur Einzelne das Gespräch bestimmen. Dann wage ich einen neuen Versuch: mehr Zurückhaltung, aber dennoch aktiv sein da, wo es mir ganz besonders wichtig ist. Bis ich diese Balance gefunden habe und auch bis ich – noch einen Schritt weitergehend – anderen interessierte oder hilfreiche Fragen stelle, vergehen noch etliche Tage.

Später begegne ich einem Ansatz, der mir wie ein Schlüssel zum Verständnis von selbstorganisiertem Lernen vorkommt: „Lernen durch Irritation" von Ortfried Schäffter. Hier geht es darum, dass die Irritationen des Lernenden als Ausgangspunkt für Lernprozesse genutzt werden. Grundvoraussetzung dafür ist, dass die Irritationserlebnisse genannt und reflektiert werden. In unserem Zusammenhang hieße das etwa, ihren geheimen Lehrplan offen zu legen. So lerne ich mir meine eigenen Lernsituationen selbst zu strukturieren, und zwar so, dass für mich ganz persönlich so viel Klarheit herrscht, dass ich gut lernen kann. Dass eine „durchsichtige Lernsituation" Voraussetzung für effektives Lernen ist, leuchtet mir unmittelbar ein: ich denke an viele Jahre meiner Schulzeit, die an mir vorbeigerauscht sind, ohne dass etwas hängen blieb. Das war die Zeit, in der ich nicht recht wusste, was der Lehrer eigentlich wollte – in der ich aber auch nichts unternahm, es zu wissen. Die Erfahrung, die ich hier gemacht habe, ist da besser: ich habe mehrere Runden Erfolg damit gehabt, meine Interessen zu vertreten, und in dem Bewusstsein, dass ich das Ruder jederzeit wieder ergreifen kann, folge ich dem Gruppengespräch.

Miteinander und voneinander Lernen – ein schwieriger Abstimmungsprozess

In den Widersprüchen des Lernsettings den eigenen Weg zu finden, erweist sich als eine schwierige Aufgabe. Nicht nur, weil es mir gar nicht so leicht fällt zu sagen, was ich lernen will und auch noch wie ich es gerne möchte, sondern weil da noch 11 andere sind, mit denen ich mich irgendwie arrangieren muss. In einer Vortragssituation entfällt diese Aufgabe weitgehend: hier wird eine Themenstellung von einem Experten behandelt, anschließend kommen die Fragen an den Vortragenden aus dem Plenum: immer steht der Vortragende im Mittelpunkt, untereinander findet keine Diskussion statt, abgesehen einmal von den unerwünschten Zwischengesprächen, die man sich so schwer verkneift. Hier ist es anders. Wir sitzen im Stuhlkreis und schauen uns an. Hier soll jede Stimme gleiches Gewicht haben. Aber was ist, wenn Stimmen gar nicht zu hören, andere wiederum nicht zu überhören sind? – Es beginnt ein mühsamer Prozess zunächst der Grob- und dann der Feinabstimmung: auf den anderen hören, den anderen fragen, wenn er schweigt, mögliche alternative Themen und Lernmethoden sammeln und dann zu einer Entscheidung kommen. Je länger die Fortbildung dauert, je mehr wir zu einer Gruppe werden, desto weniger Zeit brauchen wir für diese Prozesse. Aber manchmal geraten wir auch auf „Abwege": wenn auf einmal etwas am gemeinsamen Lernen hindert, die Atmosphäre durch unausgesprochene Erwartungen oder Konflikte, Rivalitäten gestört ist. Was zunächst nur als „zähes" oder auch „langweiliges" Arbeiten erlebt wird, entpuppt sich oft als Störung, die erst behoben werden muss, bevor es dann – umso reibungsloser – weitergehen kann.

Aus der einschlägigen Literatur ist zu entnehmen: Entscheidungen über das Lernen sollen von den Lernenden selbst getroffen werden. Aber dieser Satz unterschlägt eine spezifische Schwierigkeit in Gruppen: jeder bringt andere Interessen und Fähigkeiten mit. Und manch einer will sich gar nicht entscheiden, im Gegenteil: er stellt sich Lernen ganz anders vor, etwa die von einem Lehrenden präsentierten Informationen in den eigenen Kopf zu kopieren oder einfach nur etwas aufzunehmen, das er später einmal verwerten kann. Wer solche Voreinstellungen mitbringt, wird sich gar nicht oder nur widerwillig auf selbstorganisiertes Lernen einlassen. Ja noch mehr: er wird frustriert sein von dieser Form des Lernens, weil seinen Vorstellungen nicht entsprochen wird. SOL also nur als eine Lernmethode für bereits aktive oder zumindest zum Tun motivierte Teilnehmer?

Die Gespräche in den Pausen sind besonders locker und erfrischend – die Arbeitszeiten sind oft mühsam – warum?

Je länger wir uns in der SOL-Gruppe kennen, desto vertrauter werden wir miteinander. Schon beim Frühstück beginnt ein reger Gedankenaustausch, nicht nur über SOL, sondern über die kleinen, uns oft so wichtigen Alltäglichkeiten. Aber es geht auch um tiefere Fragen der Lebens- und Berufsorientierung. Hier findet alles ganz ungezwungen selbstverständlich selbstorganisiert statt, vieles wird voneinander gelernt: ist das nicht viel eher selbstorganisiertes Lernen und Leben zugleich? Warum eine derartige Fortbildung überhaupt, wenn wir doch schon ein derart hohes Selbstorganisationsniveau aufweisen? Und warum dann dieser mühsame Lernprozess ohne Hilfestellung von außen (außer ein paar Deutungen)?

Was ist Ziel bei diesem Seminar? Wir sollen erfahren, wie schwierig es ist, selbstgesteuert zu lernen. Wir sollen die Schwierigkeiten selbst überwinden. Wir wollen lernen, wie man einen Lernprozess nach dem Prinzip der Selbstorganisation begleitet. Dieses Dilemma begleitet uns: vorgegebene Strukturen, die unsere Selbstentfaltung hemmen, Vorentscheidungen, die nicht zur Disposition stehen. Es ist nicht unser Projekt, was hier stattfindet, es ist ein vorfabriziertes Projekt, in dem wir mitspielen. Wie gut kann ich diejenigen verstehen, die Bildungsveranstaltungen generell meiden: sie nehmen sich ein interessantes Buch zu Hand und wenn sie keine Lust mehr haben, hören sie einfach auf zu lesen. Welch kampfloses, friedliches Lernen! Kein Ringen um die Methode, keine Abstimmung, Planungen, Zusammenfassungen der Ergebnisse. Dass beide Lernarten zu ganz anderen Zielen führen, schwant mir erst, als der Kurs bereits dem Ende entgegengeht: im Lehnstuhl geht es um Informationen, die ich bedenke und in mein bestehendes Gedankengebäude „einbaue", in einer selbstorganisierten Lerngruppe hingegen um eine aktive Auseinandersetzung mit dem „Stoff"

und mit denen, die ebenfalls daran interessiert sind. Es geht darum, einen eigenen Zugang zum Thema zu erarbeiten, mit dem ich mir auch ein
325 nächstes Mal – vielleicht weniger mühsam und aufwändig – ein anderes Thema zugänglich machen kann.

Was nehme ich mit?

330 Was sind nun meine wichtigsten Einsichten, die ich beim Erlernen der SOL-Methode gewonnen habe? Zunächst nenne ich einen Zugewinn an Zutrauen, was das Lernen betrifft: zu mir selbst und zu anderen. Die Erfahrung, dass ich eine
335 Antwort bekomme, wenn ich eine Frage stelle – entweder von anderen oder von mir – erscheint vielleicht zunächst ziemlich banal, sie ist es aber nicht. Voraussetzung für ein erfolgreiches Lernen ist, dass ich mir meiner eigenen Frage be-
340 wusst werde, dass ich eine Antwort will. Wird sie mir von anderen nicht gegeben, reicht sie mir selbst nicht aus, dann mache ich mich selbst auf die Suche: ich organisiere meinen Lernprozess selbst. Wenn ich nichts lerne, dann liegt das
345 nicht an den anderen, am schlechten Vortrag. Es liegt daran, dass ich die für mich relevante Fragestellung noch nicht entdeckt, meinen persönlichen Zugang noch nicht gefunden und mich deshalb auch nicht innerlich in Bewegung
350 gesetzt habe. Die Selbstorganisation von Lernprozessen, das Sich-selbst-auf-den-Weg-Machen, das Verantwortung-für-Frage-und-Antwort-Übernehmen, führt zu einem hohen Gewinn: das Lernergebnis ist angebunden an
355 mich selbst, es gehört mir. – Gelernt habe ich auch, dass es sich lohnt mit den Teilnehmern von Bildungsveranstaltungen intensiv „zum Thema" ins Gespräch zu kommen. Anteil nehmende, neugierige aber auch kritische Anfragen
360 führen zu einer Bereicherung meines Gesichtskreises und meines Denkens. Erfahren habe ich aber auch, dass selbst gesteuertes Lernen zunächst absolut nichts mit Gemütlichkeit und Bequemlichkeit zu tun hat: ein eher steiniger Weg
365 mit vielen Hindernissen, der aber – erreicht man nach zähem Aufstieg endlich den Gipfel – durch einen Einblick in sich selbst und einen Weitblick für andere und durch ein Vertrauen, dass man die Fähigkeit besitzt sich auch in neuem, unweg-
370 samem Gelände einen Weg zu suchen.

Dennoch bleiben für mich Fragen offen: Was wäre gewesen, wenn ich die Gelegenheit nicht ergriffen hätte, über meine Reaktionen und die der anderen intensiv nachzudenken, wenn ich einfach nur „gewartet" hätte, was mir geboten wird? 375 Ist selbstorganisiertes Lernen dann eben doch nur ein Lernanlass, ein Anstoß, nicht mehr? Ist das nicht zu wenig, vor allem dann, wenn ein Thema im Vordergrund steht und „harte Fakten" auf den Tisch müssen? Oder ist es nicht weniger 380 als die Grundlage zum Lernen: dass ich weiß, ich muss und darf es selbst tun?

(Aus: Elisabeth Bubolz-Lutz: Selbstorganisiertes Lernen in der Praxis, in Ralph Bergold, Jörg Knoll, Annette Mörchen [Hrsg.], „In der Gruppe liegt das Potential". Echter Verlag Würzburg 1999, S. 149–156)

1 Arbeiten Sie wesentliche Charakteristika selbstorganisierten Lernens nach dem Seminarbericht von Elisabeth Bubolz-Lutz heraus.
2 Diskutieren Sie, ob sich die Elemente selbstorganisierten Lernens auch im schulischen Raum umsetzen lassen. Überlegen Sie, ob Sie eine Pro-Kontra-Debatte arrangieren können.

3.4.1.2 Selbstbestimmtes oder selbstorganisiertes Lernen?

„Selbstorganisiertes Lernen", wie wir es verstehen, lässt sich zunächst einmal konkret durch das Ausmaß beschreiben, in dem die Lernenden in der Gruppe (oder in individuellen Lernphasen allein) selbstbestimmt entscheiden können, was 5 und wie sie lernen. Im folgenden Kasten sind wichtige Bereiche aufgeführt, über die sie entscheiden können:

1 Lernaufgabe und Lernschritte
2 Regeln der Aufgabenbearbeitung (Individuum und Gruppe)
3 Lernmittel, Lernmethoden oder Lernwerkzeuge
4 Zeitliche Investitionen und Wiederholungen bei der Bearbeitung der Aufgabe
5 Form des Feed-backs und der Expertenhilfe
6 Soziale Unterstützung durch Kollegen und LernpartnerInnen

Beim radikal selbstbestimmten Lernen wäre zu
fordern, dass das Individuum in allen genannten
Bereichen maximale Entscheidungsfreiheiten
hat. Faktisch wird das Individuum aber immer
mit konkreten Begrenzungen seiner Selbstbestimmung konfrontiert, sei es, dass die von ihm
gewünschten Lernprogramme nicht existieren
oder nicht greifbar sind, dass die bevorzugten
Lehrer/Lehrerinnen [...] nicht nur Verfügung
stehen oder dass auch nur die Zeiten oder Orte
nicht wunschgemäß sind. Sehr oft ist die grundlegende Selbstbestimmung über die Lernaufga-
ben schon dadurch entscheidend eingeschränkt,
dass der Lernende durch berufliche oder andere
Anforderungen und Erwartungen seiner Umgebung „lernen soll" bestimmte Aufgaben zu bewältigen oder anschließend seine Kompetenzen
in Prüfungen nachweisen muss. Beim Lernen in
Gruppen gibt es bei unterschiedlichen Interessen und Vorkenntnissen zwangsläufig Einschränkungen durch die Notwendigkeit mit den
anderen Gruppenmitgliedern Kompromisse zu
schließen.
Wenn individuelle Selbstbestimmung beim Lernen in der Regel nur selten verwirklicht werden
kann, sollten wir mit diesem Begriff eher spar-
sam umgehen. Der weit gefasste Begriff des
selbstorganisierten Lernens ist allgemeiner und
offener. Er bezeichnet lediglich die eigenständige Strukturierung und Ordnung des Lernprozesses [...]. Wir ziehen ihn dem Begriff „selbstge-
steuertes Lernen" vor, denn hier wird ebenfalls
suggeriert, dass das Individuum die Ziele immer
selbst auswählen kann.
Trotz dieser Einschränkungen erscheint es sinnvoll, das Ziel selbstbestimmten Lernens und das
Ideal der selbstbestimmten Entwicklung aufrechtzuerhalten. Aus Ergebnissen der Pädagogischen Psychologie, Entwicklungspsychologie
und Motivationspsychologie gibt es eine Vielzahl von Hinweisen, dass [...] die Erweiterung
der Selbstbestimmung beim Lernen für die Motivation und Leistung sehr förderlich sein kann.
Die Notwendigkeit zu pragmatischen und sozialen Kompromissen lässt sich erfahrungsgemäß
sehr gut vermitteln. Bei unbegründeten und als
unnötig empfundenen Einschränkungen werden die Lernenden dagegen offen oder verdeckt
mit Widerständen reagieren.

Genau betrachtet ist Lernen immer zumindest
insofern partiell selbstorganisiert. Die Lernenden müssen den Lerninhalt individuell umstruk-
turieren, um ihn aufzunehmen. Außerdem haben sie immer Möglichkeiten das zu Lernende
[...] zu kritisieren.

**Probleme und Paradoxien
beim selbstbestimmten Lernen**
Die Gestaltung von Seminaren zum selbstorganisierten Lernen ist – entgegen dem Vorurteil
mancher Pädagogen – keineswegs einfacher als
die Gestaltung herkömmlicher Seminare. Wenn
die Selbstbestimmung der Lernenden konsequent erweitert werden soll, ist zunächst einmal
der Vorbereitungsaufwand wesentlich größer.
Um relevante Wahlmöglichkeiten geben zu können und selbstorganisierte Einzel- und Gruppenarbeit mit YY Leittexten [...] zu fördern, müssen
wir die praktischen Anforderungen, Aufgaben
und Regeln sowie die Teilnehmer mit ihren
Wünschen und Problemen kennen.
Auch für die Lernenden ist weitgehend selbstbestimmtes Lernen eher anstrengender. Es fordert
mehr Initiative und Mitarbeit, Entscheidungen
und Selbstorganisationsaktivitäten sowie vor allem Eigenverantwortlichkeit im Lernen und im
Sozialverhalten. Lernende, die sich dadurch vom
Lehrer „allein gelassen" fühlen, weil sie ihren
Lernprozess selber mehr bestimmen sollen, reagieren verunsichert. Die neue Situation macht
ihnen Angst und sie erwarten Anleitung. Um die
ersten Schritte zu erleichtern, empfehlen wir
nicht sofort mit praktisch relevanten Aufgaben,
sondern mit spielerischen Aufgaben zu beginnen [...]. Wir rechnen mit Unsicherheitsreaktio-
nen, sprechen sie offen an und unterstützen die
Lernenden psychologisch. Es wäre in dieser Phase aber verkehrt, wenn wir bereitwillig voll auf
traditionelle, anleitende Methoden zurückschal-
ten würden.
Ein gern zitiertes Beispiel zeigt die Paradoxie des
selbstbestimmten Lernens sehr anschaulich. So
wird Schülern nachgesagt, dass sie ihren refor-
merischen Lehrer im Projektunterricht mit der
Frage in Verlegenheit bringen können: „Müssen
wir heute wieder so lernen, wie wir selber wollen,
oder dürfen wir das tun, was Sie von uns verlangen?"

170

Alles Neue macht Angst. Wir können anderen helfen, diese natürliche Angst zu bewältigen. Wenn unsere Hilfe nicht angenommen wird
110 oder nichts bewirkt, können wir nur wenig dagegen tun. Wir müssen letztlich den Wunsch respektieren bei bestimmten Aufgaben angeleitet zu werden. Lediglich generelle Vermeidungsversuche sollten wir nicht unterstützen und akzep-
115 tieren, sondern als Problem erkennen und offen ansprechen. Wenn wir bei jedem Schritt anleiten, verhindern wir das entscheidende motivierende Erfolgserlebnis etwas Neues selber bewältigt zu haben. Wenn wir diese *Grundhaltung beim*
120 *selbstorganisierten Lernen* engagiert und konsequent vertreten, vermeiden wir später Konflikte. Dadurch lässt sich die vermeintliche Paradoxie auflösen. Wir können sogar für reflektierte Anwendungen angeleiteter Lernformen offen blei-
125 ben. Unsere Erfahrung ist, dass sich diese Grundhaltung und Offenheit auf die TeilnehmerInnen überträgt und eine experimentierfreudige Haltung des Selber-Ausprobierens und Selber-machen-Wollens fördert.
130

Evolutionäres Design von Lernumgebungen
Die typische Rolle der Lehrer- oder TrainerIn ändert sich beim selbstorganisierten Lernen sehr grundlegend. Als *Lernberater/Lernberaterinnen*
135 [...] haben sie nicht nur in der Vorbereitung andere Aufgaben. Im Seminar können sie durchaus Kurzreferate halten, Diskussionen moderieren und Übungen anleiten, ihre Hauptaufgabe ist aber die individuelle Beratung und Förderung
140 der Lernenden. Die Rolle ähnelt der des Coaches im Sport.
Die Lernenden sollen durch eine anregende und lernförderliche Gestaltung von Lernhilfen zum Selber-Tun angeregt werden. [...]
145 Wir verstehen selbstorganisiertes Lernen nicht als in sich abgeschlossenes Konzept, sondern als ein für Veränderungen offenes Programm. Dies spiegelt sich in den vielfältigen Beiträgen aus ganz verschiedenen Richtungen wieder, [...] kei-
150 ne Methode oder Technik wird ausgegrenzt, die sozial verantwortliches, selbstständiges Lernen fördert. Wir trauen den Lernenden zu, dass sie selber die zukünftige Entwicklung des selbstorganisierten Lernens entscheidend mitbestim-
155 men werden. Was sie nicht akzeptieren und für

sich selber Gewinn bringend nutzen können, hat keine Zukunft. Als Partner der Lernenden in einem evolutionären Entwicklungsprozess müssen wir uns damit abfinden, dass sich der Bildungsmarkt – genauso wenig wie andere Märkte 160 – allein durch die Anbieter kontrollieren lässt. Wir können neue Konzepte, Methoden und Techniken entwickeln, erproben und publizieren. Am Ende entscheiden die Lernenden als Endkunden. 165

(Aus: Siegfried Greif, Hans-Jürgen Kurtz: Selbstorganisation, Selbstbestimmung und Kultur. In: Siegfried Greif, Hans-Jürgen Kurtz [Hrsg.]: Handbuch Selbstorganisiertes Lernen, Hogrefe-Verlag für Angewandte Psychologie: Göttingen 1996, S. 27–30)

1 Welche Elemente selbstorganisierten Lernens erscheinen Ihnen neu und bedenkenswert?
2 Diskutieren Sie, ob Sie ein Projekt zum selbstorganisierten Lernen durchführen wollen. Anregungen bietet der folgende Abschnitt „Selbstorganisiertes Lernen als Projektlernen".

3.4.1.3 Selbstorganisiertes Lernen als Projektlernen

Die pädagogischen Intentionen
Selbstorganisierte Lernprozesse können durch Projektlernen an realen Aufgabenstellungen erprobt werden, die definiert und ungelöst sind.
Dem Konzept des Lernens am Projekt liegt ein ganzheitlich orientiertes pädagogisches Selbstverständnis zugrunde, das die Entwicklung einer eigenständigen und selbstverantwortlichen Handlungsregulation bei den Lernenden unterstützen möchte [...]. Hierzu müssen den Lernenden Freiräume für selbstständiges Handeln eingeräumt werden. Innerhalb eines Projektes handeln die Lernenden als gestaltende Subjekte, die sich selbst Ziele setzen oder vorgegebene Ziele verfolgen. Dabei wählen sie aus Handlungsalternativen Handlungen aus und sind in der Folge verantwortlich für ihr Tun. Die Handlung wird durch einen „Plan" gesteuert und ihre Ausführung führt zu Handlungsfolgen [...], die in ihren Konsequenzen eingeschätzt und bewertet werden. So sind die Lernenden aktive Ge-

stalter eines mehrdimensional ablaufenden Lernprozesses, in dem Theorie und Praxis, Wissen aus unterschiedlichen Fachgebieten, geistiges, emotionales und motorisches Lernen sowie soziale Erfahrungen in einem ganzheitlichen Geschehen zusammenfließen.

Von Beginn des Projektes an treten die Beteiligten in eine Interaktion, in der dialogische Prozesse ablaufen [...]. Die Lernenden sind herausgefordert sich an der Gestaltung des Projektes aktiv und zielorientiert zu beteiligen. Dabei richten sich die Bereitschaft und die Aktivität zur Mitgestaltung gleichermaßen auf die Erfüllung der Sachaufgabe wie auch auf das soziale Geschehen in der Gruppe.

Die Lernenden werden ermutigt selbstständig zu handeln, Interessen deutlich zu machen, eigenes Engagement zu mobilisieren und selbst entschiedenes Tun zu verantworten.

Die Beteiligung am Planungs-, Ausführungs- und Auswertungsprozess eines Arbeitsvorhabens unterstützt die Entwicklung eines umfassenden Problemverständnisses wie auch den Blick auf komplexe Lösungsstrategien.

Projektlernen bietet darüber hinaus die Möglichkeit in einem „geschützten Raum" interpersonelle Konflikte auszuhalten, auszutragen, Konfliktlösungen und kooperatives Verhalten auszuprobieren, Erfahrungen zu sammeln und zu erleben. Dabei ist es das Ziel, die persönlichen Stärken der einzelnen Person möglichst optimal zur Entfaltung zu bringen, Schwächen bewusst abzubauen und zugleich Raum für die Entfaltung der zwischenmenschlichen Beziehungen in der Gruppe zu lassen.

Wie wird im Projekt gelernt?

Grundlegend für das Projektlernen ist der Gedanke der Selbstbestimmung und der Selbstorganisation [...]. Im Idealfall gehen die Projektidee, die Zielsetzungen und die Entwicklung des Produktes von den Projektbeteiligten selbst aus. Das Projekt wird in Selbstorganisation der Lernenden ausgeführt durch eigenständige Projektentwicklung, -planung, -ausführung und -bewertung.

Basierend auf dem Konzept der vollständigen Handlung

- informieren sich die Lernenden über die Aufgabenstellung
- planen eigenständig die einzelnen Arbeitsschritte
- entscheiden sich gemeinsam für einen bestimmten Lösungsweg
- führen diesen arbeitsteilig aus (gegebenenfalls mit Korrekturen)
- prüfen und bewerten das Arbeitsergebnis.

Die Ergebnisse der Projektarbeit werden der Öffentlichkeit zugänglich gemacht [...].

Der Ablauf eines Projektes

Idealtypisch für den Ablauf eines Projektes ist seine Untergliederung in mehrere Phasen [...]:

Phase 1: Projektinitiative

Ein Projekt wird durch Projektideen einer oder mehrerer Personen initiiert. Die Initiative kann auch durch einen von außen an eine Gruppe herangetragenen Auftrag in Gang gesetzt werden.

Phase 2: Auseinandersetzung mit der Projektinitiative in einem vorher vereinbarten Rahmen

Aushandlungsprozess mit offenem Ausgang: Abbruch der Initiative oder Anfertigung einer Projektskizze.

Phase 3: Gemeinsame Entwicklung eines Projektplanes

Der Plan dient der situativen Orientierung, der Festlegung der nächsten Schritte wie auch des arbeitsteiligen Vorgehens und ist nicht als statisch anzusehen.

Entwicklung der Betätigungsgebiete für die direkt und indirekt Beteiligten.

Phase 4: Projektdurchführung

Aktivitäten in den Betätigungsgebieten (einzeln, in Untergruppen, in der Gesamtgruppe).

Während dieser Phase dienen „Fixpunkte" [...] als Möglichkeit des Innehaltens. Diese „Auszeit" dient der gegenseitigen Information, der Reflexion der Organisierung der nächsten Schritte innerhalb des Projektes sowie gegebenenfalls der erforderlichen Änderung des Projektplanes.

Durch Zwischengespräche (Metainteraktion) werden Fragen der Zusammenarbeit und der Verständigung in der Gruppe gemeinsam aufgearbeitet […]

Phase 5: Abschluss des Projektes

Es bestehen drei Möglichkeiten des Projektabschlusses:

1. Bewusster Abschluss (bei produktzentrierten Projekten): Veröffentlichung und Anwendung und Verwendung des Projektergebnisses.
2. Rückkopplung zur Projektinitiative und Vergleich des Endstandes mit den Anfängen.
3. Auslaufenlassen des Projektes: Es mündet (bereichernd) in den Alltag.

(Aus: Joachim Freimuth & Anna Hoets: Projektlernen. In: Siegfried Greif, Hans-Jürgen Kurtz (Hrsg.): Handbuch Selbstorganisiertes Lernen, Hogrefe-Verlag für Angewandte Psychologie; Göttingen 1996, S. 134–136)

3.4.2 Pädagogische Konkretion: „Lernen Lehrer?" – Eintragungen aus einem Schüler-Tagebuch

Lernen Lehrer?

Dumme Frage! Natürlich nicht, dazu sind sie nicht da. Ihre Aufgabe ist es, Kinder und Jugendliche zu (be)lehren. Deshalb heißen sie auch Leh-
5 rer. Lehrer wissen schon alles, na ja, vielleicht nicht alles, aber das aus ihrem Fachgebiet, das sie ihren Schülern vermitteln sollen oder wollen, das wissen sie, das können sie, da macht ihnen keiner was vor, zumindest kein Schüler.
10 Manchmal sind Lehrer auf einer Fortbildung. Es heißt, dass sie da Neues lernen. Wozu das gut sein soll, verstehe ich nicht. Aber vielleicht lernen die Lehrer dort endlich mit dem Computer umzugehen. Vielleicht ist es ihnen doch pein-
15 lich, wenn sie etwas nicht wissen und können, was fast jeder kann. So wie als der Videorekorder auf dem falschen Kanal eingestellt war.
Letzte Woche kam unser Lehrer von so einer Tagung zurück. Er eröffnete uns feierlich, dass er
20 uns beibringen wolle, wie wir selbst lernen lernen. Aus seinem umständlichen Gerede kam so ungefähr Folgendes heraus: Das Zeug, das wir heute lernen würden, danach würde uns bald keiner mehr fragen und in 10 Jahren wären wir
25 genauso dumm wie heute, weil dann alles, was wir heute gelernt hätten, zu nichts mehr taugen würde. Er brachte das so umständlich heraus, dass wir schon ganz abgewinkt hatten. Glaubte er etwa, wir hätten die ganze Zeit den ganzen Quatsch gelernt, den er uns gelehrt hatte?
30 Also kurz und gut: Für uns sei es viel besser, wenn wir statt nur zu lernen jetzt lernen lernen täten. Das ginge so: Er würde uns beibringen, wie wir jetzt das gesamte Pensum (was ja überflüssig ist) ohne ihn lernen würden. Die Methode sei alles,
35 der Stoff sei nichts, weil der in 10 Jahren sowieso nichts mehr wert wäre. Der Weg sei das Ziel, verkündete er feierlich.
Ich fragte ihn, wo denn in 10 Jahren Iller, Lech, Isar und Inn hinfließen werden. Er sagte, ich hät-
40 te mal wieder nichts kapiert. Natürlich würden die dann noch in die Donau fließen, aber das täten wir z. B. lernen, wenn wir lernen lernen täten. Na, ich weiß nicht, was die da bei der Tagung getrieben hatten. Bevor er dort hinging, war er
45 jedenfalls noch normal gewesen. Vielleicht sollte ich das nächste Mal mitfahren, von wegen Aufsicht und so.
Er wollte auch sofort anfangen. Er teilte ein Blatt mit einem Text aus; der wäre zwar nicht wichtig,
50 aber es wäre wichtig, dass wir ihn kapieren würden. Damit wir ihn kapieren, sollten wir einen Stift nehmen und alles unterstreichen, was wir nicht kapieren. Dann sollten wir die unterstrichenen Wörter im Lexikon nachgucken und
55 dann zu jedem Wort plus Erklärung ein Karteikärtchen anfertigen.
Ich habe das alles nicht mitgemacht. Natürlich hat es ihm nicht gefallen. Ich bin aber ganz cool geblieben, hab gesagt, dass ich es gar nicht einse-
60 he, dass ich, wo er doch jeden Monat 'ne Menge Knete bekäme uns etwas beizubringen, selber lernen sollte und er sich 'nen schönen Lenz machte. Ob er denn keine Angst hätte, dass man feststellen könnte, dass er eigentlich gar nicht
65 gebraucht werden würde und so selbst seinen Arbeitsplatz wegrationalisieren würde.
Ich dachte zuerst, er würde total ausflippen. Aber es hat mir dann imponiert, dass er ganz cool blieb und uns die Sache noch einmal in allen Ein-
70 zelheiten rüberbrachte.

Na ja, und als er mich dann zu Gabi in die Arbeitsgruppe steckte, dann bin ich voll darauf abgefahren und mein Kumpel Andi auch, nachdem ich's ihm gesteckt habe.

75

(Aus: Eintragungen im Schülertagebuch: Lernen Lehrer?. In: Pädagogisches Zentrum Rheinland-Pfalz [PZ], PZ-Nachrichten 2/98, S. 33; verantwortlich: Dr. Ottwilen, Ottweiler, PZ, Europaplatz 7–9, 55543 Bad Kreuznach, Tel.: 06 71/84 08 80)

1 Welche Absicht verfolgen die „Eintragungen im Schülertagebuch"? Berücksichtigen Sie dabei Form und Inhalt des Textes.

2 Selbstbestimmtes Lernen oder selbstorganisiertes Lernen in der Schule? – Was halten Sie davon? Gestalten Sie eine Pro-Kontra-Debatte.

Mauritz Cornelius Escher: Relativität (1953). Lithografie, 28 x 29 cm.

Liebe Leserin/lieber Leser,

sicherlich wollen auch Sie wissen, welche weiteren schulischen Entwicklungen diese Schülerseele, in deren Tagebuch wir einen Blick werfen durften, erfahren wird. Es ist dazu unserem Redaktionsteam gelungen einen Brief abdrucken zu dürfen, den dieser Schüler am Ende der (leider nicht sehr erfolgreichen) Schuljahre seinem Klassenlehrer schrieb.

Sehr geehrter Herr Lehrer,
wie Sie wissen hab' ich ja schon lang keinen Bock mehr auf die Schule, aber ich wollt Ihnen doch mal sagen, dass das Sitzenbleiben gerade dieses Mal total ungerecht ist. Seit Ihrem Studientag „Der Schüler soll Methoden haben" bin ich nämlich echt gut drauf gewesen. Der Sascha, der Andi und ich haben viel geschafft und unsere Wochenenden echt gut in den Griff gekriegt: kein ewiges Gelabere mehr, was wir machen sollen, das wird jetzt ganz profihaft gelöst, genau wie Sie uns das beigebracht haben: Wir nehmen uns die Zeitungen und Reklamezettel und dann wird der Text markiert: mit rotem Marker die Sportereignisse, mit Gelb die Konzertauftritte von den Bands, die Discoreklame mit Grün und die Kneipentipps natürlich in Blau.
Die umfangreichen Informationen werden dann in einer Tabelle zusammengefasst, „was-läuft-wann-wo?" und dann werden sie bewertet. Oft müssen wir die Telefonnummern noch im Buch nachschlagen, weil die Sperrstunden von den Kneipen nicht angegeben sind, aber zum Schluss haben wir ein durchgestyltes Wochenende und jeder hat ein Blatt mit nem Ablaufdiagramm und Uhrzeiten drauf.
Natürlich haben wir auch den Unterhaltungswechsel berücksichtigt: zwischen zwei Kinohappenings haben wir Fußball oder einen Kneipenbummel geplant.
Unsere öden Wochenenden waren seitdem passee und wir konnten kaum alles unterbringen. Bei Ihnen haben wir auch einen Lernkarteikasten gebastelt, darin haben wir die Ausschnitte gesammelt und auf Grund eigener, empirischer Erfahrungswerte die guten Kneipen und Discos von den lahmen getrennt, was wir montags bei den Bewertungsrunden festgestellt haben. Spitzenreiter ist übrigens immer noch das „Palazzo" – ich sage Ihnen: Total Quality! Eigentlich wollten wir unsere Evalo… Evolu… Ergebnisbogen an die anderen verscherbeln. Denn der Andi hat das manchmal auch noch in den Computer eingegeben. Aber irgendwie kam das bei denen nicht so an. Sie standen auch mehr auf Praxis. Die Schulwoche ging auch schneller um, den Montag und Dienstag brauchten wir zum Erholen vom Stress und Donnerstag und Freitag haben wir neu geplant, denn Ihre Methode kostet viel Zeit.
Im Unterricht gingen Sie den Zeitdieben nach, was für uns gerade gut passte. Also ermittelten wir mit Fragebogen und Protokoll, wo wir unsere Zeit vertrödelten, natürlich im Schulunterricht mit dem Unterhaltungswert 0! Das haben wir auch schon vorher gewusst! Hier zeigte sich die Lücke zwischen Theorie und Praxis: Nicht allen Lehrerinnen und Lehrern hat es gepasst, wenn jeweils einer unseres Dreier-Teams für den Unterricht delegiert wurde, die andere mit Schlafen oder Arbeiten an der Reihe waren. Solch altmodische Pauker: Arbeitserleichterung durch Teamarbeit war doch ein Ziel Ihres Methodentrainings! Auf dem Schulfest haben ausgerechnet Sie zu mir gesagt, Sie seien enttäuscht, dass ich die gelernten Methoden nicht in der Schule einsetze. Sagen Sie mal, lernen wir eigentlich für die Schule oder fürs Leben?

Ihr Max

(Aus: Eintragungen im Schülertagebuch: Lernen Lehrer?. In: Pädagogisches Zentrum Rheinland-Pfalz [PZ], PZ-Nachrichten 2/98, S. 33/34; verantwortlich: Dr. Ottwilen, Ottweiler, PZ, 55543 Bad Kreuznach)

3.5 Lernen im Verständnis konstruktivistischer Pädagogik

3.5.3 Ein Vorläufer konstruktivistischer Erkenntnistheorie: Jan Vermeer

Von 1632 bis 1675 lebte und malte in Delft einer der berühmtesten holländischen Künstler, Johannes Vermeer. Eines seiner Bilder ist betitelt „Der Maler und sein Modell". Dieses Bild kann

175

als eine Veranschaulichung der „Beobachtung II. (und III.) Ordnung" betrachtet werden.

a) Das Bild:
die Beobachtung des Malers

Ein Maler mit Baskenmütze und roten Strümpfen sitzt in einem Atelier vor einer Staffelei und malt ein Mädchen mit einem blauen Umhang, in den Händen ein Buch und eine Fanfare, auf dem Kopf ein Lorbeerkranz. Der Vorhang des Raumes ist zur Seite gerafft, sodass der Betrachter Einblick in das Atelier hat. Da der Maler mit dem Rücken zum Betrachter sitzt, ist nicht erkennbar, wer er ist.

Jan Vanmeer, Allegorie der Malerei (Das Atelier des Malers)

© Beeldrecht Amsterdam, Niederlande 1987)

Der Maler betrachtet das Modell, aber er malt
20 nicht das hübsche holländische Mädchen, sondern eine Allegorie: die Allegorie der Malerei und
des Ruhms. Das Mädchen interessiert ihn lediglich als Verkörperung der Allegorie, auf dem Bild,
das er malt, ist nur der Lorbeerkranz zu sehen.
25 Die Beobachtung des Malers ist mythologisch,
die Allegorien verweisen auf Wirklichkeiten hinter den Erscheinungen, alles Sichtbare ist nur ein
Gleichnis.

b) Der Beobachter Vermeer
30
Vermeer hat vermutlich kein Selbstporträt gemalt, sondern einen Kollegen seiner Zeit dargestellt. Er beobachtet also einen anderen Maler
[…] bei der Arbeit. Doch Vermeers Beobach-
35 tungsperspektive ist kritisch-ironisch. Vermeer
kritisiert den herrschenden allegorischen Kunst-
stil seiner Epoche. Ihn […] interessiert nicht das
abstrakte Symbol des Lorbeerkranzes, sondern
die Anmut und Individualität des Mädchens.
40 Vermeer nimmt also eine „Beobachtung II. Ordnung" vor, einen Perspektivenwechsel von einem allegorischen zu einem empirischen Para-

digma. Aus dieser Meta-Perspektive ist nicht
wichtig, was der Künstler malt, sondern wie er
die Wirklichkeit sieht. Anders formuliert: nicht 45
das Wirklichkeitskonstrukt, sondern die Wirklichkeitskonstruktion ist von Interesse. Vermeers Beobachtungsperspektive ist (gesell-
schafts-)kritisch, distanziert, modern. Er lenkt
den Blick von dem esoterischen Bildungswissen 50
auf die alltäglichen Lebenswelten seiner Mitmenschen.

Der Konstruktivist Siegfried Schmidt schreibt:
„Kultureller Wandel – und damit sozialer Wan- 55
del – beginnt immer mit einem Wandel von Be-
obachterperspektiven, der sich kommunikativ
durchsetzt, beginnt also mit einer Problematisierung selbstverständlich gewordener Problemlö-
sungen bzw. mit der Beobachtung von In- 60
kohärenzen im Programm kulturellen Wissens
… Dabei kann dieser Wandel von Beobachter-
perspektive ‚angestoßen' werden durch Veränderungen in der Umwelt, durch Kontakt mit anderen Kulturen oder durch Selbstbeobachtung 65
bzw. Beobachtungen zweiter Ordnung." […]

Herman Braun-Vega, Allegorie der Malerei (nach Vermeer), mit Goya und Picasso, 1984

c) Die Beobachterperspektive des Betrachters

Vermeer hat dieses Bild für Kunstinteressierte, selbstverständlich auch für einen Käufer gemalt. Der Betrachter steht hinter dem dargestellten Maler, er blickt ihm „über die Schulter", der zur Seite geraffte Vorhang ermöglicht Außenstehenden einen Einblick in das künstlerische Schaffen, ein leerer Stuhl im Vordergrund lädt zum Verweilen, zur Beobachtung ein, der Betrachter wird in die Inszenierung einbezogen. Er soll aber – ähnlich wie B. Brecht mit seinen Verfremdungseffekten – nicht nur rezeptiv „genießen" und bewundern, er soll – mit Vermeer – eine kritische Sicht zur dominierenden allegorischen Kunst einnehmen.

Der (noch) leere Stuhl steht direkt vor dem Modell und im Blickfeld des Mädchens. Der Betrachter soll seine Aufmerksamkeit also vor allem auf dieses hübsche Mädchen – und nicht auf die abstrakte Allegorie richten. Vermeers Bild ist somit ein „Kommunikat", ein Kommunkationsangebot an seine Zeitgenossen. Der Betrachter wird eingeladen sich an dem zeit- und kulturkritischen Dialog zu beteiligen.

Diese Partizipation wird durch die Bedeutungsoffenheit, die Mehrdeutigkeit des Bildes gefördert. Das Bild teilt keine Ideologie oder Moral mit, der Betrachter wird zum Nachdenken und Beobachten angeregt, er wird nicht instruiert oder „erzogen", seine Gedanken bleiben „frei".

d) Die kunsthistorische Beobachtung
III. Ordnung

Hinter dem Rücken des unprofessionellen Betrachters stehen die Kunsthistoriker. Sie machen auf das aufmerksam, was der Betrachter nicht weiß und nicht sieht. Sie nehmen andere Beschreibungen und Unterscheidungen vor als der beobachtende Laie. Für den Betrachter gelten (vielleicht) die Leitdifferenzen + interessant, + schön; für den Kunsthistoriker + originell. Die Interpretationen der Fachleute sind kontrovers: Vermeer hat selber früher Allegorien gemalt. Vielleicht ist das Bild also doch ein Selbstporträt? Die wissenschaftlichen Beobachter stellen Zusammenhänge zwischen der Qualität des Bildes, der Leistung des Künstlers in seiner Zeit, der soziokulturellen Situation der zeitgenössischen Betrachter her. Sie begründen und problematisieren die unterschiedlichen Unterscheidungen und Deutungen: Ist Vermeers Bild tatsächlich kritisch gegenüber der eigenen Zunft und gegenüber den herrschenden Verhältnissen gemeint? Wer ist der Maler, der nur von hinten zu sehen ist? Wer ist das Mädchen?

Aber auch: Was ist neu und ungewöhnlich an Vermeers Wirklichkeitskonstruktion? Wie werden seine ungewohnten Ansichten in seiner Zeit, in Delft, in seinem Milieu aufgenommen? Wurden seine Botschaften damals verstanden, wie wir sie heute verstehen?

e) Die Konstruktion des konstruktivistischen Beobachters

Der Maler mit den roten Strümpfen bildet nicht eine äußere Wirklichkeit ab, er „erzeugt" eine eigene, allegorische Wirklichkeit …

Der Maler Vermeer stellt nicht seine Profession und seinen Arbeitsplatz dar, sondern er konstruiert eine Unterscheidung zwischen traditioneller (allegorischer) und moderner (empirischer) Malerei …

Der Betrachter (der sich auf den freien Stuhl setzt) ist nicht nur rezeptiver Betrachter, sondern aktiver, konstruktiver „Mitspieler" und Kritiker, der sich „sein eigenes Bild" macht …

Die Kunsthistoriker sind Akteure des selbst referentiellen Systems Kunstwissenschaft, sie streiten sich untereinander über die richtige „Unterscheidung" …

Und ich (als kunsthistorischer Laie) betrachte das Ganze konstruktivistisch, ich beobachte die Beobachtung von Beobachtern, ich beschreibe Beschreibungen, ich unterscheide Unterscheidungen … doch auch diese Sicht ist nicht die Wahrheit, sondern eine Konstruktion.

(Aus: Horst Siebert: Über die Nutzlosigkeit von Belehrungen und Bekehrungen. Beiträge zur konstruktivistischen Pädagogik, hrsg. vom Landesinstitut für Schule und Weiterbildung, 59494 Soest, [2]1997, S. 6–10)

1 Erläutern Sie die Grundgedanken konstruktivistischer Erkenntnistheorie anhand des Gemäldes von Vermeer.

2 Überlegen Sie, welche Konsequenzen sich aus einer konstruktivistischen Erkenntnistheorie für Pädagogik ergeben könnten. Welche Probleme dürften sich ergeben?

Mac Zimmermann: Mittag (1954). Öl/Hartfaser, 50 x 70 cm, Staatliche Museen zu Berlin, Nationalgalerie

3 Welche Möglichkeiten sehen Sie, um die Paradoxien und Dilemmata einer konstruktivistischen Pädagogik zu überwinden?

4 Interpretieren Sie das Bild des italienischen
Malers Caroto (S. 182) auf dem Hintergrund
Ihrer Kenntnis des Konstruktivismus.

5 Analysieren Sie Kinderzeichnungen im Blick
auf die von den Kindern konstruierte Wirklichkeit. Was lässt sich aus den Zeichnungen hinsichtlich des Lern- und Entwicklungsstandes
ersehen? Siehe Doppelseite 180/181!

3.5.2 **Kernaussagen konstruktivistischer Erkenntnistheorie und Pädagogik**

Der folgende Überblick stammt von Horst Siebert.

Der Konstruktivismus als *Erkenntnistheorie* klärt
die Möglichkeiten, Grenzen und Funktionen
menschlichen Erkennens. Zum Erkennen gehören Wahrnehmungen, Denken, Erinnern, aber
5 auch Vergessen, Emotionen, Sprache. Die Kern-

these dieser Erkenntnistheorie besagt, dass das
Subjekt keine Realitäten abbildet, sondern eigene Wirklichkeiten erzeugt. Kriterium dieser
Wirklichkeitskonstruktionen ist vor allem Viabilität, d.h. die Ermöglichung erfolgreicher Hand- 10
lungen.
Erkenntnistheorie kann als Oberbegriff, *Lerntheorie* als Unterbegriff definiert werden. Lerntheorien sagen etwas darüber aus, wie Menschen
neue Erkenntnisse, Fähigkeiten und Fertigkeiten 15
erwerben. Lerntheorien erfordern deshalb empirische Überprüfungen. Erkennen und Lernen
sind aber keine identischen Prozesse: Lernen ist
stets mit Veränderung verbunden, gelernt wird
etwas Neues, während Erkennen auch ein Wie- 20
dererkennen sein kann. Außerdem gibt es auch
Lernprozesse ohne bewusste Erkenntnis (z. B. reine Reflex- oder Reiz-Reaktions-Handlungen).
Lernen als Erweiterung und Veränderung ist
meist eine „Re-Konstruktion" von Wirklichkeit. 25
Während Erkennen als selbstreferentieller, re-
kursiver Vorgang „strukturkonservativ" ist, enthält Lernen eine dynamische, innovative Di-

Kinderzeichnungen

Beispiel A: Entwicklung des Zeichnens beim Kleinkind

(Aus: Christa Meves: Erziehen lernen. Bayerischer Schulbuchverlag: München 1975, S. 63)

1 Beschreiben Sie anhand der Abbildung die Entwicklung des Zeichnens beim Kinde.

2 Welche Gesetzmäßigkeit drückt sich in der Entwicklung des Zeichnens aus?

Beispiel B: Mannzeichnungen von Kindern zwischen dem 3. und 12. Lebensjahr

(Abbildung mit veränderter Reihenfolge der Einzeldarstellungen aus: Ed. Werner Kleber: Abriss der Entwicklungspsychologie. Beltz Studienbuch. Beltz Verlag: Weinheim u. Basel 1974, S. 43)

1 Versuchen Sie die altersgemäße Ordnung herauszufinden und schreiben Sie die richtige Reihenfolge (in Ziffern) auf.

2 Beschreiben Sie den Entwicklungsfortschritt von Figur zu Figur.

mension. Deshalb sind Lernbemühungen des
"Volkes" von den Herrschenden vielfach misstrauisch beobachtet und erschwert worden.

Mit dem Konstruktivismus kompatibel sind vor
allem Theoreme des kognitiv-reflexiven Erfah-
rungslernens. Doch wie verhält sich der Konstruktivismus zu Theorien des behavioristischen
Reiz-Reaktions-Lernens, des Lernens durch Verstärkung, des Konditionierungslernens, des Imitationslernens ("Lernen am Modell"), des Ver-
such- und Irrtum-Lernens, des Lernens durch
Informationsaufnahme, des Assoziationsler-
nens? Empirisch sind solche rezeptiven Lernprozesse nicht zu leugnen. In vielen Fällen sind solche Lernarrangements auch funktional – z. B. im
Fremdsprachenunterricht, im Sportunterricht,
in der beruflichen Qualifizierung. Allerdings ist
einzuschränken:

1) Die Lernenden müssen auf diese Weise
   lernen *wollen,* sie müssen dieses Lernpro-
   gramm für effektiv und passend halten.
2) Auch bei Reiz-Reaktions-Mustern finden
   autopoietische – verstärkende oder korrigie-
   rende – Wirklichkeitskonstruktionen statt.
   Auch bei einem "programmierten Unterricht" und bei einem "frontalen" Vortrag
   bleibt der Lernende selbstreferentiell, eigen-
   sinnig und nicht verfügbar.
3) Solche rezeptive Lernphasen sollten in refle-
   xive selbst gesteuerte Lernsettings eingebet-
   tet sein, sie sollten metakommunikativ und
   metakognitiv "aufgehoben" werden.

**Giovanni Francesco
Caroto
(ca. 1480–1546).
Knabe mit einer Zeich-
nung.
Öl auf Holz, 37 x 29 cm,**

Verona, Museo die
Castelvecchio

(Abbildung aus: Mei-
sterwerke der Kunst.
Malerei von A–Z, ©
1994 by Isis Verlag AG,
Chur/Schweiz
© Bildmaterial:
Koninklijke Smeets
Offset B.V., Weert/Nie-
derlande
© Werke Bildender
Künstler, angeschlos-
sen an eine CISAC-
Organisation: Beeld-
recht Amsterdam,
Niederlande. 1994, c/o
Beeldrecht; S. 116)

Richard Oelze

(Aus: Renate Damsch-Wiehager, Richard Oelze: Ein alter Meister der Moderne. Verlag Bucher: München und Luzern 1989, S. 2)

Didaktik ist die Lehre vom Lehren, besser gesagt: die Lehre von der Unterstützung des Lernens. Didaktik kann Lerntheorie nicht außer Acht lassen, aber Sie lässt sich auch nicht aus Lerntheorien
65 ableiten („deduzieren"), da Didaktik die Zusammensetzung der Gruppe, Lernort, Lernzeit, sachlogische Strukturen, Prüfungsanforderungen u.Ä. zu berücksichtigen hat. Adressaten der Didaktik sind vor allem die pädagogisch Tätigen.
70 Traditionelle Lehre als Vermittlung von richtigem Wissen, als Belehrung und als normative Erziehung sind mit dem Konstruktivismus nicht kompatibel.
Dennoch sind ein Vortrag oder ein Lehrgespräch
75 nicht ausgeschlossen. Lehre soll anregen, zum Selberdenken animieren, interessante „kognitive Konflikte" inszenieren, konstruktive „Perturbationen" fördern: diese Aufgabe kann ein teilnehmerorientierter Vortrag u.U. sogar besser
80 erfüllen als eine langweilige Kleingruppenarbeit. Doch auch hier gilt: Der Vortrag sollte eine Vielfalt von Wirklichkeitskonstrukten berücksichtigen und ermöglichen und er sollte eine animatorische Funktion haben.
85 Generell aber gilt, dass Didaktik weniger als Lehre, sondern umfassender als „Inszenierung" konstruktiver Lernumgebungen und Lernkulturen zu verstehen ist. „Aus der konstruktivistischen Perspektive ist es eine Illusion, dass Sprache an
90 und für sich die Fähigkeit habe Begriffe und somit Wissen von einer Person zu einer anderen zu übermitteln." […]. F. Varela weist darauf hin, dass Wirklichkeitskonstrukte „verkörpert" werden, dass Überzeugungen „ganzheitlich", d.h.
95 verbal und nonverbal, mimisch und gestisch vermittelt werden. Häufig wirken Lehrende durch ihre Person und nicht durch Appelle oder Aufklärungen.

(Aus: Horst Siebert: Über die Nutzlosigkeit von Belehrungen und Bekehrungen. Beiträge zur konstruktivistischen Pädagogik. Hrsg. vom Landesinstitut für Schule und Weiterbildung, Paradieser Weg 64, 59494 Soest. 2. Auflage 1997, S. 69–71)

1 Erarbeiten Sie die Kernaussagen des Tests.
2 Wie verhält sich Lernen im konstruktivistischen Verständnis zu den behavioristischen Lerntheorien?

3.5.3 Konstruktivistische Kompetenz als Bildungsziel? – Kontroverse Positionen

Der Konstruktivismus ist eine deskriptive, beschreibende und keine präskriptive, „vorschreibende" Theorie. Dennoch enthält diese Erkenntnistheorie implizite Bildungsziele, z. B.:
Toleranz: „Wer erfasst hat, dass eine Welt seine 5 eigene Erfindung ist, muss dies den Welten seiner Mitmenschen zubilligen. Wer weiß, dass er nicht Recht hat, sondern dass seine Sicht der Dinge nur recht und schlecht passt, wird es schwer finden seinen Mitmenschen Böswillig- 10 keit oder Verrücktheit zuzuschreiben." Watzlawick […]
Verantwortung: Der Mensch ist „verantwortlich nicht nur für seine Träume und Fehlleistungen, sondern für seine bewusste Welt und seine wirk- 15 lichkeitserschaffenden, selbsterfüllenden Prophezeiungen. Der für uns alle so bequeme Ausweg in die Abwälzung von Schuld an Umstände und an andere Menschen stünde ihm nicht mehr offen." Watzlawick 20
Lernverpflichtung: Wer weiß, dass seine Konstrukte „erfunden" und damit vorläufig, einseitig, unzulänglich sind, ist zur ständigen „Viabilitätsprüfung" und zum Vergleich seines Wissens mit den Konstrukten anderer herausgefordert. Lern- 25 verweigerung ist nicht „lebensdienlich".
Beobachtung II. Ordnung: Der Mensch ist zur Reflexion, zur selbstkritischen Beobachtung seiner Leitdifferenzen (d.h. auch seiner Beurteilungsmaßstäbe), seiner selektiven Wahrnehmungen 30 und „blinden Flecke" fähig, aber nicht immer bereit. Gebildet ist – konstruktivistisch gesehen – wer sich der Begrenztheit seines Erkennens bewusst ist und die Human-, Sozial- und Umweltverträglichkeit seiner Wirklichkeitskonstruktio- 35 nen selbstkritisch überprüft.
Somit ist es eine Aufgabe der biographischen Bildungsforschung, ob und wie Menschen ein Bewusstsein dafür erwerben, dass sie „im Modus der Konstruktivität" existieren, dass unser 40 „Nichtwissen" einen entsprechenden Denkstil erfordert.

(Aus: Horst Siebert: Über die Nutzlosigkeit von Belehrungen und Bekehrungen. Beiträge zur konstruktivistischen Pädagogik. Hrsg. vom Landesinstitut für Schule und Weiterbildung, 59494 Soest. ²1997, S. 72–73)

1 Erläutern Sie die aufgezeigten Bildungsziele auf dem Hintergrund Ihrer Kenntnisse über den Konstruktivismus.

2 Leuchten Ihnen diese Bildungsziele ein? Begründen Sie Ihre Auffassung.

3 Worin besteht Ihrer Meinung nach das Neue einer konstruktivistischen Pädagogik? Beziehen Sie sich dazu auch auf die Diskussion des Arbeitskreises „Kognition" des Landesinstitutes für Schule und Weiterbildung in Soest.

In dem „Arbeitskreis Kognition" des Landesinstitutes wurde kontrovers diskutiert, ob der Konstruktivismus tatsächlich eine neue Didaktik begründet oder lediglich bekannte Vorschläge für ein „lebendiges Lernen" bestätigt. Vielleicht liegt der Neuigkeitswert dieser Erkenntnistheorie in der Perspektive. [...]

In dem „Arbeitskreis Kognition" wurde zwischen der „Schülerperspektive" und der „Lehrerperspektive" unterschieden. Dem Schüler sind die

Lehrpläne und die Unterrichtsfächer „vorgegeben", für seinen Schulerfolg ist es gleichgültig,
ob diese Curricula „richtige" Abbilder der Realität oder „nur" Wirklichkeitskonstrukte von
15 Lehrplankommissionen sind. Außerdem entspricht die „Abbildtheorie" unserem naiven Er-
kenntnisrealismus, dass die Welt auch so ist, wie
wir sie wahrnehmen.
Für die pädagogische Perspektive ist es ein we-
20 sentlicher Unterschied, ob Schüleräußerungen
(nach der Abbildtheorie) als richtige/falsche Antworten über die objektive Realität gewertet werden oder als Aussagen über ihre derzeitige Wirklichkeitskonstruktion akzeptiert werden. Im
25 letzteren „konstruktivistischen" Fall – so ein
Teilnehmer des Arbeitskreises – sind noch nicht
einmal „Missverständnisse" möglich, denn jede
Schüleräußerung ist Bestandteil seiner subjektiven Wirklichkeit.
30 Dennoch: Lehre ist möglich und nötig, weil sie
das Spektrum der Wahrnehmungen und Hand-
lungschancen erweitert und die Einsicht in die
Konstruktivität unserer Wirklichkeiten (und damit die Toleranz gegenüber Andersdenkenden)
35 fördert.
(Aus: Horst Siebert: Über die Nutzlosigkeit von Belehrungen und Bekehrungen. Beiträge zur konstruktivistischen
Pädagogik. Hrsg. vom Landesinstitut für Schule und
Weiterbildung, Paradieser Weg 64, 59494 Soest. 2. Auflage
1997, S. 92)

4 Vergleichen Sie die Positionen von Horst Siebert (im vorhergehenden Abschnitt) und
Heribert Seifert (im folgenden Textauszug)
miteinander. Kommen Sie zu einer begründeten eigenen Stellungnahme.

Heribert Seifert ist in der Lehrerausbildung in Nordrhein-
Westfalen tätig.

Wenn Theorie und Wirklichkeit zusammen-
stoßen und es stellt sich heraus, dass sie nicht zueinander passen, dann gibt es verschiedene Möglichkeiten, die Störung zu beheben: Ein eher
5 konventioneller Lösungsversuch ist die Theorie
revidieren, um sie realitätstauglicher zu machen.
In der Pädagogik ist dieser Weg freilich unbeliebt. Sie lässt sich ihre Utopien von der Neu-
schöpfung des Menschen durch die richtige
10 Form von Erziehung und Unterricht nur ungern
durch kalte Empirie widerlegen. […]

Die pädagogische Variante des „Konstruktivismus" ist der einstweilen letzte Versuch der
Utopie Terrain zurückzugewinnen und den Wi-
derstand der Realität zu brechen. Denn in kon-
15 struktivistischer Perspektive gibt es so etwas wie
eine objektiv vorhandene Wirklichkeit nicht
mehr. Die Welt löst sich auf in die unendliche
Vielzahl der individuellen Welt-Anschauungen,
die Wahrheitsfragen obsolet werden lassen. Was
20 in akademischen Nischen ohne Schaden esoteri-
sche Spekulationen in Gang hält und allenfalls
Titanic-Überlebende provozieren kann, die ihre
eigenen Vorstellungen von der Objektivität des
Eisbergs haben mögen, gewinnt eine ganz ande-
25 re Qualität, wenn es die Klassenzimmer erobert.
[…]
Die Befreiung vom Bann der Begriffe Wirklichkeit und Wahrheit erscheint als die Rückkehr in
ein Schul-Paradies. Jetzt endlich kann der
30 pädagogische Sündenfall der „Normierungspro-
zesse" rückgängig gemacht werden, kann Unterricht wieder ein Fest der Vielfalt und Entgren-
zung werden: „Die Vielfalt durch kulturelle
Unterschiede, durch leistungs-, geschlechts-
35 und altersheterogene Lerngruppen wird als Bereicherung, als Chance wahrgenommen … Die
Schule wird Werkstatt, Kommunikationszen-
trum, Bühne", begeistert sich der Erziehungswissenschaftler Rolf Werning in der Zeitschrift
40 „Pädagogik".
Überlebensgroß erscheint auf dieser Bühne das
Schülersubjekt. Während Bildung in einer heute
fast schon vergessenen Tradition das Subjekt gerade in der Auseinandersetzung mit der Objekt-
45 welt sich formen lassen wollte, will der pädagogische Konstruktivismus diese Spannung
aufheben und seine ganze Aufmerksamkeit auf
den Subjektpol richten. Die Welt außerhalb des
Ichs kommt nur in den Blick als Quelle von Per-
50 turbationen, die den Einzelnen zur Produktion
immer neuer Mutmaßungen veranlasst. Diese
„Konstruktionen" sind es nun, die im Vordergrund des didaktisch-methodischen Interesses
stehen. Zu beurteilen sind sie nicht in der Di-
55 mension von „richtig" oder „falsch", sondern
nach ihrer Brauchbarkeit und Nützlichkeit
(„Viabilität"). Aufgabe des Lehrers im Unterricht
ist es dann nur, noch die Schüler zu möglichst
vielen viablen Konstruktionen anzustiften und
60

den unendlichen Austausch darüber zu organisieren. Dieses Haus des Lernens ist ein Asyl für Solipsisten unter Bekenntniszwang. [...]

Niemand wird bestreiten, dass Selbstvertrauen und andere Gefühle den Lernerfolg entscheidend beeinflussen können. Hier aber werden die empirischen Randbedingungen von Unterricht zur Hauptsache erklärt. Die Psychologie der „Ich-will-mein-Magnum-jetzt"-Generation gilt nicht mehr als eine zu verändernde Eingangsbedingung von Lernen, sondern als regulative Idee. Die Folge ist nicht nur ein illusionäres Selbstbild der Schüler, sondern auch ein Weltzugriff, der im Medium selbstgewissen, endlosen Meinens alles für kommensurabel hält.

An die Stelle der „Rekonstruktion kultureller Leistungen" möchte der Kölner Pädagoge Kersten Reich lieber die „Dekonstruktion verfestigter Wege, die Kritik der Normalisierung von gewohnten Erkenntnissen und Verhaltensweisen" setzen.

Mit Schaudern denkt man an die auch heute schon anzutreffenden Achtklässler, die bei einem Minimum an Lebenserfahrung und Wissen ein Maximum an Urteilsbereitschaft entfalten und hier noch ermutigt werden ihre Vorschläge zur Lösung aller Weltprobleme selbstbewusst zu verbreiten.

Noch stört freilich die „Dominanz der Inhalte". Kersten Reich will sie deshalb in einem größeren „Freiraum für Beziehungsarbeit" verschwinden lassen und im Unterricht den „Primat der Beziehungen vor den Inhalten" herstellen. Dann erst werden die „Lerner in allen Situationen an den normativen Setzungen und Entwicklungsmöglichkeiten ihres Lernens umfassend beteiligt" werden können, um Macht und Kontrolle zu erschüttern. Im Rahmen eines neuen Notenmanagements werden dann auch die „SchülerInnen LehrerInnen benoten" und kein Inhalt wird in den Unterricht einwandern dürfen, der nicht mit der Lebenswelt der Lerner, ihrer „Beziehungsseite" zu tun hat. Wahrhaftig, Wissen ist Macht, auch im konstruktivistischen Blick. Anders als in der alten Arbeiterbewegung ist hier aber die ehrwürdige Parole zu einer universellen Verdachtsformel geworden, die hinter jedem Mehr an Wissen und Können Unterdrückung wittert. [...]

Wo jetzt noch gequälte Schüler, vielfach sortiert, pauken müssen, werden sich Jüngere und Ältere, Behinderte und Nichtbehinderte, Kluge und Dumme als gleichberechtigte und selbstbewusste Egos begegnen und gebannt ihren Ich-Geschichten lauschen, während von der Welt draußen nur ein leises, ganz fernes Grundrauschen hereindringt. Alles ist erlaubt, nichts ist abwegig. Und dazwischen sitzt der Lehrer als milder Moderator, der mit sanftem Nachdruck die Teilnehmer in die Endlosschleifen ihrer Selbstenthüllungen einfädelt – man erkennt: Wo jetzt noch Unterricht ist, soll Talkshow werden. [...]

Die Individualisierung ist pädagogischer Lifestyle geworden, die „Tyrannei der Intimität" kolonisiert das Klassenzimmer und verwandelt soziale Realität in triviale Psychologie. [...]

Als einziges Mittel gegen die völlige Beliebigkeit bleibt die politisch-moralische Korrektheit. Das wäre der Triumph der Erziehung über die Idee der Bildung.

Heribert Seifert

(Aus: Heribert Seifert: Traut euch doch endlich! Der Konstruktivismus, das letzte aus der progressiven Pädagogik. In: Frankfurter Allgemeine Zeitung vom 12. Oktober 1998, S. 48)

3.6. Zusammenfassender Überblick: Lernen und Selbstregulation/ Konstruktivistische Pädagogik

Das Gedächtnis ist eine Grundvoraussetzung des Lernens. Man versteht darunter die Fähigkeit des psychischen Systems Informationen zu organisieren und im Kontext mit relevanten Informationen zu speichern, dass sie reproduziert und mit jeweils aktuellen psychischen Prozessen integriert werden können. Das Gedächtnis wird zwar oft als „Informationsspeicher" bezeichnet, es unterscheidet sich aber grundlegend vom Speichersystem eines Computers, weil es ein biologisches, d.h. ein dynamisches, selbststeuerndes und sich veränderndes System ist. Gedächtnisse sind aktive und assoziative Speicher, bei denen Speicherprozesse und gespeicherte Inhalte nicht scharf voneinander getrennt werden können. Die Informationselemente sind nach der Art eines vernetzten Systems miteinander verknüpft [...]. Nach zeitlichen Kategorien unterscheidet man Ultrakurzzeitgedächtnis (bzw. sensorisches Register), Kurzzeit- und Langzeitgedächtnis. Hirnphysiologische Forschungen legen jedoch nahe, dass diese Unterscheidung nicht differenziert genug ist [...]. Nach der Art der Repräsentation von Inhalten spricht man von räumlichem, numerischem, verbalem, ikonischem bzw. visuellem, tonalem (auditivem), motorischem und sensorischem Gedächtnis; man unterscheidet ein semantisches (Speicherung von Wissen) und ein episodisches Gedächtnis (Speicherung von Erlebnissen). Über diese Einteilungen besteht keine allgemeine Einigkeit und mit fortschreitender Forschungstätigkeit kommen neue hinzu. John C. Eccles [...] nimmt z. B. in Bezug auf das Wiedererinnern ein „Hirnspeicherungsgedächtnis" und ein „Erkennungsgedächtnis" an. [...]

Lernen und Selbstregulation. Frederick H. Kanfer entwickelte seit 1970 das behavioristische Lernmodell (Stimulus–Verhalten–Konsequenz) weiter zu einem Selbstregulations-Modell. Dieses Modell geht davon aus, dass sich der Mensch bis zu einem gewissen Grad von Einflüssen durch die Umwelt unabhängig machen kann, weil er die Möglichkeit hat sich selbst zu steuern und zu verstärken.

Unter Selbstregulation versteht man das Auswählen von Zielen, bewusste, zielgerichtete Informationsverarbeitung und intentionales Lernen. Der überwiegende Teil menschlichen Verhaltens besteht aus routinemäßigen Gewohnheiten. Selbstregulation setzt dann ein, wenn automatisiertes Verhalten unterbrochen wird oder wenn es sich als ungeeignet für die Erreichung eines Ziels erweist. Eine Zielsetzung, die die Person motiviert, setzt den Regulationsprozess in Gang.

In der 1. Phase der Selbstregulationssequenz beobachtet man sein eigenes Verhalten in Beziehung zum entsprechenden Zielverhalten (Selbstbeobachtung). In der 2. Phase vergleicht man die so erhaltenen Informationen mit Vergleichskriterien bzw. Standards (Selbstbewertung). Führt dieser Vergleich zu der Rückmeldung, dass das betreffende Verhalten den Standard nicht er-

reicht, dann kann es zu einem Lernprozess kommen, in dem das Verhalten verändert und wieder mit dem Standard verglichen wird, so lange bis man davon überzeugt ist, dass das neue Verhalten dem Vegleichskriterium entspricht. In diesem Fall kommt es zu einer Selbstverstärkung, meist in Form eines Gefühls der Zufriedenheit mit sich selbst. Kommt man zu der Überzeugung, den Standard nicht erreichen zu können, dann wird die Selbstregulationssequenz abgebrochen. Im Selbstregulationsprozess stammt die Lernmotivation aus der durch Vergleichen ermittelten Diskrepanz zwischen einem als wichtig erachteten Standard und dem jetzigen Verhalten. Auch der Standard selbst kann in einem Lernprozess verändert werden, wenn er sich als ungeeignet für das Erreichen des Handlungsziels erweist. In der Selbstregulation werden Variablen auf drei Ebenen unterschieden: 1. Einflüsse, die von außen auf uns einwirken, 2. kognitive Prozesse, die von uns selbst ausgehen und uns und auch unsere Umwelt beeinflussen und 3. die physiologischen und biologischen Grundvoraussetzungen, die als hoch komplexes System des menschlichen Organismus auf unser Denken, Lernen und Verhalten einwirken [...]. Dieses Modell wird von zahlreichen empirischen Studien gestützt und hat sich auf pädagogischem und therapeutischem Gebiet bewährt.

In den vergangenen Jahren haben Nachbardisziplinen wie Neuro- und Psychophysiologie, Motivations-, Informationsverarbeitungs-, Gedächtnis- und Metakognitionsforschung zunehmend Bedeutung für die Lehr- und Lernforschung angenommen [...], z. B. Befunde über neurophysiologische Grundlagen von Lernprozessen, individuelle Unterschiede in der Bevorzugung von Informationsverarbeitungskanälen (visuell, auditiv, kinästhetisch) oder die Unterscheidung zwischen bewusster (gesteuerter) und unbewusster (automatischer) Informationsverarbeitung. So zeigt sich, dass Übung bzw. Wiederholung innerhalb des Lernprozesses nicht nur die Funktion hat gelernte Fertigkeiten zu verbessern und zu vervollkommnen. Durch Übung werden immer wiederkehrende Handlungsabläufe (z. B. beim Autofahren) automatisiert, d. h. sie laufen unbewusst ab. Die Suchvorgänge für relevante im Gedächtnis gespeicherte Informationen werden dadurch erleichtert.

(Aus: Mathilde Bauer: Lerntheorien. In: Helmwart Hierdeis/Theo Hug [Hrsg.],:Taschenbuch der Pädagogik, Schneider Verlag Hohengehren. 5., Auflage. Baltmannsweiler 1997, Band 3, S. 1038, 1046, 1048, gekürzt)

Wenn man Menschen als Schöpfer ihrer Welten betrachtet, betrifft das auch Kinder. Auch Kinder konstruieren und rekonstruieren ihre eigenen Wirklichkeiten und dabei kann man nicht länger (wie Jean Piaget) auf die vorgegebene (bio-psychische) innere und äußere Natur vertrauen [...]. Vielmehr wird heute der kindliche (Re)konstruktionsprozess der Wirklichkeit in seiner Wechselwirkung mit der sozialen Umwelt angesiedelt. [...]

Die Anerkennung kindlicher Weltkonstruktion und der damit einhergehenden Konzeption von Erziehung schließt es natürlich aus, dass man im Voraus Erziehungsziele festlegen könnte. Lenzen hat [...] einen Ansatz zur Lösung der damit zusammenhängenden Theorieprobleme entwickelt. Er [...] verweist auf eine ‚mit-machende' statt zielgerichtete Einstellung zur Entwicklung und Erziehung von Kindern. In vergleichbarem Sinne spricht Jerome Bruner [...] von der Kultur schaffenden Funktion der Sprache der Erziehung. Diese Unsicherheit in Bezug auf die Richtung der Erziehung scheint aus der Perspektive der Gesellschaft noch verstärkt zu werden. Vielleicht kann das erklären, weshalb der mit dem Konstruktivismus manchmal verbundene Sozialrelativismus [...] zusammen mit der ohnehin schon längst bestehenden gesellschaftlichen Pluralität in den erziehungswissenschaftlichen Reflexionen heute für so problematisch oder wenigstens diskussionswürdig gehalten wird [...].

(Aus: Frieda Heyting: Konstruktivistische Erziehungswissenschaft. In: Helmwart Hierdeis/Theo Hug [Hrsg.]: Taschenbuch der Pädagogik, Schneider Verlag Hohengehren. 5., korrigierte Auflage. Baltmannsweiler 1997. Band 2. S. 406–407)

Salvador Dali:
Landschaft mit rätselhaften
Elementen (1934).

Privatsammlung, Paris

© Christoph Wilhelm, New York (Hugendubel, Die Welt der Bücher, Reklamepostkarte)

Lernen ohne zu denken
ist verlorene Arbeit.
Denken ohne zu lernen
ist gefährlich.

Kung-fu-tse (ca. 551–478 v. Chr.)

4. Statt eines Nachwortes:
Tele-Lernen – Zukunft des Lernens?

Es ist Donnerstagvormittag, kurz nach zehn. Der Regen hat vor kurzem aufgehört und von Zeit zu Zeit schimmert die Sonne hinter einer der tiefschwarzen, den ganzen Himmel bedeckenden Wolken hervor. Jeden Moment könnte der Regen wieder einsetzen. Berlin zeigt sich heute nicht von seiner schönsten Seite.

Torsten sitzt zu Hause in seinem Zimmer. Er ist nicht allein, drei Freunde aus seiner Klasse sind bei ihm. Auf dem Fußboden haben sie es sich mit ihren Laptops gemütlich gemacht. Doch bevor sie sich an die Arbeit für ihr Projekt machen, kümmern sich die vier noch um Ihre Schach-Newsgroup. Die haben sie selbst gegründet und natürlich stehen sie mit etlichen Schachgruppen aus dem Ausland in regem Austausch. Über die letzten Partien der Großmeister, der Weltmeisterschaften und alles Mögliche wird da diskutiert. Schach gespielt wird selbstredend auch – Fernschach, übers Internet. Leider hatte es Ärger mit den Eltern gegeben, gerade als die Sache so schön ins Laufen gekommen war. Sie würden sich zu viel mit Schach und zu wenig mit der Schule und den Hausaufgaben beschäftigen, hieß es, den ganzen Tag säßen sie vorm Schachprogramm, die Noten seien auch schon schlechter geworden. Es stimmt: Ab und zu hatten sie sogar geschwänzt. Na gut, sie haben schließlich zugestimmt nur noch an bestimmten Tagen mit ihren Schachgruppen zu chatten – und natürlich in den Schulferien.

Plötzlich dringt ein kurzer Glockenton aus Torstens Computer. Gerade ist eine neue Mail für ihn eingetroffen. Er freut sich, dass sich Luisa, seine E-Mail-Freundin aus Italien, wieder bei ihm meldet und würde ihr am liebsten sofort antworten, aber die anderen starren schon auf seinen Bildschirm und fangen an zu lästern.

Torsten und seine Freunde werden heute nicht zur Schule gehen und obwohl dort der Unterricht wie üblich stattfindet, wird kein Lehrer daran etwas auszusetzen haben. Die vier haben heute „Projekttag", wie an jedem Donnerstag. Für die ganze Klasse findet an diesem Tag kein Unterricht statt, dafür sollen sich die Schüler ausschließlich um ihr Projekt kümmern. Sie sind jetzt in der zehnten Klasse.

Schon vor etlichen Jahren sind die Leute in den Kultusbehörden dazu übergegangen das selbstständige, „selbstgesteuerte" Lernen zu fördern. Es sollen sich Gruppen von höchstens vier Schülern bilden, die dann gemeinsam ein spezielles, frei wählbares Thema bearbeiten und am Ende die Ergebnisse in ihrer Klasse vorstellen. Teamarbeit wird propagiert, von Selbstständigkeit und frühzeitiger Verantwortlichkeit für das eigene Arbeiten ist die Rede. Die Grundlagen für solche Projektarbeiten, das Basis- und Faktenwissen, werden aber nach wie vor im „klassischen" Unterricht in der Schule vermittelt, vor allem in den unteren Klassen. Später wird dann dieser Unterricht immer weiter zu Gunsten „selbstorganisierten" Lernens reduziert. Auf Präsenzphasen wird dabei ganz bewusst nicht verzichtet, da es sich gezeigt hat, dass auch noch so ausgefeilte technische Kommunikationsmöglichkeiten den persönlichen Kontakt von Angesicht zu Angesicht nicht ganz ersetzen können.

Natürlich werden die Gruppen betreut, durch einen „Projekttutor". Diesen Tutor wird man an der Schule selten finden. Die meiste Zeit verbringt er zu Hause, um für die Gruppen jederzeit erreichbar zu sein. Das ist wichtig: Falls sich die Schüler in ihrer Arbeit verzetteln, kann der Tutor sofort Rückmeldung geben und sie wieder auf Kurs bringen. Gerade zu Beginn eines solchen Projektes passiert es schnell, dass die Gruppe sich verrennt oder an einem Problem festbeißt. In dieser sensiblen Phase ist der Tutor besonders gefordert und hat daher auch eine besondere Ausbildung erfahren. Überhaupt wird jetzt wesentlich mehr Gewicht auf den pädagogischen Anteil des Studiums gelegt. Lehrer und Tutor sind nicht mehr reine Wissensvermittler, sondern eher Lotsen, die die Schüler durch den Informationsdschungel geleiten und dabei auf ihre individuellen Schwierigkeiten, Interessen und Bedürfnisse eingehen. Der Tutor hält engen Kontakt zu Universitäten, Fachhochschulen, Instituten und Betrieben. Den Schülern soll während des Projekts die Möglichkeit gegeben werden andere Einrichtungen, mit denen sie sonst kaum in Kontakt treten würden, kennen zu lernen. So will man den späteren Wechsel in eine andere Lernwelt fördern und vereinfachen.

Torsten und seine Freunde haben sich für ihr Projekt eine Aufgabe aus der Physik überlegt. Anfangs hatten sie sich eine ganze Weile gestritten, bis sie sich endlich auf ein Experiment zur Fotovoltaik einigen konnten, mit dem sie die Prinzipien der Stromerzeugung durch Sonnenlicht veranschaulichen wollen. Den Ablauf des Experiments werden sie fotografieren, die Bilder in den Computer einscannen und daraus ein kleines Programm erstellen, das sie den anderen Schülern am Ende des Schuljahres präsentieren wollen. Bis dahin ist noch eine ganze Menge zu tun. Vom Zeitplan über die Materialbeschaffung bis hin zur Umsetzung müssen sie alles selbst bewerkstelligen. Das ist eine Heidenarbeit, macht aber auch Spaß. Eine solche Aufgabe, heißt es im Jargon, schärfe die „Problemlösungskompetenz". Wer gelernt hat, wie er in der Physik ein Problem löst, dem fällt das Problemlösen auch auf anderen Feldern leichter. Im Mittelpunkt stehen das „interdisziplinäre" Arbeiten und Denken. Die Unterrichtsfächer sollen nicht mehr getrennt voneinander stehen und ohne Bezug zueinander unterrichtet werden. Es wird nach Gemeinsamkeiten und Schnittstellen gesucht, um den Schülern Zusammenhänge besser vermitteln zu können.

Torstens Tutorin hat ihren vier Nachwuchsexperimentatoren für den kommenden Donnerstag einen Termin bei Physikern von der TU Berlin vermittelt. Dort gibt es wiederum einen Lehrer, der ihnen bei Aufbau und Durchführung ihres Versuchs helfen wird. Die Freunde sprechen noch einmal den Ablauf durch. Jeder hat seinen Laptop dabei. Mithilfe eines speziellen Grafikprogramms haben sie eine schematische Zeichnung ihres Experiments erstellt. Dann meldet sich Frau Helbig, ihre Tutorin. Sie hat neben diversen Lehrerfortbildungen in computervermittelter Kommunikation auch eine psychologische Zusatzausbildung in Gruppendynamik absolviert. Echt gruppendynamisch fragt sie nun: „Na, wie steht's bei euch?" Da Torsten als Einziger seinen Computer an das Internet angeschlossen hat, sieht zunächst nur er die Tutorin auf seinem Bildschirm. Die anderen vernetzen schnell ihre PCs und schließen sich an Torstens Rechner an. Nach ein paar Minuten hat jeder von ihnen das Gesicht von Frau Helbig vor sich. Sie erkundigt sich, wie sie vorankommen, und erinnert noch einmal an den Termin in der nächsten Woche. Ein paar Details werden besprochen und sie bekommen noch einige Tipps für das Experiment.

Nach einer guten halben Stunde ist das Gespräch beendet. Torsten hat nun keine Lust weiterzumachen und den anderen geht es genauso. Sie gehen raus, um noch wenigstens für eine Stunde Basketball zu spielen.

Torsten geht zurück in sein Zimmer und setzt sich an den Schreibtisch, um noch ein paar Hausaufgaben zu erledigen. Der Laptop vor ihm gibt ein kaum hörbares Surren von sich, der Bildschirm zeigt ein buntes, scharfes, flimmerfreies Bild. Torsten legt die Geschichts-CD ins Laufwerk. Gestern im Unterricht haben sie im dritten Kapitel die Module drei, vier und fünf behandelt. Es geht um die Oktoberrevolution in Russland. Seit einigen Jahren schon werden die Lerneinheiten auf den CDs als Module bezeichnet. Deren Inhalte sind verschieden, ihr Aufbau jedoch ist stets derselbe. Jedes Modul umfasst etwa fünf Bildschirmseiten mit Text, Grafiken, Bildern und Videos. Die Kombination visueller und akustischer Elemente soll das Behalten und Verstehen der Informationen erleichtern. Um so ein Modul zu bearbeiten, braucht man zehn, vielleicht zwanzig Minuten, je nachdem. Am Ende gibt es noch ein paar Aufgaben. Sie bestehen aber nicht aus stupidem Abfragen des Stoffes; man muss sich schon ein bisschen was ausdenken und Beispiele finden aus anderen Bereichen – „Transferleistungen" nennt man das.

Die Aufgaben zum dritten Modul fallen Torsten nicht schwer. Er gibt ein paar Internetadressen an und verweist auf einen Roman, den sie letztes Jahr im Deutschunterricht gelesen haben. Das ging schnell. Die letzte Aufgabe im vierten Modul aber bereitet ihm Schwierigkeiten. Was die da von ihm wollen, bleibt ihm unklar, irgendwie macht die Aufgabe für ihn keinen Sinn. Er hat keine Lust lange zu überlegen, also wählt er lieber die Nummer seines Geschichtslehrers. Soll der ihm doch weiterhelfen! Prompt erscheint sein Konterfei auf dem Bildschirm. „Was gibt's?" Torsten erzählt von der schleierhaften Modulaufgabe, irgendwie dämlich formuliert, nicht wahr?

Der Lehrer loggt sich bei Torsten in den Computer ein; jetzt haben beide exakt dieselben Bildschirmseiten vor Augen. Er gibt ihm ein paar Tipps und markiert hier und da etwas. Torsten speichert das alles ab.

Dann kommt dem Lehrer eine Idee. Er fragt Torsten, ob er zu dieser Frage schon einmal in der „Neuen AGB", der Amerika-Gedenk-Bibliothek nachgesehen hat. Das hat er natürlich nicht – der hat Vorstellungen, was soll er denn noch alles machen für die paar Aufgaben! Sie loggen sich gemeinsam in die „Neue AGB" ein. Das ist ein Gebäude direkt neben der „Alten AGB", nur gibt es hier keine Besucher, Ausweise oder Öffnungszeiten. Sämtliche Bücher sind hier elektronisch verzeichnet und per Internet und Suchmaschine kann man sie alle zu jeder Zeit einsehen.

Noch immer haben Torsten und sein Lehrer dieselben Bildschirmseiten vor Augen und oben rechts das Bild des jeweils anderen, aufgenommen durch eine kleine Videokamera, die im Bildschirm integriert ist. Der Lehrer hat das Buch gefunden. Er zeigt Torsten das entsprechende Kapitel mit den beiden relevanten Modulen, auch hier streicht er ein paar Stellen an und tippt Kommentare dazu. Torsten lädt die beiden Module herunter und speichert sie ab. Sein Lehrer bittet ihn am Montag im Unterricht diese beiden Module kurz vorzustellen, nur für zehn Minuten. Dann verabschiedet er sich, ein anderer Schüler möchte ihn sprechen.

Mittlerweile ist es Montag, der erste Montag im November. Der Herbst hat an diesem Wochenende Einzug gehalten, es war windig, nass und kalt. Auf dem Weg zur Schule kam Torsten in einen der kurzen, aber heftigen Regenschauer.

Jetzt, in der dritten Stunde, sind seine Kleider noch immer klamm. Mathe steht auf dem Plan. Die Schüler fahren mit einer Gruppenarbeit fort. Es eilt ein wenig, denn am Mittwoch, in der nächsten Mathestunde, wird es wieder eine Videokonferenz mit ihrer Partnerklasse in Tokio geben.

In der fünften Stunde haben sie Geschichte. Torsten stellt gleich zu Beginn die beiden Module vor, die er aus der „Neuen AGB" heruntergeladen hat. Er steht vorne im Klassenzimmer, gleich neben der riesigen Leinwand. Ein leistungsstarker Beamer, an der Decke montiert, kann das Computerbild, das der Lehrer an seinem Platz vor Augen hat, auf die Leinwand projizieren. Torsten hat seinen Laptop an den Platz seines Lehrers angeschlossen. Nun also erscheint sein Bildschirm auf der großen Wand. Alles schaut ihn an. Es herrscht Ruhe. Torsten lädt das erste Modul. Mit dem Cursor deutet er auf eine dreidimensionale Grafik und erklärt, was sie darstellen soll. Schlüsselbegriffe in den kurzen Textpassagen leuchten hellgelb auf, Torsten hat sie daheim per Mausklick markiert. Selbstverständlich fasst er den Text noch einmal mit seinen eigenen Worten zusammen. Am Ende des Moduls gibt es ein kleines Video, das Ausschnitte aus der Rede eines Präsidenten zeigt.

Mittlerweile hat sich Torsten wieder an seinen Platz gesetzt und der Lehrer übernimmt den Unterricht. Er stellt den Schülern eine Moskauer Historikerin vor, die sich mit ihren Forschungen zur Oktoberrevolution einen Namen gemacht hat. Über seinen Computer wählt er ihre Adresse an und Sekunden später erscheint ihr Gesicht überlebensgroß auf der Klassenleinwand. (Versteht sich, dass er den Termin schon vorher mit ihr vereinbart hat!) Auf Englisch berichtet die Professorin über ihre Thesen und Recherchen. Danach können die Schüler Fragen stellen. Sie tun sich anfangs etwas schwer, aber ein paar trauen sich dann doch und nach ein paar Minuten entwickelt sich ein kleines Gespräch. Schade eigentlich, dass der Lehrer es nach einer Viertelstunde abbrechen muss. Der Unterricht ist beendet.

(Aus: Runa Constanze Lichtenfeld, Gregor Kühn: Tele-Lernen: Die Schule im 21. Jahrhundert. In: Psychologie heute, März 1999, S. 39–43)

1 Was unterscheidet sich nach Lichtenfeld und Kühn beim Lernen der Zukunft von herkömmlichem Lernen?

2 Führen Sie eine Befragung unter Mitschülerinnen und Mitschülern durch, wie sie sich das Lernen in der Zukunft vorstellen. Diskutieren Sie die Ergebnisse.

3 Das von Lichtenfeld und Kühn beschriebene Lernen in der Zukunft – Ihrer Auffassung nach wünschenswert?

**Ernst Würtenberger:
Auf der Schulbank/
Der Nachsitzer
(1909)**

Karlsruhe, Staatliche Kunsthalle

5. Lexikonteil

Fremdwörter und Fachbegriffe stellen eine nicht übersehbare, aber doch überwindbare Klippe beim Lesen von Fachtexten dar. Man muss Geduld aufbringen, weil ein souveräner Umgang erst zu erwarten ist, wenn man sich in einem Fachgebiet zu Hause fühlt und das braucht Zeit.

Zwei Dinge lohnen sich immer:
(1) den Textzusammenhang zu prüfen, ob eine mögliche Deutung des fremden Begriffes dem Sinn des Ganzen entspricht;
(2) bekannte Bestandteile des Fremdwortes für die Deutung zu nutzen. Manche Elemente kommen so häufig vor, dass es sich lohnt ihre Bedeutung zu lernen, z.B. homo-/hetero- (gleich/verschieden), hyper-/hypo- (über/unter), peri- (um … herum), prä- (vor), re- (wieder, zurück), syn- (zusammen). Wenn Sie sich angewöhnen beim Nachschlagen auf solche wiederkehrenden Elemente zu achten, werden Sie bald merken, dass Sie viel seltener nachschlagen müssen!

Im Zweifelsfall schlägt man fremde Begriffe nach, wobei für eine grobe Erklärung Rechtschreibduden oder Fremdwörterbuch ausreichen. Will man es genauer wissen, greift man zum enzyklopädischen Lexikon. Das Fachlexikon gibt die genaueste, aber auch umfangreichste Erklärung. Man muss also jeweils entscheiden, ob man eine so detaillierte Erklärung braucht; es kann auch eine Frage der zur Verfügung stehenden Zeit sein. Wenn man das tut, hat man eine Gelegenheit zum Weiterlernen genutzt.

(Aus: Ida Hackenbroch-Krafft/Evelore Parey: Training. Umgang mit Texten. Ernst Klett Verlag für Wissen und Bildung: Stuttgart und Dresden 1996, S. 56/57)

Das Glossar enthält Fremdwörter und Fachtermini, soweit sie nicht aus dem Textzusammenhang erschließbar sind. Die Angaben beziehen sich auf die Bedeutung der Begriffe, wie sie im Text verwendet werden, und müssen gegebenenfalls durch Hinzuziehen von Lexika ergänzt werden.

---

anal: den After betreffend

Analogie: Ähnlichkeit, Gleichheit von Verhältnissen, Übereinstimmung, Entsprechung

Anthropologie: Wissenschaft und Lehre vom Menschen

anthropologisch: die Lehre vom Menschen betreffend

Assoziation: Verknüpfung oder Verschmelzung mehrerer seelischer Inhalte

assoziieren: eine gedankliche Vorstellung mit etwas verknüpfen; zwei Reize miteinander verknüpfen

Ätiologie: Lehre von den Ursachen

autonom: sich selbst bestimmend

autonomes Nervensystem: Bestandteil des Nervensystems, der unwillentlich Funktionen steuert; setzt die physiologischen Änderungen in Gang, die Bestandteil der Äußerung von Emotionen sind

autopoietisch: sich selbst erzeugend oder ermöglichend

aversiv: mit Gefühlen der Abneigung verbunden

avoidance-learning: Vermeidungslernen

Axiom: nicht abgeleitete Aussage eines Wissenschaftsbereichs, aus der andere Aussagen deduziert, d.h. abgeleitet werden

axiomatisch: unanzweifelbar, gewiss, auf Axiomen beruhend

bedingter Reflex: erworbene Reaktion des Organismus auf einen ursprünglich neutralen Reiz

Behaviourismus: Schule der Psychologie; eine bedeutende Persönlichkeit des Behaviourismus ist John B. Watson, der die Auffassung vertrat, dass beobachtbares Verhalten, nicht das Bewusstsein, der eigentliche Gegenstand der Psychologie sei

behaviouristisch: den Behaviourismus betreffend

Blackbox: schwarzer Kasten (wörtliche Übersetzung)

CR: conditioned reaction, bedingte Reaktion
CS: conditioned stimulus, bedingter Reiz

Deduktion: Ableitung des Besonderen und Einzelnen vom Allgemeinen; Gegensatz zur Induktion: Schluss vom besonderen Einzelfall auf das Allgemeine, Gesetzmäßige

Desensibilisierung: Vorgang der Schwächung oder des Aufhebens der Reaktionsbereitschaft eines Organismus auf bestimmte Reize

determinieren: bestimmen

Diachronizität: Ungleichzeitigkeit, fehlende zeitliche Übereinstimmung

Disposition: Anlage zu einer immer wieder durchbrechenden Eigenschaft oder zu einem typischen Verhalten

Emotionen: Gefühle
Empathie: einfühlendes Verständnis
empirisch: auf Erfahrung gegründet

Frustration: Erlebnis einer Enttäuschung und Zurücksetzung durch erzwungenen Verzicht oder Versagung von Bedürfnissen

funktional: eine bestimmte Aufgabe innerhalb eines größeren Zusammenhangs betreffend

Generalisation: Übertragung eines Reizes auf ähnliche andere Reize

Hypothese: Vorentwurf für eine Theorie; zunächst noch unbewiesene Annahme von Gesetzlichkeiten oder Tatsachen mit dem Ziel der Überprüfung

hypothetisch: auf einer unbewiesenen Vermutung beruhend

Identität: vollkommene Gleichheit oder Übereinstimmung in Bezug auf Dinge oder Personen

induktiv: vom besonderen Einzelfall auf das Allgemeine, Gesetzmäßige schließend

inkongruent: nicht übereinstimmend

installieren: einrichten

Instinkt: angeborene Verhaltensweise und Reaktionsbereitschaft der Triebsphäre

Interaktion: Wechselbeziehung zwischen aufeinander bezogenen Partnern

internalisieren: Gruppennormen als für die eigene Person gültig übernehmen

intermittierend: zeitweilig aussetzend

intersubjektiv: von verschiedenen Personen nachvollziehbar, verschiedenen Personen gemeinsam

intervenierende Variable: Größe, von der angenommen wird, dass sie zwischen Reiz und Reaktion wirksam ist

Intervention: Beeinflussung

Introspektion: Selbstbeobachtung, Beobachtung der eigenen seelischen Vorgänge zum Zweck psychologischer Selbsterkenntnis

involvieren: in sich einschließen

IQ: Abkürzung für Intelligenzquotient. Der IQ wird als Maß für die intellektuelle Leistungsfähigkeit eines Menschen verwendet, die auf Intelligenz zurückgeführt und mit Intelligenztests gemessen wird. In der Mehrzahl der heute üblichen Intelligenztests wird mithilfe so genannter Standardskalen der IQ errechnet, die aus Stichproben für bestimmte Altersstufen ermittelt wurden. Der Mittelwert der Standardskalen beträgt 100, die Standardabweichung 15. Berücksichtigt man diese Bestimmungsmerkmale, dann liegt die durchschnittlich gemessene intellektuelle Leistungsfähigkeit zwischen 85 und 115 IQ-Punkten.

Kategorie: Klasse, Gattung; Gruppe, in die etwas oder jemand eingeordnet wird.

kognitiv: die Erkenntnis betreffend

Konditionierung: Vorgang des Bedingens, d. h. des Erwerbs von Reaktionen

Kongruenz: Übereinstimmung

Konnotation: persönliche Assoziationen zu einem Bergriff; Bedeutung eines Wortes

Konstellation: Zusammenstellung, Zusammentreffen

Konstruktivismus: Vielzahl theoretischer Ansätze, die erkenntnistheoretisch gegen Theorien gerichtet sind, die ihren Gegenstand als solchen für unmittelbar oder mittelbar erkennbar halten. Dagegen wird zunächst die Beobachtung gesetzt, der zufolge alle Erkenntnis bei Beobachtungen ansetzt. Diese haben sich die Frage gefallen zu lassen, wie sie zu ihren Beobachtungen kommen. Den Abschluss bildet dabei die Beobachtung, dass die Beobachtung der Beobachtung in diesem Kontext nicht ausgenommen werden darf. Wenn Beobachtung – als Vollzug von Unterscheidung – zwar blind operiert, aber dennoch stattfindet, dann ist anzunehmen, dass das Beobachtete ein Konstrukt ist. Konstruktivisten sind sich dessen bewusst, dass Erkenntnis konstruiert ist und dass Konstruktivismus selbst eben auch konstruiert ist. – Ein Problem konstruktivistischer Erkenntnistheorie liegt in der Betonung der Subjektivität des Beobachtens. Wird der Subjektstandpunkt radikalisiert und entledigt sich seiner Gegenseite, eben des Objekts, dann ist ja keine Erkenntnis mehr möglich. Als Ausweg wird gesehen, dass an die Stelle des Objekts an sich außerhalb des Subjekts die Operation des Beobachtens des Beobachters tritt. Der Gegenstand der Erkenntnis wird dann in und mit der Operation des Beobachtens gesetzt. Kurz gefasst: Erkenntnis wird als paradoxe selbstreferentielle (eines Selbst auf sich selbst Bezug nehmende) Operation (re-) konstruiert.

Kontiguität: zeitliche und räumliche Nähe verschiedener Erlebnisinhalte bzw. Reize

Kontingenz: die Häufigkeit zusammen vorkommender oder sich gleich verhaltender psychischer Merkmale

Labilität: Beeinflussbarkeit, Schwäche, leichte Wandelbarkeit

latent: versteckt, verborgen, vorhanden, aber nicht gleich erkennbar

Methode: wissenschaftliches Verfahren, Weg zu wissenschaftlicher Erkenntnis

monoton: gleichförmig, ermüdend-eintönig

motivierend: anregend, zu etwas veranlassend

NS: neutraler Reiz

ödipal: vom Ödipuskomplex bestimmt, d. h. der frühkindlich sich entwickelnden Beziehung zum gegengeschlechtlichen Elternteil

Ösophagus: Speiseröhre

operational: im Zusammenhang konstruktivistischer Erkenntnistheorie auf eine Operation bezogen, d. h. auf den Vollzug einer augenblicklichen und nicht wiederholbaren Unterscheidungshandlung: jede Beobachtung ist eine anschließende und anschlussfähige Operation. Eine Beobachtung erster Ordnung ist bloßer operativer Vollzug einer Unterscheidung; eine Beobachtung zweiter Ordnung ist einerseits bloßer operativer und andererseits zugleich reflexiver Vollzug einer Unterscheidung. Beobachtungen sind immer rekursiv, d. h. sie nehmen vorhergehende Operationen zur Grundlage von anschließenden Operationen und können reflexiv sein (siehe: Konstruktivismus).

Osmose: das Hindurchwandern von Flüssigkeiten durch eine, zwei Flüssigkeiten (Lösungen) trennende halbdurchlässige Wand

Parasympathikus: der dem Sympathikus entgegengesetzt wirkende Teil des vegetativen Nervensystems; die Impulse des Parasympathikus fördern Ruhe, Entspannung, Schlaf, er drosselt die Herz- und Kreislaufleistungen, verengt die Arterien, senkt den

Blutdruck, stoppt die Schweißsekretion, verlangsamt die Atemtätigkeit

Perturbation: Verwirrung, Unsicherheitszustand im Blick auf Erkenntnis

phallisch: das männliche Glied betreffend

Phänomen: Erscheinung

Phobie: krankhafte Angststörungen

Physiologe: Wissenschaftler auf dem Gebiet der Physiologie

Physiologie: die Wissenschaft von den allgemeinen Grundlagen der Lebensvorgänge im Organismus

Programmierter Unterricht: Form des Unterrichts, die methodisch und medial nach Lernprinzipien des operanten Konditionierens (kleine Lernschritte, Verstärkungen etc.) gestaltet ist.

Psychologie: Wissenschaft von den Erscheinungen und Zuständen des bewussten und unbewussten Seelenlebens

Psychoanalyse: Bezeichnung für das von S. Freud entwickelte theoretische System und die auf diesem System beruhenden Behandlungstechniken psychischer Störungen

psychomotorisch: betrifft das Bewegungsleben, das sich nach psychischen Gesetzen vollzieht und in dem sich ein bestimmter normaler oder krankhafter Geisteszustand der Persönlichkeit ausdrückt

Reflex: Reaktion des Organismus auf eine Reizung des Nervensystems; Muskelkontraktion, die durch äußere Reize ausgelöst wird

regressiv: zurückschreitend, sich zurückbildend

reinforcement: Verstärkung

Rekursivität: Rückbezüglichkeit; Ergebnisse vorhergehender Operationen werden als Grundlage für anschließende Operationen verwendet.

Repression: Unterdrückung

Retardierung: Verlangsamung, Hemmung der geistigen oder der körperlichen Entwicklung

Reversibilität: Umkehrbarkeit

reziprok: gegenseitig, wechselseitig, aufeinander bezüglich

ritualistisch: ein Vorgehen nach streng festgelegter Ordnung befolgend

sakrosankt: unverletzlich, hoch heilig

Sanktion: im soziologischen Sinne: gesellschaftliche Reaktion auf normgemäßes und von der Norm abweichendes Verhalten, z. B. als Zurechtweisung oder Belohnung

Schema: Muster; nach Piaget: Abstraktion von Handlungen, die die formalen Gemeinsamkeiten dieser Handlungen repräsentiert

Selbstreferenz: Bezugnahme eines Selbst auf sich selbst (siehe: Konstruktivismus)

sensomotorisch: die durch Reize bewirkte Gesamtaktivität in sensorischen und motorischen Teilen des Nervensystems und des Organismus betreffend

sensorisch: die Sinnesorgane bzw. die Aufnahme von Sinnesempfindungen betreffend

Signal: ursprünglich neutraler Reiz, der zu einem bedingten wurde

Signifikanz: ist bei einem Untersuchungsergebnis dann gegeben, wenn die Irrtumswahrscheinlichkeit für dieses Ergebnis sehr gering ist

simultan: gemeinsam, gleichzeitig

Sozialisationsprozesse: Vorgänge, die dazu führen, dass der Einzelne in die Gemeinschaft bzw. Gesellschaft eingegliedert wird.

Stimulus: Reiz

Struktur: innere Gliederung; nach Piaget das interne Auffassungsgefüge eines Individuums von der Umwelt, das sich als flexible Organisation der Schemata versteht

Stroboskop: Gerät zur Sichtbarmachung von Bewegungen (zwei gegenläufig rotierende Scheiben, von denen die eine Schlitze oder Löcher, die andere Bilder trägt; Vorläufer des Films)

stroboskopisch: das Stroboskop betreffend

Substitution: Ersetzung eines Begriffs (einer Größe) durch einen anderen (durch eine andere, die ihr entspricht)

sukzessive: allmählich, nach und nach

Sympathikus: der Grenzstrang des sympathischen Teils des autonomen Nervensystems; das sympathische System macht fit für Leistungen, es beschleunigt den Herzschlag, den Blutdruck, erweitert die Arterien, steigert die Leistungsfähigkeit, fördert Schweißsekretion, regt die Nebennieren zu vermehrter Ausschüttung von Adrenalin an usw.

Symptom: Kennzeichen, Merkmal; eine für eine bestimmte Krankheit charakteristische Veränderung

Symptomatologie: Wissenschaft von den Krankheitszeichen, den Symptomen einer Krankheit

synthetisch: zusammensetzend

temporär: vorübergehend, zeitweilig

Therapie: Heilbehandlung

TN: Teilnehmer

trial and error: Versuch und Irrtum

typografisch: die Buchdruckerkunst betreffend, im engeren Sinn geht es um die Schriftgestaltung

unbedingter Reflex: immer auftretende, also nicht gelernte Muskelkontraktion auf äußere Reize

unkonditioniert: unbedingt, d. h. nicht gelernt

UR: unconditioned reaction, unbedingte Reaktion

US: unconditioned stimulus, unbedingter Reiz

Utensilien: Gebrauchsgegenstände, Hilfsmittel

vegetativ: dem Willen nicht unterliegend, wird in Hinblick auf das Nervensystem als Bezeichnung verwendet

Variabilität: Veränderlichkeit

Variable: veränderliche Größe

Variation: Abänderung, Abwandlung, Abwechslung

Verhaltensformung: Verstärkung von Reaktionen, die schrittweise näher an dem gewünschten Verhalten liegen

Verhaltensmodifikation: häufig gleichbedeutend mit Verhaltenstherapie; Nutzbarmachung lernpsychologischer Prinzipien für die Therapie

versus: gegenüber

Viabilität: Handlungsfähigkeit, Entwicklungsfähigkeit, (Über-)Lebensfähigkeit

Volumen: Rauminhalt eines festen, flüssigen odcr gasförmigen Körpers

Jiri Georg
Dokoupil:
Das Atelier
(1984).
Acryl auf
Leinwand,
114 x 146 cm,
Amsterdam,
Privatbesitz

Ein Modell der Textinterpretation – Anregungen

Die folgenden Fragen können helfen, einen Zugang zu Texten zu finden. Das „Modell" stellt keine strenge Schrittfolge dar, sondern ist flexibel zu handhaben.

1. Wie kann der Textzugang vorbereitet werden?

- Stilles Lesen des Textes; je nach literarischer Gattung, gegebenenfalls auch lauter Vortrag
- Verstehensschwierigkeiten, unverstandene Begriffe notieren
- Sinnabschnitte eines Textes markieren
- eigene Fragen an den Text stellen und Erwartungen formulieren

2. Wie können bei wiederholtem Lesen Inhalt und Struktur des Textes genauer erfasst werden?

- Definition/Erläuterung der unklaren Begriffe durch Heranziehen von Lexika, Internet o. ä., gegebenenfalls Erschließen des Sinns eines Begriffs aus dem Zusammenhang
- je nach Eigenart des Textes: zentrale Begriffe und Kerninformationen hervorheben (Schlüsselwörter); Kennzeichnung von Sinnabschnitten durch knappe Überschriften, um den Gedankenaufbau zu erfassen; Bestimmen der Eigenart und Funktion wichtiger Textelemente: Abschnitte als Einleitung, Überleitung, Hauptteil, Höhepunkt, Schlussteil, Einstellung, Problemnennung, Fragestellung … kennzeichnen; bei Sachtexten: These, Argument, Beispiel, Belege, Schlussfolgerung, Zusammenfassung … benennen
- aus der Eigenart und Wirkung der Argumentationsstruktur des Autors erste Erkenntnisse bzgl. der vermuteten Verfasserintention artikulieren
- vorläufige eigenständige Wiedergabe des Textinhaltes und der Textstruktur

3. Welcher Form und literarisch-stilistischer Mittel bedient sich die Autorin/ der Autor?

- Erfassen der literarischen Form
- Offenlegen der Eigenart des Textes in seiner Verflechtung von inhaltlichen, formalen und sprachlich-stilistischen Elementen
- vorläufige Klärung eines textimmanenten Verständnisses

4. Was ist über den Autor in seinem geschichtlich-gesellschaftlichen Kontext in Erfahrung zu bringen?

- etwas über die Biografie des Autors im Blick auf den vorliegenden Text herausfinden, z. B. durch Heranziehen von Lexika etc.
- Zugehörigkeit zu einer bestimmten Gruppe
- Den Kontext des Textes herausfinden
- Zeitgeist, vorherrschende Weltanschauung, pädagogische Strömungen der Entstehungszeit in Beziehung zum Autor zu erfahren suchen

5. An wen richtet sich der Autor und welche Absicht verfolgt er vermutlich mit seinem Text?

- Interessenlage des Autors, Voreingenommenheit zu einem Thema in Erfahrung bringen
- Textpragmatik
- Gründe finden, warum der Text gelesen wird

6. Welche Wirkung hat der Text auf mich, die Leserin/den Leser?

- Gesamtverständnis des Textes formulieren
- Stellung beziehen
- Argumentative Auseinandersetzung mit dem Text
- gegebenenfalls Einordnung der Gedanken in den eigenen Lebenskontext
- Beurteilung, abschließende Wertung